HUMBERT FINK

Ich bin der Herr der Welt

FRIEDRICH II., DER STAUFER

EINE BIOGRAPHIE

LIST VERLAG

Umschlagentwurf: Kaselow Design, München
Umschlagbild: Dose mit staufischem Adler-Cameo;
Steinschnitt: um 1230
Dose deutsch (wohl Wien) um 1720
Onyx, Gold, vergoldetes Silber, Diamantrosen
Residenz München, Schatzkammer
(Bayerische Verwaltung der staatlichen Schlösser,
Gärten und Seen, München)

2. Auflage 1986

ISBN 3-471-77535-8

Satz: Dörlemann, Lemförde
Druck und Bindung: Ebner Ulm

INHALT

Für Ulrike und Gregor

VOR DEM GRABMAL FRIEDRICH II. IN PALERMO

Man macht sich ein Bild vom Gegenstand, der einen berührt, von der Person, die einem auf sonderbare Weise nahe zu sein scheint. Man macht sich ein Bild von einer ganz bestimmten Stadt, die einem im Lauf der Zeit, vielleicht durch die Bindung des Blutes oder durch die Verwandtschaft mit dem Geist, der in ihr beheimatet ist, vertraut wurde. Bilder kommen einem in den Sinn, wenn man an ein Zeitalter denkt, das ein Abschluß war und zugleich ein Anfang, eine wichtige Zäsur in der Biographie dieses Kontinents, dessen widerspruchsvolles Schicksal ein Lehrstück sein könnte über die Nutzlosigkeit von Erfahrungen. Man macht sich Bilder, töricht und eitel, wenn man an das Vergangene denkt, darin alle Zukunft liegt. Und man ist überrascht, befremdet, wenn diese Bilder nicht immer mit der Realität übereinstimmen ... als ob das, was menschliche Phantasie sich als Nachwort zur Wirklichkeit einbildet, nicht auch eine Art Wahrheit wäre. Und als ob die Hartnäckigkeit, mit der man sich eine historische Figur zurechtrückt, nicht auch einen Anteil hätte an der Erfahrung von Geschichte als Bestandteil unserer Existenz.

Die Sarkophage im Dom zu Palermo, gestaltet aus dunkelrotem Porphyr, dem Stein römischer Caesaren, wirken jetzt im Jänner vereinsamt und beinahe auch ein wenig vernachlässigt. Es hat den Anschein, als ob man den Frauen und Männern, die darin bestattet sind, nur noch eine geringe, beiläufige Achtung widmete. Und als ob der Mythos, der mit einem dieser Sarkophage zu tun hat, schon fast vergessen sei. Jetzt, da alle Verhältnisse wieder einmal dem Wandel unterworfen, alle Ordnungen fragwürdig geworden sind und Veränderung, Auflösung, vielleicht sogar Untergang sich überall abzeichnen in Europa. Die Zeit der heroischen Charaktere sei unwiederholbar vorbei, denkt man, den Blick auf die dunkelroten verstaubten Sarkophage gerichtet, darauf kein Blumenschmuck, kein Gebinde mit pathetischer Inschrift –

wie noch vor wenigen Jahren – die Erinnerung wachruft an ein anderes, vielleicht größeres Deutschland, an ein anderes, junges Europa. Und man spürt, wie kalt es ist in diesem Dom.

Palermos Dom – vom Normannenkönig Wilhelm II. in Auftrag gegeben und 1185 vom normannischen Erzbischof Walter of the Mill eingeweiht – ist im Winter einer der einsamsten Plätze der volkreichen und lärmenden Stadt. Denn die Karawanen der Fremden treffen um diese Zeit auf Sizilien noch nicht ein. Und den wenigen Touristen, welche die Neigung zur Bildung oder ein sentimentales Gefühl nach der Insel im Afrikanischen Meer zieht, genügt wahrscheinlich ein zwar nachdenklicher, vielleicht auch besinnlicher, doch meist wohl nur flüchtiger Blick auf diese Sarkophage, die, obgleich pompös, schmucklos wirken, beinahe kahl und kalt, so daß man sich eines Fröstelns nicht erwehren kann, während draußen vor dem Dom die Sonne ihr wärmendes Licht auf die Dächer der Altstadt Palermos wirft.

Außerdem ist vieles in dieser Stadt sehenswerter, aufregender als diese Kirche, deren Vorgängerinnen ein bescheidenes byzantinisches Gotteshaus und eine prachtvolle islamische Moschee waren. Der Knabe Konstantin, nachmalig Friedrich II., Siziliens wenig geliebter deutscher König und eines uneinigen Deutschen Reiches italienischer Kaiser, bestattet in einem der Sarkophage aus dunkelrotem Porphyr, der auf vier Löwen sich aufstützt, er also, Friedrich, hat den Dom gesehen, als dieser noch rein normannisch war, ein Bauwerk von monumentaler Größe und dabei geradliniger Schlichtheit. Damit entsprach es den Vorstellungen seines königlichen Bauherrn – und dem sittlichen wie politischen Ideal eines Volkes, das als Minderheit nach Sizilien gekommen war und die entlegene, damals im 12. Jahrhundert von Europa fast schon abgetrennte, aus Europa fallende Insel zu einem Mittelpunkt dieses Kontinentes gemacht hatte. Friedrich, dessen Blick diese normannische Kathedrale, die Überreste byzantinischer Gotteshäuser und zudem auch noch islamische Moscheen umfaßte, würde später einmal davon profitieren, daß auf dieser Insel alle Kräfte des Abend- und Morgenlandes, »vertreten durch eine Auslese sämtlicher Mächte der damaligen Welt« (Ernst Kantorowicz), auf eine ebenso eindrucksvolle wie freilich auch widerspruchsvolle Weise existierten. Er, Nachfolger und Verwandter jener Frauen und Männer, die seit Jahrhunderten seinen letzten Schlaf im Dom zu Palermo teilen, würde daraus eine neue Welt zu formen versuchen.

Das Bild, das man sich macht: Schwer ruhen die Sarkophage auf ihren Fundamenten. Jener Friedrichs, umschlossen von den Symbolen kaiserlicher Macht, wurde wie die anderen um das Jahr 1145 vom Normannenkönig Roger II. in Auftrag gegeben, einst aufgestellt im Dom zu Cefalù, der nach dem Wunsche Rogers zur Grabkirche der Normannen hätte werden sollen. Jetzt freilich sind hier zu Palermo Roger, dessen jüngste Tochter Konstanze, deren staufischer Gemahl, Kaiser Heinrich VI., beider Sohn Friedrich II. und dessen erste Frau Konstanze von Aragon bestattet, so daß man wahrlich von einem Familiengrab sprechen könnte, darin alle jene ruhen, die mitgewirkt hatten am Zustandekommen einer beispielhaften Geschichte. Vor mehr als hundert Jahren, 1854, notierte der deutsche Historiker Ferdinand Gregorovius, voll der patriotischen und wohl auch sentimentalen Ergriffenheit auf den Sarkophag Friedrichs blikkend: »Mit welchem Empfinden steht der Deutsche vor dem Sarg jenes großen Kaisers ... was in dieses einzigen Mannes großer Seele, die alle Tiefen der Lust und des Leids menschlich erschöpft hatte, an genialen Kräften lag, ist ewiger Bewunderung wert. Große Impulse gingen von ihm aus, welche die Zeit weitertrug und noch in späteren Jahrhunderten zur Wirkung brachte, obwohl er im Kampf als ein Unterlegener erscheinen mochte. Das Papsttum, mit dem er sein Leben lang gestritten hatte, hat er zuerst gebrochen und geschwächt; in diesem Kampfe wurde der edelste Stamm Deutschlands aufgebraucht, aber nicht ohne dauernde Frucht. Ein Vorläufer der Reformation war Friedrich II.; weit über seine Zeit hinweg sprach er Ideen der Humanität, der Bildung, der Vernunft aus, welche die pfäffisch-feudale Barbarei des Mittelalters bekämpften und die Welt erleuchteten.«

Großes, volltönendes Lob, das einem irritierend durch den Kopf geht, während man in der winterlichen Kälte, die sich hartnäckig im Dom eingenistet hat, eine Art Zwiesprache zu halten versucht mit dem Mann, den jedes Zeitalter anders, egoistisch auf der jeweils eigenen Vorstellung von Geschichte beharrend, zu sehen und zu begreifen vermeint. Ein deutscher Kaiser, ein Deutscher also, der in einer sizilianischen Kathedrale sein Grab gefunden hat, eingesargt in einem normannischen Sarkophag, umgeben vom schwülstigen Barock Süditaliens und der liederlichen Frömmigkeit einer Stadtheiligen namens Rosalia, der diese Kirche geweiht ist, umgeben aber auch vom Lärm und den Gerüchen und der fleischlichen, aufs heftigste und schrillste sich ausdrückenden sinnlichen Menschlichkeit eines Volkes, das phönikisches, arabisches, spanisches und französisches Blut in seinen Adern hat . . . ein deutscher Kaiser und ein Deutscher also? Fraglich ist, versichern die Historiker, ob Friedrich der deutschen Sprache tatsächlich mächtig gewesen sei. Das Italienische, oder eigentlich ein Gemisch aus sizilianischen, apulischen, kalabresischen Dialekten mit byzantinischen Einschüben und vielen arabischen Lehnwörtern, sprach er perfekt. Im Lateinischen war er gewandt. Mit arabischen Gesandten und Gelehrten vermochte er fließend zu diskutieren. Das Griechische begriff er als unerläßlichen Schlüssel zur antiken Welt. Ein deutscher Kaiser und also ein Deutscher?

Als man am 11. August 1781 die fünf Sarkophage, die bis zu jenem Zeitpunkt noch unmittelbar neben dem Hauptchor aufgestellt gewesen waren, in das rechte Seitenschiff umbettete, wo sie heute noch stehen, öffnete man sie – wohl weniger aus wissenschaftlicher als aus recht profaner Neugier. Manche kostbare Grabbeigabe, die man damals in den Sarkophagen Friedrichs und seiner Verwandten entdeckte, ist, nachdem sie als verschwunden galt, später auf dem Kontinent wieder aufgetaucht. Fürst Torremuzza, in jenen Jahren Repräsentant der sogenannten Königlichen Altertumsverwaltung, berichtete übrigens, daß der Leichnam Friedrichs, eingehüllt in ein prachtvolles Gewand, nahezu unversehrt gewesen sei; auch jener seiner ersten Gemahlin Konstanze sei nicht wie die übrigen völlig zerfallen, sondern gut erhalten gewesen. Die Krone, die man an jenem Augusttag im Sarkophag Konstanzes fand, heute das wertvollste und schönste Exponat der Schatzkammer des Domes, bezeichnete Torremuzza als »Krone der arragonesischen Konstanze«, ein Irrtum, der über die Jahrhunderte hinweg Bestand haben sollte, bis in den fünfziger Jahren unseres Jahrhunderts schlüssig nachgewiesen werden konnte, daß es sich dabei um eine Männerkrone und also um die Krone Friedrich II. handeln mußte.

Erwähnenswert ist vielleicht auch noch der Umstand, daß jener Franzose, der im August 1781 als erster Hand anlegte bei der gewaltsamen Öffnung des Sarkophags, darin Friedrichs Leichnam bestattet liegt, wenige Stunden danach eines rätselhaften Todes gestorben sein soll, was die Sizilianer – die sich der französischen Diktatur, die im 13. Jahrhundert schwer auf Palermo lastete, durch das Blutbad der sogenannten Sizilianischen Vesper entledigten – heute noch mit wütendem und zugleich verächtlichem Zungenschlag kommentieren. Warum es sich dabei ausgerechnet um einen Franzosen gehandelt haben soll, den man die ersten Handgriffe tun ließ bei jener beinah leichenschänderischen Unternehmung; und welcher Funktion er dabei tatsächlich oblag; und was die wahre Ursache seines plötzlichen Hinscheidens gewesen sein könnte: Das alles ist schon längst nicht mehr genau rekonstruierbar. Nur die Tatsache, daß er, der zuerst den Toten im Sarkophag erblickte, kurz darauf zu Tode getroffen hinsank, gilt als unbestritten – sie belegt zugleich eine der vielen Legenden, die diesen Kaiser, der ein deutscher Italiener oder vielleicht mehr noch ein italienischer Deutscher war, vom Augenblick seiner Geburt an umrankten.

Man macht sich ein Bild von einem Manne, den man als Zeitgenossen eines Franz von Assisi und Innocenz III. doch nicht einzuordnen vermag in jenes Zeitalter, das durch diese Charaktere genauso geprägt wurde wie durch den Tumult der Gefühle, dem sich die Menschen in diesen unglücklichen und grausamen Jahrzehnten überließen und der sie zu Ketzern und Heiligen, zu gnadenlosen Siegern und erbarmungslos gedemütigten Besiegten werden ließ. Man macht sich ein Bild, und ahnt doch zugleich, daß dies alles auch nur eine Einbildung sein kann, der man erliegt, weil man blindlings einer Legende glaubt. Auf den Grabkleidern Friedrichs entdeckten die Grabschänder damals arabische Motive. Auch die Krone, die ihm beigelegt war, hatte arabische Zeichen eingraviert. Und wäre nicht vieles verschollen, was im August 1781 zutage gefördert wurde, als man die gewaltsam geöffneten Sarkophage vom Chor hinüberschaffte in das rechte Seitenschiff, dann hätte man gewiß noch mehr Beweise für die über den Tod hinaus wirksamen globalen Neigungen dieses Herrschers, der – abhängig auch von deutschen Verhältnissen und mitunter über Gebühr beschäftigt mit deutschen Zwistigkeiten – dem Begriff der Mediterraneis doch unendlich mehr verpflichtet war als jeder andere Caesar und Kaiser vor und nach ihm. Und auch das gehört zu dem Bild, das man sich von einem Manne macht, der ein Zeitgenosse auch großer arabischer Kalifen und bedeutender arabischer Wissenschaftler war; und der, aufgewachsen und begraben in Palermo, sich niemals dieser multinationalen Idee zu entziehen vermochte, die ihm aus der mediterranen Welt zugewachsen war und die nur hier verwirklicht werden konnte.

Ein deutscher Kaiser aus Italien also. Ein Italiener, Sizilianer, Enkel Friedrich Barbarossas und Sohn jenes Heinrich VI., der für wenige Jahre das Abendland in heftige Unruhe versetzt hatte. Sohn einer normannischen Mutter, die ihm alle Unruhe der mediterranen Welt mitgab, alle Leidenschaften und Sehnsüchte jener Küstenbewohner des Mittelmeeres, die mehr als bloß eine Ahnung hatten vom Wachsen und Werden einer Welt, deren Wurzeln in der Antike und deren attraktivste zeitgenössische Ursprünge im arabisch-mediterranen und zugleich im byzantinischen Kulturbereich lagen. Und vor allem anderen: ein Mensch, herangewachsen im kosmopolitischen Geist Palermos, der später einmal den Fanatismus der Päpste und die asketischen Neigungen der Heiligen so wenig verstehen würde, wie diese seinem Weltbürgertum zu folgen vermochten.

Wenn man hinaustritt auf den Platz vor dem Dom, der eigentlich weniger ein geräumiger oder gar imposanter Platz ist als eine Art Terrasse, umsäumt von barocken Heiligenstatuen und einer Handvoll verstaubter Palmen, um die der hektische, fast gewalttätige palermitanische Straßenverkehr tobt, wenn man hinaustritt auf diesen lärmerfüllten, staubbedeckten und beinah trostlosen Platz, den allerdings die Architektur der Kathedrale beeindruckend beherrscht, wird der Widerspruch sogleich deutlich, der zwischen dieser palermitanischen Kakophonie und dem strengen Schweigen, der fast eisigen Atmosphäre im Dom und vor den normannischen und staufischen Sarkophagen herrscht. Ein Widerspruch ist das, der doppelt befremdet, wenn man daran denkt, daß die Herrscher dort in ihren schweren Sarkophagen, als sie noch lebten und wirkten, mit diesem Volk, das hier draußen in seinen kleinen, behenden Autos lärmt und tobt und sich wie verrückt gebärdet, auf verantwortungsvolle Weise zu tun hatten; daß sie, allen voran Friedrich, diesem Volk, das niemals Herr in seiner eigenen Stadt und Beherrscher des eigenen Landes sein durfte, zumindest eine Voraussetzung schufen für Selbstbewußtsein und nationalen Stolz. Und daß daraus sich dann doch nichts anderes entwickelte als dieses uralte sizilianische Elend, das aus unterdrückter Wut, erzwungener Anpassung und Lethargie besteht, aus diesen Grundelementen des sizilianischen Charakters, an dem letztlich alle diese Herrscher scheiterten, weil sie fremdblütig waren, weil sie nicht sizilianisch zu denken vermochten, weil sie in der letzten Konsequenz stets mit dem Rücken zum Volk agierten.

Auch Friedrich. Sogar Friedrich, obgleich er aufgewachsen war in dieser Stadt, die sich mit ihrer ganzen internationalen Monstrosität über ihn gestülpt hatte, die dem elternlosen Knaben das triumphierende Antlitz des Lasters und die zynischen Masken des Lebens auf eine so umfassende Weise gezeigt hatte, wie das sonst wohl kaum einem Sproß aus kaiserlichem Stamme vergönnt gewesen war. Fremd und in manchem völlig unbegreiflich blieb ihm dennoch ein Leben lang diese Facette mediterraner Lebensart, wie ihm fremd und völlig unbegreiflich vieles von dem bleiben sollte, was ihn später einmal jenseits der Alpen in Deutschland erwarten würde. Er, der als König über Sizilien herrschen sollte, würde durch die Gewalt politischer Sachzwänge dazu genötigt werden, diese Insel, an der doch sein Herz hing, sträflich zu vernachlässigen; sträflich zumindest nach der Meinung dieser Menschen, die fromm waren und Friedrichs Streit mit dem Papst nicht verstehen wollten; und die ungeachtet der Mannigfaltigkeit ihrer Herkunft aus mohammedanischen und griechischen und afrikanischen Verhältnissen sich doch allmählich daran gewöhnten, an die Möglichkeit eines sizilianischen Patriotismus zu glauben. »Nach einer kurzen, glanzvollen Zeit der Unabhängigkeit sah sich Sizilien wider seinen Willen in den Morast der europäischen Politik gezerrt«, schrieb Steven Runciman in einer Analyse des Verhältnisses der Sizilianer zu Friedrich, »denn solange der herrliche große Kaiser lebte, mochte alles zum besten stehen. Seine Regierung war gut und sein Herz, wie jeder wußte, hing an Sizilien, selbst wenn seine Taten zuweilen dagegen zu zeugen schienen.«

Wo war er, den man heimatlos in einem höheren,

tragischen Sinne nennen möchte, tatsächlich zu Hause? Geboren in einer mittelitalienischen Stadt; bestattet in einem sizilianischen Dom; das Schicksal herausfordernd in Deutschland; scheiternd an den kraftvollen Intrigen römischer Päpste; glücklich in Apulien, vom Ehrgeiz zerfressen in Jerusalem und zutiefst enttäuscht vor den Mauern norditalienischer Städte; hungernd durch Palermos düstere Gassen streifend; und sorglos zuletzt nur noch im Umgang mit seinen sarazenischen Leibwächtern ... Wo lag Friedrichs Heimat wirklich?

Geboren wurde das Kind am zweiten Weihnachtsfeiertag des Jahres 1194 auf dem Marktplatz zu Jesi, einer kleinen Stadt in den Marken, etwa dreißig Kilometer landeinwärts von Ancona gelegen. Am Tag zuvor war sein Vater, der staufische Kaiser Heinrich VI. im normannischen Dom Palermos, das er gerade erst im kühnen Handstreich von den rebellischen Sizilianern erobert hatte, zum König von Sizilien gekrönt worden. Sarazenische Posaunenbläser hatten dem Triumphator den Weg durch das ehrfürchtig in die Knie gesunkene Volk gewiesen, das in diesem Augenblick wohl schon ahnen mochte, welch harter und herrischer Art von Politik es nunmehr ausgeliefert sein würde: In seiner Darstellung des Charakters Heinrich VI. schreibt Ernst Kantorowicz, seine ganze Art sei finster und herrisch gewesen, zuletzt fast versteinert, seine Politik weitgreifend und weltumspannend, doch traumlos, spröde und hart. Und Härte sei überhaupt seines Wesens Kennzeichen gewesen, »eine granitene Härte und eine Geschlossenheit, wie sie den Deutschen selten eignet, dazu ein gewaltiger Wille, eine überstarke aber eiskalte Leidenschaft und eine erstaunliche Klugheit und politische Begabung«.

Das also trug sich zu am Tag vor der Geburt in Jesi: Die Machtergreifung des staufischen Kaisers über das Königreich von Sizilien, das auch das Herzogtum Apulien und das Fürstentum Benevent umschloß und dazu Kalabrien, die alte normannische Grafschaft. Ein Königreich, von den Normannen gegründet, ein Land mit vielfältiger Mischbevölkerung, in dem die Normannen und jetzt die Staufer stets nur eine verschwindende Minderheit bildeten, eine Handvoll Aristokraten, dazu einige Hundertschaften Krieger, die unvermeidlichen Abenteurer, ein paar Kirchenmänner, welche vornehmlich die zivilen Geschäfte besorgten. Das Volk selbst war in weiten Bereichen noch einem spätantiken Griechentum verpflichtet, war, wenn man es nach seinen politischen oder eigentlich ideologischen Absichten befragt hätte, viel eher byzantinisch als lateinisch oder römisch orientiert; und im Landesinneren der Insel, aber auch in den volkreichen Städten der Westküste siedelte noch eine starke arabische Minderheit, Sarazenen vor allem von der nahen Küste Nordafrikas. Die normannische Verwaltung hatte sich wie später die staufische ganz selbstverständlich neben des Lateinischen auch des Griechischen und Arabischen bedienen müssen; ebenso selbstverständlich war das Nebeneinander katholischer und byzantinischer Kirchen; und manche Moschee zeugte von der fortdauernden Existenz des islamischen Ritus auf sizilianischem Boden.

Darüber also herrschte nun Heinrich, der Vater Friedrichs. Er soll ein Mann von mittlerer Gestalt gewesen sein, körperlich nicht allzu robust - immerhin verstarb er im Alter von zweiunddreißig Jahren, geschwächt durch die Malaria, die ihn vor Neapel befallen hatte -, ein, wie man es nannte, philosophierender König, der Minnesänger an seinen Hof zog, wahrscheinlich selbst der Poesie huldigte, was keinesfalls im Gegensatz zu stehen braucht zu seiner robusten, brutalen und oftmals auch treulosen Art, Politik zu machen. Er, der Erbe Barbarossas, mochte sich jetzt, da er im Dom zu Palermo auch die Normannenkrone entgegennahm, als Herr über beinah ganz Europa fühlen: England tributpflichtig, nachdem Richard Löwenherz auf der Heimkehr aus Palästina im Österreichischen gefangengesetzt worden war; Rechte gab es auf den polnischen Osten und Dänemark; und was Frankreich betraf, so war auch hier Richard Löwenherz ein vortreffliches Faustpfand; die lombardischen Städte durch Verträge und Bündnisse in die staufische Politik eingebunden; und die staufischen Besitztümer Mittelitaliens unangetastet; auch jenseits der Alpen, in Deutschland, die Opposition Heinrichs des Löwen gebrochen. Gegensätze, Widerstände zwar gab es genug noch; aber sie zählten nicht wirklich, solange Heinrich lebte und herrschte. Nur Sizilien, das normannische Erbe Konstanzes, das die nachgeborene Tochter des genialen Roger II. in die Ehe mit Heinrich eingebracht hatte, war unbotmäßig, rebellierte gegen harten Steuerdruck und staufische Bevormundung. Aber auch das war ein Widerstand, der gebrochen werden konnte. Schon jubelte das Volk in Palermo, das sich stets auf die Seite des Stärkeren schlägt, auch wenn es dabei nur die Rolle des Opfers übernehmen darf, seinem königlichen Herrscher zu. Schon war das Blutbad fast wieder vergessen, das die Soldaten Heinrichs auf der Insel angerichtet hatten. Der Sieg war – vorerst zumindest – ein beinah vollkommener; die Welt, die diesem Kaiser zugeeignet schien, reichte, wenn man seine Forderungen, Ansprüche und das bereits Erworbene, Eroberte und Ererbte zusammenzählt, fast über das hinaus, was einst Roms Caesaren untertan gewesen war. Es zahlten die nordafrikanischen Sultane Tribut wie früher an die Normannen jetzt auch an den Staufer; ihnen folgte Spaniens Almohadenfürst. Byzanz, wo der eher schwächliche Alexius III. regierte, war gezwungen, eine eigene Steuer auszuschreiben, die man bald die »Deutschensteuer« nannte, um den gebieterischen Forderungen Heinrichs nach Zins, Gefolgschaft und Schiffen nachzukommen. Und gegen das Morgenland plante der ehrgeizige Kaiser einen Kreuzzug, der ihm auch die Länder jenseits der schon errichteten Kreuzfahrerstaaten in Palästina erobern sollte.

Soviel an Himmelstürmendem, fast Maßlosem also, was im Kopf eines kaum Dreißigjährigen umging und seinen Ehrgeiz anstachelte! Soviel an scheinbar wahllos Zusammengerafftem oder Zusammengekommenem, daß selbst Heinrich begreifen mußte, wie schwierig es war, dieses über die Kontinente sich ausdehnende Riesenreich organisatorisch zu bewältigen. Deutschland ein Wahlreich, Sizilien ein Erbkönigtum, vieles in Italien mittelbare Lehensgebiete, anderes tributpflichtig oder reif für die endgültige Eroberung; und immer die Gefahr, die vom Papsttum ausging, auch wenn im Augenblick mit Coelestin III. ein Pontifex regierte, dessen Macht auf einen Teil der römischen Campagna beschränkt war. Es war ein ungeheueres und zugleich schwierig zu bewahrendes Erbe, das dem Kind einst zufallen sollte, das seinen ersten Schrei auf dem weitläufigen Marktplatz von Jesi tat.

Denn dort, in einem geräumigen Zelt, das eigens zu diesem Anlaß aufgeschlagen worden war, und im Beisein des Hofstaates von Konstanze sowie, wie man wohl wird annehmen dürfen, einiger Notabeln der staufischen Stadt in den Marken – die heute noch mit ihrem mittelalterlich anmutenden Mauerwerk, mit ihren vielen altersdunklen Palästen, schmalen Gassen und den rostroten, ziegelroten Zinnen und Türmen und aus der Ebene mächtig aufragenden dicken, derben Wällen, die sich wie ein gewaltiger Schiffsleib in die fruchtbare Landschaft der Marken vordrängen, eine brauchbare Vorstellung gibt von ihrem damaligen Aussehen –, denn dort also, wo heute ein Obelisk auf der Piazza Federico Secondo an dieses Ereignis erinnert, fand die Geburt statt, die wie keine andere jenes Zeitalters die Gemüter der Menschen bewegte. Das hatte freilich Ursachen. Konstanze, die Kaiserin, geboren nach dem Tod ihres Vaters Roger, war rund ein Jahrzehnt älter als ihr Gemahl. Als Kind war sie den Nonnen überantwortet worden, die im Schatten des normannischen Königshofes in Palermo eine christliche Insel bildeten inmitten der orientalischen Welt, die damals Sizilien zweifellos noch war. Phantasievolle Traumdeuter und kaltblütig berechnende Politiker sollten später das Gerücht verbreiten, daß eine Nonne es sein werde, die dem schrecklichen Antichrist, dessen unheilbringende Ankunft die abergläubische Welt des Mittelalters furchtsam erwartete, das Leben schenkte; und eine Nonne, die den Schleier genommen hatte, sei auch sie, Konstanze, gewesen, als sie noch in Palermos düsteren Klosterhöfen lebte, scheu, fromm, allem Weltlichen abgeneigt, aber auch ahnungslos, was die Welt an

Verführerischem und Gefährlichem zu bieten habe. Und in die Ehe mit dem Staufer Heinrich habe sie nur Pflichterfüllung und Gehorsam gegenüber dem politischen Gebot, nicht aber Zuneigung getrieben, als ahnte sie, daß ihr Leib dereinst diesen Antichrist, der die Welt vernichten würde, beherbergen müßte.

Gerüchte. Legenden. Propaganda. Und immer das politische Kalkül. Und auch Rachsucht der Opfer staufischer Machtpolitik. Die Kaiserin selbst, so hieß es, habe einmal geträumt, daß sie die Fackel Italiens gebären werde. Die späte Schwangerschaft der damals Vierzigjährigen nach rund neunjähriger bis dahin unfruchtbarer Ehe gab gleichfalls Anlaß zu düsteren und frechen Behauptungen. Es sei gar nicht ihr Kind, das dem Kaiser und der Welt als Erbe eines Imperiums, das gerade erst im Entstehen war und dessen beeindruckende Konturen sich jetzt genauer abzuzeichnen begannen, zur rechten Zeit käme. Die Kaiserin, viel zu alt für Schwangerschaft und Geburt, sei in Wahrheit unfruchtbar; und ihr gerundeter hoher Bauch nur eine Vortäuschung gewesen; und der Sohn natürlich längst schon herbeigeschafft; einem Schlächter gehöre er, der zu diesem üblen Spiel gezwungen worden sei.

Das Gerede muß laut genug gewesen sein, daß es auch Konstanze, die wir uns durchaus als kluge, vielleicht sogar warmherzige Frau vorstellen sollten, vernommen hatte. Und dementsprechend handeln konnte. Das Zelt auf dem Marktplatz zu Jesi war ihr Einfall. Ebenso die Zeugenschaft ihres Gefolges und einiger bevorzugter Bürger der Stadt während des Geburtsaktes. Und dann der Stolz, mit dem sie – nach damaligen Vorstellungen tatsächlich eine alte Frau – den Sohn in aller Öffentlichkeit an die Brust nehmen sollte, ihn nährend wie jedes einfache Weib, eine Mutter wie jede andere, mochten auch die Gerüchte, die vom Fluch, der auf dieser Schwangerschaft und auf dieser merkwürdigen Geburt ruhte, nach wie vor nicht verstummen.

Die Mutter freilich, vierzigjährig und jetzt dennoch

den Sohn im Arm haltend, dürfen wir uns vorerst einmal als glücklich, zufrieden, in sich selbst ruhend einbilden. Sie war fruchtbar geworden und hatte sich als Frau bewährt gegen alle böse Prophetie und niedrige Verleumdung. Den Sohn nennt sie Konstantin, betrachtet ihn als ihren Erben in des Wortes umfassendstem Sinne. Der Vater schlägt sich indessen immer noch mit sizilianischen Rebellen herum, wittert Verrat, wo er nur ungenügende Beweise hat – was sich dann rasch ändern sollte –, läßt wahllos einkerkern und hinrichten, wo die Schuld der Angeklagten vorerst kaum beweisbar ist. In Jesi das Glück – und immer müssen wir die damaligen Verhältnisse und Gewohnheiten vor Augen haben – einer ältlichen Mutter. Und auf Sizilien das unbarmherzige Wüten Heinrichs, das den Haß der Sizilianer auf alles Deutsche, Staufische maßlos werden läßt.

Seinen Sohn, dem er ungeachtet der beeindruckenden Größe des Imperiums ein fragwürdiges Erbe hinterlassen sollte, wird der Kaiser übrigens nur zweimal, und da nur für einige kurze Augenblicke, zu sehen bekommen. Einmal in der umbrischen Stadt Foligno, die an der Via Flaminia liegt, staufisch in jenem Zeitalter wie Jesi oder das nahe Assisi. Auch Assisi behauptet von sich, vorübergehend Aufenthaltsort des kaiserlichen Kindes gewesen zu sein; was uns immerhin daran denken lassen sollte, daß zu jener Zeit ein gewisser Francesco Bernardone in Assisi lebt, Sohn eines vermögenden umbrischen Tuchhändlers und einer südfranzösischen Mutter, etwa zehnjährig damals und wahrscheinlich wie die meisten Bürger der Stadt und ganz Umbriens den Staufern nicht gerade wohlgesinnt, die an jener Stelle, wo ein Menschenalter später die Grabkirche dieses Francesco Bernardone sich erheben sollte, einen Galgenhügel eingerichtet hatten, wo nicht nur Mörder, sondern auch Rebellen gegen die Deutschen hingerichtet wurden. Möglicherweise also auch Assisi; und natürlich Foligno, wo die Herzogin von Spoleto – Spoleto war damals nach Assisi und Foligno die dritte staufische Festung in

Richtung Rom – die Mutterrolle übernehmen konnte für die nach Sizilien zurückeilende Konstanze, die durch ihre Anwesenheit auf der von Haß und Empörung gezeichneten Insel dem Kaiser zu nützen glaubte. Ihr, der sizilianischen Normannin, von der das gedemütigte Volk wußte, daß sie allem Deutschen eher spröde oder sogar feindlich gesinnt war, würde man eher Vertrauen schenken als diesem harten und unbarmherzigen Nordländer, der die Mitgift seiner Frau wie ein Faustpfand behandelte.

Heinrich kann sich also kaum ein erschöpfendes Bild von seinem Sohn gemacht haben. Anläßlich der Taufe, die nun allerdings in Assisi stattfand, und zwar im Dom, der dem heiligen Rufus geweiht war und wo später einmal der Leichnam Francesco Bernardones, des heiligen Franz von Assisi, aufgebahrt sein würde, und wo sich jetzt zu diesem Ereignis der Taufe eines Staufers zwar mancher hohe Kirchenfürst, jedoch nicht, wie allgemein erwartet, der Papst einfand, obgleich es diesem keine Schwierigkeiten bereitet hätte, aus dem nahen Rom herbeizueilen, um dem zukünftigen Kaiser des Imperiums den Segen des Himmels zu übermitteln, anläßlich dieser Zeremonie also, bei welcher das Kind Konstantin endgültig die Namen seiner beiden Großväter erhielt – Friedrich nach dem großen Barbarossa und Roger nach dem Normannenkönig –, mag Heinrich eine Ahnung überkommen sein, was er diesem Bündel Mensch zumutete an kaum zu bewältigender Verantwortung und ungeheuerer Gefahr. Zeit, um dieser Ahnung Konsequenzen folgen zu lassen, blieb kaum. Denn das unruhige Sizilien bedurfte immer neuer Anstrengungen und Gewaltakte, um zumindest dem Anschein nach befriedet zu werden. Vorbereitungen für einen Kreuzzug nach Palästina waren zu treffen. Und die Verhältnisse in Deutschland waren dahingehend zu ordnen, daß das Erbe ungeschmälert und auch ungefährdet vom Zwist zwischen Welfen und Staufern in die Hände Friedrichs gelangte. Väterliche Gefühle dieser gleichzeitig schönen und banalen

Art, wie sie den Menschen, die ihre Existenz in jener eines Kindes fortgesetzt sehen, ganz selbstverständlich sind, wird man bei Heinrich wohl kaum erwarten dürfen. Entsinnen wir uns: Härte sei seines Wesens Kennzeichen gewesen; und seine Art sei finster und herrisch, zuletzt fast versteinert gewesen ... Das ahnungslose Kind mag bei der Taufe geschrien haben wie jedes andere Geschöpf auch, über dessen Schläfen sich das kalte Wasser ergießt, mit dem der rechte Geist eindringen soll in das Bewußtsein des Getauften. Eine Vorstellung davon, was diesen Täufling erwartete an Widerspruch und Schwierigkeit, dürfte freilich manches Gemüt bewegt haben, denn zu sehr, zu ausschließlich war das Riesenwerk Heinrichs auf die Person des Kaisers fixiert.

Zeit, um gegen düstere Ahnungen brauchbare Vorkehrungen zu treffen, blieb jedoch kaum. Auf seinem Totenbett noch würde Heinrich den heraufkommenden Gefahren, denen gegenüber er sich keinesfalls blind stellte, dadurch zu begegnen versuchen, daß er dem Papst die Lehensgewalt über Sizilien anzubieten und mit den sogenannten Mathildischen Gütern auch alle von den Staufern eroberten und besetzten Güter des Kirchenstaates zurückzuerstatten beabsichtigte. Ein Testament, kurze Zeit vor des Kaisers Hinscheiden aufgesetzt, bestätigte diese erstaunliche und allerdings auch staatspolitisch kluge Nachgiebigkeit Heinrichs. Allerdings konnte Konstanze das Testament nie in die Hände bekommen, da es nach Heinrichs Tod von des Kaisers deutschem Truchseß Markward unterschlagen wurde, was durch dessen persönliche Interessen bedingt war: einiges Land, das der Kirche durch diese Verfügung zurückzugeben gewesen wäre, hatte Markward zuvor selbst als Lehen erhalten. Konstanze freilich würde, auch ohne das Testament zu kennen, dem Wunsche Heinrichs entsprechen. Das hatte Ursachen, die nicht nur im Gehorsam der Kaiserin gegenüber ihrem Gemahl begründet waren, der im übrigen so groß oder gar unbedingt kaum gewesen sein mag. Denn töricht oder blind gegenüber der Wirklichkeit war diese Frau gewiß nicht. Wer aus eigenem Antrieb und um sich gegen die Infamie böswilliger Verleumdung zu wehren, einen Geburtsakt zum öffentlichen Schauspiel macht; wer, jede Erinnerung an klösterliche Erziehung und tiefverwurzelte normannische Sittenstrenge energisch verdrängend, seinem Kind in aller Öffentlichkeit, es sozusagen von Marktplatz zu Marktplatz schleppend, die pralle Mutterbrust reicht, um dadurch zu bezeugen, daß hier nichts Unterschobenes, nichts Unterstelltes zu verbergen war; wer wie Konstanze dann nach Sizilien eilt, um dem staufischen Kaiser, der den Süditalienern bloß ein verhaßter Deutscher war, als Tochter Rogers und legitime Erbin des Normannenreiches Hilfestellung zu leisten oder auch, um sich selbst wieder besser ins politische Spiel zu bringen ... wer so bedachtsam, klug und auch tapfer handelt, bedarf keiner testamentarischen Anregung, um das Richtige zu tun. Daß dieses Richtige dann dennoch zu wenig war und zu spät eingesetzt wurde, kann man ihr nicht als Schuld anlasten. Der Tod Heinrichs geschah zu überraschend und kam zu früh. Sein Nachfolger und Erbe, das in Foligno heranwachsende Knäblein Friedrich, war zu jung. Und die Ordnung, die der Kaiser mühsam hergestellt hatte durch Gewalt und List, war zu zerbrechlich, als daß sie über seinen Tod hinaus hätte Bestand haben können.

Man schrieb das Jahr 1197. Im Frühling hatte es wieder eine Rebellion auf Sizilien gegeben. Oder eigentlich eher eine Verschwörung, die gegen das Leben des verhaßten Deutschen gerichtet war. Unter den Anstiftern soll sich der Papst, soll sich aber auch Konstanze befunden haben. Das hört sich unglaublich an. Aber es gibt Indizien, die diesen ungeheuerlichen Verdacht durchaus bestätigen. Konstanze, die sich als normannische Sizilianerin fühlte, wird Heinrich wohl geachtet, aber niemals geliebt haben. Ihre maßlose Frömmigkeit, spätestens empfangen von den palermitanischen Nonnen, mag sie dem Papst und dessen politischen Wünschen gegenüber auf besondere Weise gehorsam gemacht haben. Alles Deutsche war ihr zutiefst zuwider. Die Staufer betrachtete sie als Eindringlinge, als rohe Usurpatoren, die nicht bloß fremd, sondern auch feindselig, störend wirkten inmitten dieser halborientalischen Mediterraneis, welche Konstanzes geliebte Heimat war. Und im fernen Foligno wußte sie wohlbehütet ihr Kind, Friedrich, das, wie sie glauben mochte, mehr normannisches als staufisches Blut in seinen Adern hatte.

Zudem ist überliefert, daß Konstanze, als man die Rädelsführer dieser Verschwörung gegen den Kaiser hinrichtete, dem grausamen Schlachtfest auf Befehl des Kaisers beiwohnen mußte. Entsetzt mag sie mitangesehen haben, wie mit den völlig entstellten, aber noch zuckenden Leibern der Gemarterten Heinrichs Hofnarren ihr obszönes Spiel getrieben haben. Derlei ist keinem Charakter gleichgültig, und erst recht nicht dem einer Frau, die möglicherweise in diesen gequälten Kreaturen nicht Staatsfeinde, sondern treue Genossen ihrer eigenen Pläne sah. Und man mag nicht abschätzen, was aus dieser spannungsgeladenen Situation sich noch entwickelt hätte, wäre nicht der plötzliche Tod Heinrichs das auslösende Moment gewesen für eine radikale Veränderung aller Verhältnisse.

1197 also! Im Frühling die vorzeitig entdeckte und dann grausam niedergeschlagene Verschwörung der sizilianischen Notabeln. Wenig später der Aufbruch eines Kreuzfahrerheers, das Heinrich aufgestellt hatte, um dadurch die kaiserliche Position im Heiligen Land zu festigen, das Ansehen im Reich zu steigern und sich dem Papste gewogen zu machen, dessen Unterstützung der staufische Kaiser noch dringend zu benötigen glaubte. Er selbst zögerte die Überfahrt nach Palästina freilich hinaus, was mit den unruhigen Verhältnissen auf Sizilien zusammenhing, wo zwar das Haupt der Verschwörung gegen die staufische Macht zerschlagen war, aber manche bedrohliche Unruhe noch spürbar, manches Murren gleichsam unter der Oberfläche aus Gewalt und Diktatur noch hörbar war, so daß der Kaiser es vorerst nicht riskieren wollte, durch seine Abwesenheit den nach wie vor tätigen Rebellen neue Hoffnung zu schenken. Mit geringem Gefolge hielt er sich den Sommer über im Landesinneren auf, ging eifrig auf die Jagd, erkrankte dabei an einer Dysenterie, wurde nach Messina gebracht, wo er am 28. September unerwartet verstarb. Es gab sogleich Stimmen, die davon sprachen, daß das Land selbst sich seines ungeliebten Herrschers entledigt, daß die Natur Siziliens sich gegen den verhaßten Feind der Sizilianer zu wehren gewußt und ihn ebenso grausam bestraft hätte, wie er mit den Patrioten umgesprungen war – und jener rühmende Ausspruch des rheinischen Zisterziensermönches Caesarius von Heisterbach, der den Kaiser des Römischen Reiches mit der Sonne verglichen hat, deren Licht alle Könige benötigen, um selber herrschen zu können, verlor jetzt von einem Tag auf den anderen seine Bedeutung. Die Opposition diesseits und jenseits der Alpen, die sich zu Lebzeiten Heinrichs noch hatte ducken und bescheiden müssen, hob nun sogleich gebieterisch ihr Haupt. Und nicht zufällig berichtete man von einem sonderbaren Ereignis an den Ufern der Mosel, wo man auf einem gewaltigen schwarzfelligen Pferd den sagenhaften Dietrich von Bern als Herold habe erkennen müssen, »der gekommen war, dem römischen Reich Jammer und Unheil anzusagen«.

Dabei funktionierte noch bis in die Sterbestunde Heinrichs der von ihm inszenierte politische Mechanismus. Denn gemäß seinen Plänen, Friedrich, den Erben des Imperiums, den Fürsten Deutschlands als König anzudienen, war des Kaisers jüngerer Bruder Philipp von Schwaben nach Italien gekommen, wo der nunmehr gerade dreijährige Knabe Friedrich eine, wie wir wohl annehmen dürfen, leidlich unbeschwerte frühe Kindheit verlebte; diesem Glück sollte nun Friedrich entrissen werden. Philipp, so des Kaisers Plan, würde den Knaben nach Deutschland bringen, wo dieser den getroffenen Vereinbarungen gemäß zum König gekrönt werden sollte. Aber Philipp von Schwaben, der übrigens ursprünglich für den geistlichen Stand ausgebildet und erst durch Heinrich in den weltlichen Dienst gebracht worden war, gelangte auf seiner Reise nach Foligno nur bis in die Gegend von Viterbo, wo ihn an einem Ort namens Radicofani, vielleicht einen scharfen Tagesritt von Foligno entfernt, die Nachricht vom unerwarteten Tode des Kaisers erreichte; und zugleich auch alarmierende Meldungen, die von machtvollen Erhebungen auf Sizilien und in ganz Italien gegen die staufische Herrschaft und gegen die Deutschen berichteten. Des Kaisers Bruder handelte daraufhin spontan. Er brach seine Reise nach Foligno ab, trat die Rückkehr an, hatte einige Mühe, ungefährdet die Alpen zu erreichen und entledigte sich, indem er die eigene Haut rettete, so eines diplomatischen Auftrages, dessen Folgen, wäre er klaglos durchgeführt worden, auf den weiteren Verlauf der Geschichte kaum abzusehen sind.

Denn Friedrich blieb in Italien, anstatt in Süddeutschland aufzuwachsen, im väterlichen Schwaben wohl, wo die Stammburg der Staufer stand. Palermo, Sizilien würden ihn prägen; und nicht die sanfte Hügellandschaft der Schwäbischen Alb. Die Krone Deutschlands ging ihm allerdings verloren. Dafür gewann er Erfahrungen, die seinen Reifungsprozeß außerordentlich beschleunigen sollten.

Der Tod Heinrichs sollte die politische Landkarte und das Schicksal der agierenden Personen mit einem Schlag und grundsätzlich verändern. Bestehendes war über Nacht in Frage gestellt; sorgfältig Geplantes plötzlich gegenstandslos; alte Gegensätze brachen wieder auf; und neue Figuren betraten die Bühne, auf der das Unberechenbare jetzt zur Gewohnheit wurde. Philipp von Schwaben, des Kaisers jüngerer Bruder, sah sich, kaum aus Italien glücklich zurückgekehrt nach Deutschland, von den meisten deutschen Fürsten beinahe gewaltsam genötigt, die Wahl zum König anzunehmen. Friedrichs legitimer Anspruch auf die deutsche Krone war in dem Augenblick gegenstandslos geworden, als Philipp, anstatt nach Foligno zu eilen, um das Kind Heinrichs nach Norden zu geleiten, sich selbst in Richtung Alpen absetzte, um der Wut rebellischer Italiener zu entgehen. Es flammte aber nun, da sich überall die oppositionellen Kräfte rührten, auch der alte Streit zwischen Staufern und Welfen wieder auf; ein Gegenkönig, Otto, Sohn Heinrich des Löwen, vertrat jetzt die welfische Sache. Und Bürgerkrieg verheerte die deutschen Lande.

In Italien und auf Sizilien lagen die Dinge ähnlich, wenn man das Schlimme, Tumultuarische als Maßstab für diese Geschichte nimmt. Die ganze unterdrückte Wut gegen die Deutschen brach ungehemmt aus. Konstanze, des Kaisers Witwe, war ohnedies dafür bekannt, daß sie der deutschen oder eigentlich der staufischen Sache nicht gewogen war. Unmittelbar nach dem Tod des Kaisers verwies sie die staufische Aristokratie des Landes, darunter vor allem Markward von Anweiler, den Truchseß und ehemaligen Vertrauten Heinrichs, während sie Walter von Pagliara – einen Kirchenmann, der nominell als Bischof des süditalienischen Troja fungierte und tatsächlich als Kanzler des staufischen Kaisers in Erscheinung getreten war – kurzerhand einkerkern ließ. Diese beiden Männer waren die führenden Köpfe der staufischen Partei im Königreich Sizilien, unerbittliche Feinde – wie Konstanze wohl instinktiv geahnt haben mochte – der normannischen Reichsidee, die sie, Konstanze, nun, da sie die Regierung angetreten hatte, mit allem Nachdruck zu beleben versuchte. Allerdings gab es um ihre Person wieder diffamierende Gerüchte. Sie habe, hieß es zwischen Palermo und Rom und vor allem in den staufischen Hochburgen Italiens, energisch nachgeholfen, daß der Tod Heinrichs ein so unerwarteter und zudem tragischer gewesen sei. Von Gift wurde geflüstert, das dem Erkrankten in Messina auf Geheiß Konstanzes in die Medizin gemengt worden sei, welche die eher harmlose Dysenterie hätte heilen sollen.

Nun wird man Konstanze Entschlußlosigkeit gewiß nicht nachsagen dürfen. Auch der Leidenschaft zumal in politischen Affären wird sie fähig gewesen sein. Aber irgendwelche konkreten Beweise dafür, daß sie als Mörderin abzuurteilen wäre von der Nachwelt, gibt es nicht. Überdies zeigen alle Handlungen, derer sie in den wenigen Monaten bis zu ihrem frühen Tod noch fähig war, soviel Vernunft, Weitsicht und auch diplomatische Geschmeidigkeit, daß man einem solchen Charakter Gift als Lösung eines politischen Problems nicht unbedingt zumuten möchte. Walter von Pagliara beispielsweise, Bischof und Kanzler Heinrichs, erhielt, weil der Papst eindringliche Fürsprache leistete, rasch wieder seine Freiheit. Und ihr Deutschenhaß, den sie mit den meisten ihrer Untertanen teilte, beeinträchtigte nicht die ehrgeizige Fürsorge zugunsten Friedrichs. Der abendländischen Kaiserwürde, »die nur eine unendliche Fülle künftiger Gefahren und Kämpfe« (Eberhard Horst) in sich barg, vermochte er, so überlegte Konstanze zugunsten ihres Sohnes, ohne weiteres zu entsagen, um dafür als Siziliens König und Erbe des normannischen Reiches ein zwar verhältnismäßig bescheidenes, aber abgesichertes Glück zu ernten. Der Papst aber, gegen den sich Konstanze – fromm durch Erziehung und aus Neigung – niemals auflehnen würde, sollte als Lehensherr über das Königreich seine segnende und schützende Hand halten. Hierin entsprach sie, ohne daß sie es wissen konnte, dem testamentarisch verfügten Wunsche Heinrichs. Das Testament freilich war in den Händen des verbannten und nunmehr rachsüchtig auf seine Stunde wartenden Markward von Anweiler.

Des kaiserlichen Knäbleins bemächtigte sich also die Politik, kaum daß es im schönen umbrischen Foligno sich ans Glück einer unbeschwerten frühen Kindheit hätte gewöhnen können. Apulische Grafen holten den noch nicht einmal dreieinhalbjährigen Friedrich in Foligno ab; dort mochte das Kind, das sich gewiß unter der umsichtigen, liebevollen Anteilnahme der Gräfin von Spoleto wohlgefühlt hatte, erstmals begriffen haben, daß sein Schicksal sich grundsätzlich von jenem seiner Spielkameraden unterscheiden würde, die als Söhne staufischer Adeliger ein zwar bescheidenes, jedoch durchaus überschaubares und in jedem Falle zu bewältigendes Leben zu erwarten hatten. Trennungsschmerz wird Friedrich bewegt haben. Tränen, könnte man sich vorstellen, werden geflossen sein. Aber niemand erlaubte sich, die Gefühle des Kindes zu achten, das von den Grafen Apuliens, Abkömmlingen normannischer Lehensmänner Roger II., auf raschem Wege nach Palermo gebracht wurde, wo Friedrich am Pfingstsonntag des Jahres 1198 – und nachdem Konstanze zuvor zugunsten ihres Sohnes zurückgetreten war und das Königreich dem Papste anvertraut hatte – feierlich zum König von Sizilien und damit natürlich auch zum Herrn über Benevent, Apulien und Kalabrien gekrönt wurde.

Zwei Anmerkungen sind an dieser Stelle zu machen. Eine gewichtige, die politische Entwicklung betreffende. Und eine private, noch einmal die Gefühle des Kindes berührende. Es war nämlich Papst Coelestin III. verstorben, jener zögernde und eher von Furcht als von Selbstbewußtsein beherrschte Mann, der dem harten Willen eines Heinrich und wohl auch der klugen Beharrlichkeit einer Konstanze niemals gewachsen war. An seine Stelle war, und zwar bereits am 8. Januar 1198, ein Kardinal namens Lothar getreten, der, aus Latium stammend und auf germanische Vorfahren verweisend, in Paris und Bologna sich außerordentliche Rechtskenntnisse erworben und dann als Funktionär der Kirche rasch Karriere gemacht hatte, bis er jetzt im Alter von siebenunddreißig Jahren den Heiligen Stuhl in Besitz nehmen konnte. Als Papst nahm er den Namen Innocenz III. an. Zeitgenossen schilderten ihn als kleinwüchsig, jedoch von einnehmendem Wesen. Er soll ungemein beredsam gewesen sein. Seine Bildung, seine Intelligenz und seine Willenskraft erregten schon frühzeitig Aufmerksamkeit. Eine erste Vorstellung von den Fähigkeiten, derer sich dieser ungewöhnliche Mann und Zeitgenosse auch eines Franz von Assisi oder des spanischen Heiligen und eigentlichen Begründers der Inquisition, Dominikus, immer wieder aufs allerbeste und allerdings auch aufs rücksichtsloseste zu bedienen wissen sollte, gab Innocenz schon am Tage seiner Erhöhung, nämlich am 22. Februar, als er den Römern in so überreichem Maße Huldigungsgeschenke – oder nennen wir es deutlicher: Bestechungsgelder – zukommen ließ, daß sie, die sich noch von jedem Papst ihre eher wankelmütige Treue hatten abkaufen lassen, nunmehr ihm auf beinah fanatische Weise ergeben sein würden. Gregorovius nannte ihn den wahrhaften Augustus des Papsttums und bezeichnete ihn zudem als einen der bedeutendsten Menschen des Mittelalters; »ein ernster und gediegener, schwermütiger Geist, ein vollendeter Herrscher, ein Staatsmann von durchdringendem Verstand, ein Hohepriester voll wahrhafter Glaubensglut und zugleich von unermeßlichem Ehrgeiz und von Furcht verbreitender Willenskraft«.

Er also, der dem Papsttum nach langen Jahren der Erniedrigung und Schwäche wieder jene Gewalt vermittelte, die wohl nur dann sich ausbreiten und wirksam sein kann, wenn man sich des Instrumentariums der Machtpolitik souverän zu bedienen weiß, Innocenz würde nun eines eher verwirrten, verwaisten Kindes Vormund sein, eines Kindes – und das betrifft die andere Anmerkung, die hier zu machen ist –, das innerhalb kurzer Zeit einer Fülle von dramatischen Ereignissen ausgeliefert war, ohne daß seine Gefühle darauf vorbereitet, seine Instinkte dafür geschärft gewesen wären.

Die Ereignisse überschlugen sich in der Tat. Im Mai die Krönung Friedrichs zum König von Sizilien. Im November der überraschende Tod seiner Mutter. Und damit das endgültige Vorrücken Innocenz' III. zum Vormund des Knaben und zum Verweser des Reiches. Innocenz etablierte vorerst eine Art stellvertretender Regierung von vier Erzbischöfen unter dem Vorsitz des wieder in seine alten Rechte und Pflichten eingesetzten Walter von Pagliara, was allerdings weder auf der Insel noch im übrigen Königreich den dringend benötigten Frieden, sondern bloß neue Schwierigkeiten, neuen Aufruhr und zuletzt die allerschrecklichste Anarchie auslösen sollte.

Es betraten neue Akteure den Schauplatz, der, wollte man beharrlich den überlieferten Vorstellungen vom umfassenden Luxus und der Allmacht des Königtums im Mittelalter Glauben schenken, eigentlich eine Stätte des andauernden Triumphes für Friedrich hätte sein müssen. Walter von Brienne, ein ehrgeiziger französischer Graf, freilich auch ein Hasardeur und roher Söldnerführer, erschien im Königreich Sizilien, wo er maßlose Forderungen stellte, gebieterisch darauf pochend, ein Schwiegersohn des illegitimen letzten Normannenkönigs Tankred zu sein, der seinerzeit wiederum von Heinrich empfindlich gedemütigt worden war. Innocenz, der Vormund des königlichen Kindes, reagierte auf diese wie auf alle anderen Herausforderungen – die zugleich stets auch ernsthafte Bedrohungen des Erbes waren, das Friedrich in seiner unwissenden Unschuld hatte antreten müssen – wie ein diplomatischer Politiker und nicht wie ein warmherziger Mensch. Es rebellierten immerhin Siziliens sogenannte Bergsarazenen gegen die päpstliche Herrschaft und deren Repräsentanten auf Sizilien, weil sie, die dem islamischen Glauben angehörten, sich naturgemäß vom Beherrscher der katholischen Welt keine Förderung erwarten durften. Es lagen insgesamt päpstliche Legaten, süditalienische Fürsten, die deutschen Staufer, die sizilianischen Normannen, die Sarazenen Siziliens, die Anhänger Walter von Briennes und jene Walter von Pagliaras miteinander im wüsten Streit, wobei die Parteien einander mit äußerster Erbarmungslosigkeit bekämpften, unterstützt noch von zwei der wichtigsten Konkurrenten um die Hauptmärkte des Mittelmeer- und Levantehandels, den Pisanern und Genuesen. Und zuletzt trat auch noch der von Konstanze verbannte Markward von Anweiler als fordernder und alte Rechte in Anspruch nehmender Kriegsherr auf, der, nunmehr zum selbsternannten Vertreter der deutschen Sache im Königreich Sizilien avanciert, sich tatsächlich darauf stützen durfte, noch vom verstorbenen Kaiser Heinrich zum Verweser des Reiches bestellt worden zu sein.

Das Chaos war perfekt. Es schilderten die Chronisten mit düsteren Worten die schrecklichen Ereignisse, die von allen diesen Abenteurernaturen inszeniert wurden. Es schilderte niemand das Elend des sizilianischen Volkes, das wieder einmal Opfer europäischer Politik wurde, einer Politik, die das Volk weder zu begreifen noch zu achten vermochte. Und es sind nur bruchstückhafte, ungenaue und freilich dennoch ungemein bezeichnende Reaktionen des Kindes bekannt, das den Mittelpunkt in diesem Chaos darstellte, ohne daß es – verwaist und ohne einen wirklichen Freund an seiner Seite zu haben – schon hätte verstehen können, daß nur ein einziger Trieb allen diesen Parteien gemeinsam war, nämlich »dem plattesten Gewinn nachzugehen und sich möglichst auf Kosten des wehrlosen Königs zu bereichern« (E. Kantorowicz), eines Königs, der im Alter von sieben Jahren erstmals wirklich um sein Leben fürchten mußte, als im November des Jahres 1201 Markward von Anweiler mit seinen deutschen Söldnern Palermo eroberte und Walter von Pagliara und dessen papsttreues Regiment vertrieb.

Es hat sich ein Brief aus jenen Tagen erhalten, den der Erzbischof von Capua an den Papst absandte, wobei wir annehmen dürfen, daß der Erzbischof entweder selbst Augenzeuge der Geschehnisse rund um Friedrich war oder sich von Augenzeugen über diese Geschehnisse unterrichten ließ. Denn Folgendes war geschehen: Die Soldaten Markwards, Herren schon über Palermo, drangen durch Verrat in das königliche Schloß ein, das sich auf einem sanft geneigten Hügel oberhalb der Kathedrale erhob, heute in unmittelbarer Nachbarschaft des Zentralkommandos der palermitanischen Polizei, was man durchaus als eine späte symbolische Ergänzung jener Ereignisse verstehen könnte. Friedrich, begleitet nur noch von seinem Lehrer, einem Magister namens Wilhelm Franciscus, verbarg sich im Innern des Palastes. Und wieder offenbarte Verrat den Feinden alle Geheimnisse. Schon stand die raubgierige und vielleicht auch zum Königsmord entschlossene Rotte vor dem siebenjährigen König, als dieser plötzlich, erfaßt von heftig aufwallendem Zorn über die Berührung durch gemeine Soldatenhände, seine Gegner ansprang, um sein Leben und mehr noch seine Ehre zu verteidigen. Im Wortlaut heißt es dazu im Brief des capuanischen Erzbischofs: »... da schützte er sich statt mit Waffengewalt durch Tränen und vermochte doch nicht – ein gutes Vorzeichen für den künftigen Herrscher – den Adel königlicher Gesinnung zu verleugnen; so sprang er, da er ja doch ergriffen werden mußte, dem Häscher entgegen und suchte, so gut er konnte, die Hände dessen, der den Gesalbten des Herrn antastete, zu lähmen. Darauf nestelte er seinen Königsmantel auf, zerriß voll Schmerz seine Kleider und zerkratzte mit der Schärfe der einschneidenden Nägel sein zartes Fleisch.«

So handelte ein Siebenjähriger, der, verlassen und hilflos der Welt ausgeliefert, sich dieser Welt dennoch nicht kampflos beugte. Später, als der so gut wie unbeaufsichtigt heranwachsende Knabe jedem Abenteurer, der die Hand nach Sizilien ausstreckte, als begehrenswertes

Pfand erscheinen mußte, würde sich Friedrich in einem Rundschreiben an die Fürsten des Reiches bitter über das Schicksal beklagen, dem er ausgeliefert war. »Bald plagt mich der Deutsche«, heißt es in diesem Dokument, das vielleicht nicht von Friedrich selbst geschrieben, jedoch zweifellos von ihm beeinflußt ist, »bald verletzt mich der Toskaner, bald quält mich der Sizilier, bald beunruhigt mich der Gallier und der Barbare oder sonstwer. Die tägliche Nahrung wird mir nach Gewicht, der Trank becherweise, die Freiheit kärglich zugewiesen. Unter Mißbrauch des königlichen Namens werde ich mehr regiert, als daß ich regiere, wird mir mehr befohlen, als daß ich befehle, muß ich mehr erbitten, als ich bekomme.«

Überliefert ist, daß mitleidige Bürger Palermos dem beinahe rechtlosen und besitzlosen Kind Nahrung spendeten. Manche Familie verköstigte wochenlang den jungen König, der wie ein Bettler durch die lebhaften Straßen der Stadt schlich, sich dabei wohl aufführend wie irgendein Vagabund oder auch wie der armselige Sohn eines Fischers oder Handlangers, im Umgang bald vertraut mit allen pittoresken Situationen, die sich gerade in dieser Stadt beinahe von selbst ergaben, aufwachsend im Schatten der Paläste, in denen er hätte herrschen sollen und wo jetzt, einander abwechselnd in rascher Reihenfolge, die politischen Desperados und Hasardeure ihre Feste feierten und ihre Konspirationen betrieben, während er, der Sohn des Imperators und Erbe des Stauferreiches, buchstäblich davon abhängig war, was von manchem mehr oder minder reichhaltig gedeckten Tisch an Mildtätigkeit für ihn abfiel. Solche Erfahrungen formen einen Charakter, wenn sie ihn nicht zu zerstören vermögen. Solcher Umgang, wie er für Friedrich selbstverständlich wurde, abenteuerlich, kurios, auch gefahrvoll und stets abwechslungsreich auf eine besondere und besonders intensive Weise, schärft nicht nur den Blick, sondern auch das Urteilsvermögen. Man entsinne sich der verschiedenen Kulturen, die in Palermo wie auf ganz

Sizilien einander ergänzten; und alles durchdrungen von dieser beispiellosen Aura palermitanischen Wesens, wie sie diesem Volk eigentümlich ist, das schrill, heftig, auch zynisch, beinahe obszön und dennoch zauberhaft sein kann; solche Begegnungen also müssen eine starke Wirkung auf den Acht-, Neun-, Zehnjährigen gehabt haben, die bei einem schwächeren Charakter vielleicht verheerende Folgen, bei Friedrich jedoch gewiß etwas verursachten, was ihn die Welt, in welcher er heranwuchs, mit einem zugleich gänzlich unvoreingenommenen und liebevoll bewegten Blick erkennen und begreifen ließ. Man muß vom ungestümen Durcheinander des Volkes reden, in dessen Mitte Friedrich lebte, um die Ursachen dessen zu erkennen, was seinen Charakter später ausmachen sollte und unnachahmlich werden ließ.

Die Schule des Lebens also war es, die Friedrich das Leben begreifen lehrte. Das ist für die Biographie eines Königs – und künftigen Kaisers – eine ungewöhnliche Feststellung. Etwas gemildert und ins gewohnte Bild solcher Lebensdarstellungen gerückt wird sie durch den Umstand, daß zweifelsfrei jener Magister Wilhelm Franciscus, von dem bereits die Rede war, als Lehrer des siebenjährigen Knaben auftrat und noch sechs, sieben Jahre später in dessen unmittelbarer Umgebung nachzuweisen ist. Ihm wird Friedrich, der freilich vom palermitanischen Volk die genaue Diktion der verschiedenen Dialekte und Sprachen empfing, die er bald fließend beherrschte, manches an Bildung zu danken haben. Elementare Kenntnisse in der Religion werden ihm des Papstes Legaten beigebracht haben. Auch von einem arabischen Gelehrten, einem Imam wohl, ohne daß dies dokumentarisch bezeugt wäre, mag durchaus die Rede sein. Der arabischen Welt bewundernswerte Gelehrsamkeit war in guten Bruchstücken dem Halbwüchsigen vertraut. Über den Dreizehnjährigen berichtete damals ein dem Namen nach unbekannter Augenzeuge, daß Friedrich, der Statur nach eher klein, aber »mit festem Körper und kräftigen Gliedmaßen, niemals müßig« sei, sondern »den Tag in dauernder Tätigkeit« verbringe. Vor allem in der Handhabung der Waffen zeichne er sich aus. Überdies scheint ihm frühzeitig schon ein Gefühl für königliche Würde vertraut gewesen zu sein, was ihn allerdings nicht daran hinderte, »daß er, unzugänglich für Ermahnungen, nur dem Ermessen seines eigenen freien Willens folgt und es, soviel man sehen kann, als schimpflich empfindet, noch bevormundet und für einen Knaben statt für einen König erachtet zu werden. Und daher kommt es, daß er, der jede Bevormundung ablehnt, die Freiheit, die er sich nimmt, oft das Maß dessen, was einem König geziemt, überschreitet und die Art seines öffentlichen Umgangs und das allgemeine Gerede darüber die Ehrfurcht vor der Majestät mindern.«

Ein solches Menschenkind, das alle Grenzen seiner Klasse sprengt und nicht bloß frühreif, sondern in einem bestimmten Sinne auch frühvollendet genannt werden muß, wird zweifellos von ungewöhnlichen Empfindungen bewegt und vermittelt seiner Mitwelt Emotionen, die gänzlich andersgeartet sind als jene, die irgendein beliebiger Zehn- oder Dreizehnjähriger zu erwecken imstande ist. Der Papst, als Vormund Friedrichs und als gewandter Taktiker oder auch als rücksichtsloser Machtpolitiker nicht immer fähig oder willens, seine Gefühle für Sizilien und den jungen König aufeinander abzustimmen, wird wie Friedrich selbst den Tag herbeigesehnt haben, an welchem der junge Staufer mündig zu sprechen war. Er wird genau begriffen haben, daß dieser »riesenstarke und ganz frei sich selbst überlassene Wille Friedrichs, den niemals ein anderer als nur er selbst, seine Vernunft und allenfalls die Not gebändigt hat« (E. Kantorowicz), eine Gefahr bedeutete für seine eigenen, also des Innocenz, Pläne; aber er hat, wie jeder andere Erwachsene auch, das Kind, das nach sizilianischem Recht mit vierzehn Jahren mündig zu sprechen war, dennoch unterschätzt. Denn wäre es anders gewesen, hätte Innocenz gewiß klügere Vorsichtsmaßnahmen als jene getroffen, mit denen er glaubte, den König auch nach dessen Absprung von der Hand des Papstes beherrschen zu können.

Im Jahre 1202 hatte Innocenz, und da war Friedrich gerade achtjährig, ein Verlöbnis seines Mündels mit Sancha, der Schwester des tiefkatholischen und über die Maßen frommen Königs Peter von Aragon in die Wege geleitet. Es waren natürlich nur diplomatische und keine humanen Überlegungen, die dieses Verlöbnis arrangierten. Spanische Ritter, gleichsam als Mitgift gedacht, sollten Friedrich aus der Gewalt des nach wie vor in Palermo regierenden Markward befreien. Und zudem war, was man wohl auch erwähnen muß, Aragonien wie Sizilien ein Lehen des Papstes. Diese Verbindung freilich zerschlug sich. Sechs Jahre später, unmittelbar vor Friedrichs Mündigwerdung, kam es, wieder von Innocenz eingefädelt, zum Verlobungsvertrag mit Konstanze, der älteren Schwester Sanchas. Witwe war sie nach dem König Emmerich von Ungarn und mindestens ein Jahrzehnt älter als Friedrich. Aber – und das mag den Ausschlag gegeben haben, daß der junge König in diese sonderbare Verbindung einwilligte – fünfhundert spanische Ritter würde sie als Morgengabe nach Sizilien bringen, ein Aufgebot, das einem ehrgeizigen Charakter alle Möglichkeiten bot, sich der Feinde zu entledigen, die ihn daran hinderten, sein Erbe anzutreten.

Und so schienen, als am 26. Dezember 1208, am vierzehnten Geburtstag Friedrichs, der Papst seiner Vormundschaft und damit der direkten Regentschaft über Sizilien entsagte, die Weichen gestellt für eine Entwicklung, die dem jungen Staufer eine bekömmliche Zukunft garantierte. Daß im Juni dieses Jahres im fernen Bamberg Deutschlands König Philipp von Schwaben dem Attentat eines Meuchelmörders erlegen war, schien im Augenblick noch ohne Bedeutung. Und selbst der Umstand, daß Friedrich dadurch zum letzten lebenden Staufer geworden war, mochte in Palermo noch keiner besonderen Beachtung wert sein. Der Knabe würde heiraten und, mit Unterstützung der aragonesischen Ritter, sein Königreich regieren. Der Papst würde voll kluger Diplomatie seine Lehensländer in einer verhältnismäßigen Unabhängigkeit belassen. Und Deutschland mit seinen chaotischen Verhältnissen würde fern wie zuvor bleiben.

So mag Friedrich gedacht haben, sofern er sich dieser Dinge überhaupt annahm. So mögen Siziliens unruhige Barone, Markwards deutsche Rebellen, die aragonesischen Diplomaten und die päpstlichen Legaten die Zukunft gesehen haben. Ihr Irrtum war verständlich. Und schuf gänzlich neue Verhältnisse.

Man blickt mit heutigen Augen auf die Welt von damals. Man vergleicht, beeinflußt von zeitgenössischen Verhaltensweisen, die Taten jener Menschen, die einem anderen Zeitalter verpflichtet waren, mit den Handlungen von Politikern, denen heute alle Vorteile einer demokratisch organisierten Zivilisation zur Verfügung stehen. Den Papst, den wir bei aller Bewunderung und Verehrung doch nicht zur Gänze kritiklos zu sehen vermögen, können wir uns als Verwalter und Mehrer jener unglaublichen Machtfülle nicht vorstellen, wie sie das späte Mittelalter den Beherrschern Roms in die Hände spielte. Und ebenso sind wir außerstande, die politische Ohnmacht eines Königs, wie Friedrich einer sein mußte, als er noch über Sizilien zu herrschen versuchte, an den Möglichkeiten eines modernen Parteiführers zu messen, der als Kanzler in einem demokratischen Gemeinwesen letztlich nur seiner Fraktion verantwortlich ist. Auch angesichts des Bildes, das wir uns vom Menschen jenes Zeitalters machen, in welchem neben und mit Friedrich ein Innocenz oder ein Dominikus, ein Franz von Assisi oder ein Thomas von Aquin existierten, müssen wir uns einer Vorsicht befleißigen, die keine andere Ursache hat als unser Unvermögen, die Existenz eines Menschen im 13. Jahrhundert zu erfassen. Wir vergessen immer wieder, daß sein Bildungsniveau, gemessen an jenem des 20. Jahrhunderts, ein außerordentlich bescheidenes war; und daß Aberglaube, Dämonenfurcht, Spekulation mit Überirdischem sein Verhalten beeinflußten. Und vor allem übersehen wir, daß das Rohe oder Gewalttätige, das wir im Verlaufe der Jahrhunderte, ohne es ausmerzen zu können, sozusagen stilisiert und in sittliche Zwänge gelegt haben, damals etwas so Selbstverständliches war, daß ein Herrscher, der nicht mit diesem Rohen umzugehen, sich nicht dieser Gewalt zu bedienen wußte, sehr rasch die Achtung seiner Zeitgenossen verloren hätte.

Das 13. Jahrhundert sei eine fortgesetzte Revolution

gewesen, meint Gregorovius in seiner *Geschichte der Stadt Rom im Mittelalter.* Denn es habe sich der bürgerliche Geist seine Freiheit von Feudalität, Reich und Kirche erkämpft. Was er, der klug und zugleich schwärmerisch diese Zeit beschrieb, möglicherweise zu erwähnen unterließ, war das Elend des gemeinen Volkes. Dieses nämlich, und das war die erdrückende Mehrzahl der Menschen, war nach wie vor der alltäglichen Gewalt jener Machthaber ausgeliefert, die sich wie Raubtiere ins Leben verbissen, rücksichtslos jede Beute verschlingend, die ihnen vor die Fänge geriet. Und da war kein Unterschied zwischen einem Mann wie Otto, Sohn Heinrichs des Löwen, der jetzt, nach der Ermordung des Staufers Philipp von Schwaben, sich einbilden durfte, unumschränkter Gebieter über Deutschland zu sein, und einem Papst wie Innocenz, der aus dem deutschen König welfischer Abstammung durch die Krönung zu Rom einen Kaiser machte, Otto IV., weil er, Innocenz, davon überzeugt war, durch diese Erhöhung eines Welfen zum römischen Kaiser Gegendienste als selbstverständlich annehmen zu können, welche die Macht der römischen Kurie festigen sollten. Das, was wie Politik und feierliches Zeremoniell aussah, war in Wahrheit stets bloß ein Geschäft. Es forderten die Kleriker von Otto IV. jetzt die Freiheit der Bischofswahl für Deutschland, etwas, das die Staufer stets abgelehnt hatten; ferner die endgültige Anerkennung Siziliens als päpstliches Lehen sowie den gänzlichen Verzicht der Deutschen auf die Mark Ancona, auf das ehemals staufische Herzogtum Spoleto und die Mathildischen Güter in Tuscien und in der Toskana.

Ein Geschäft war es, das da zwischen dem Papste und dem Welfenkaiser ausgehandelt wurde, dessen Preis, hätte sich Otto an alle Vereinbarungen pünktlich gehalten, Friedrichs Unabhängigkeit gewesen wäre. Aber die Politiker jener Zeit bildeten sich noch ein, in allem und jedem maßlos sein zu dürfen – was allerdings Erinnerungen wachruft an die Gegenwart –; und Otto war keine

Ausnahme. Ihn lockte das Königreich Sizilien. Ihn köderten Apuliens Grafen, allen voran ein gewisser Diepold von Schweinspeunt, ein ehrgeiziger Intrigant, der schon einmal für kurze Zeit die Macht geschmeckt hatte, als er nach dem Tode Markwards in der Königsburg von Palermo die Regierungsgeschäfte betrieben hatte, während das Kind Friedrich hungrig und verwahrlost durch die Gassen der Stadt streunte. Diepold, in diesem Sinne das unheilvolle Erbe Markwards antretend, gab vor, das ehemals normannische und nunmehr staufische Sizilien dem größeren Römischen Reich zuführen zu wollen; und da der vom Papste gekrönte Welfe Otto dieses Reiches Kaiser war, oblag es diesem, das Angebot der Deutschen anzunehmen. Verrat kleidet sich immer in ein moralisches Mäntelchen. Und Verräter sind stets davon überzeugt, einem höheren sittlichen Prinzip zu gehorchen.

Dieses Jahr 1209, in welchem das alles sich ereignete, was Friedrichs Untergang zum Ziel hatte und dann tatsächlich seinen kometenhaften Aufstieg zum Imperator erheblich beschleunigen sollte, war in jedem Sinne eine einschneidende Zäsur im Leben des fünfzehnjährigen Königs. Im Frühjahr erwartete man bereits die Ankunft Konstanzes in Palermo; die rund zehn Jahre ältere Gemahlin Friedrichs war ihm noch während dessen Minderjährigkeit im Dom zu Saragossa in einem symbolischen Akt angetraut worden. Im selben Frühjahr unternahm Friedrich einen Heerzug durch Sizilien, um den Aufruhr, der überall auf der Insel entflammt oder im Entstehen begriffen war, »mit großer Macht« niederzuwerfen, wie ein Zeitgenosse es darstellte. Den Schritt hinüber auf das Festland, wo gleichfalls Unruhe und Aufsässigkeit herrschten, konnte er freilich erst wagen, wenn die fünfhundert aragonesischen Ritter Sizilien erreicht haben würden, jene gutausgerüsteten und kampfstarken Männer also, die der wesentliche Teil von Konstanzes Mitgift waren. Sie und Konstanze langten allerdings erst im August in Palermo ein. Die Hochzeitsfeierlichkeiten dürfen wir uns wohl in ungebührlicher

Eile inszeniert vorstellen, weil Friedrichs Pläne nichts Minnehaftes oder seiner gewiß früherwachten Sinnlichkeit Dienendes enthielten, sondern ausschließlich auf die Konsolidierung seines Erbes ausgerichtet waren; unmittelbar nach dem Zeremoniell und einigen pflichtbewußten Umarmungen im August oder im September – als Friedrich gemeinsam mit den vom Papste ihm zugeführten Lehensrittern und den Spaniern über Messina nach Kalabrien und Apulien gehen wollte, um dort die fraglich gewordene staufische Ordnung wiederherzustellen – entschied sich das Schicksal scheinbar gegen den jungen König. Es erkrankten die spanischen Ritter an einer rätselhaften Seuche; Malaria könnte es gewesen sein; irgendein heimtückisches Fieber, das innerhalb weniger Tage die Ritter und deren Gefolge hinwegraffte; auch der Bruder der Königin war unter den Opfern. Und Friedrichs militärische Macht war wieder auf ein bedeutungsloses Minimum reduziert.

Im September dann neuerlich eine Verschwörung der Barone Siziliens und Apuliens. Und im November jene niederträchtige Zusammenkunft in der welfentreuen Stadt Pisa, die das ruhmlose Ende Friedrichs hätte herbeiführen sollen. Diepold von Schweinspeunt huldigte hier an der Spitze apulischer Fürsten dem Welfenkaiser und forderte ihn öffentlich auf, sich des letzten staufischen Eigentums zu bemächtigen. Und Otto, begierig nach Ruhm und Besitz, stimmte zu.

Es folgte diesem Ereignis ein Jahr angestrengter Tätigkeit, dem Friedrich nichts anderes entgegenzusetzen hatte als seine jugendliche Zuversicht, die ihn freilich nicht daran hinderte, eine seetüchtige Barke im Hafen von Palermo vorzubereiten, die ihm von einer Stunde zur anderen die Flucht nach Afrika ermöglichen sollte. Otto rüstete. Der Papst, von dem angesichts dieser expansiven Pläne der Welfen der Ausspruch überliefert ist, »Das Schwert, das wir uns geschaffen, schlägt uns schwere Wunden«, entfaltete nun eine fieberhafte diplomatische Tätigkeit. Rundschreiben, überbracht von Eilkurieren auf zuschanden gerittenen Pferden, erreichten Deutschlands Bischöfe. »Es reut mich, den Menschen geschaffen zu haben«, begannen diese Briefe, in denen auf meisterhafte Weise gegen Otto intrigiert und letztlich sogar die Exkommunikation angekündigt wurde. Auch der König von Frankreich, der Kapetinger Philipp II., wurde in diese Intrige miteinbezogen. Ein feingesponnenes Netz begann sich um Kaiser Otto IV. zu legen, während dieser – man schrieb inzwischen Herbst 1210 – schon nach Apulien unterwegs war. Ein Jahr später stand er an der Küste Kalabriens, im Blick Sizilien, das er in dem Augenblick zu erobern beabsichtigte, da die pisanische Flotte, die längst von der Toskana aus in See gestochen war, seine Armee an Bord nehmen und über die Straße von Messina setzen würde.

Innocenz bannte jetzt den aufsässigen Kaiser. Und wandte auch bei den Fürsten Deutschlands seine diplomatischen Fähigkeiten an. Er unternahm dies alles gewiß nicht aus Zuneigung für sein ehemaliges Mündel, sondern aus der berechtigten Sorge heraus, in dem Maße an Einfluß zu verlieren, in welchem Otto seinen Machtanspruch ausdehnte. Päpstliche Bannflüche flogen gegen Deutschland, subtile Drohungen wurden geschickt verbreitet, Italiens Klerus gegen den deutschen Kaiser gleichsam mobil gemacht und die welfenfeindlichen Fürsten Deutschlands von neuem organisiert.

Und Innocenz hatte Erfolg. Nicht zuletzt durch die unermüdliche Fürsprache des Kapetingers Philipp, des Königs von Frankreich, der ein unversöhnlicher Gegner Ottos war, versammelten sich Deutschlands Fürsten im September 1211 zu Nürnberg und wählten – beeindruckt von des Papstes Bannfluch gegen den Welfenkaiser, irritiert durch dessen ebenso ehrgeiziges wie eigenmächtiges Handeln auf dem süditalienischen Festland und natürlich auch beeinflußt von eigenen hochmütigen Plänen – den jetzt noch nicht einmal siebzehnjährigen Friedrich zum deutschen König, indem sie den gebannten Kaiser Otto IV. kurzerhand absetzten. Manches an dieser Wahl mutet überraschend an. Es hätte andere, berühmtere, mächtigere Kandidaten gegeben. Man wußte zu Nürnberg nichts vom Charakter, nichts von den Fähigkeiten und Möglichkeiten des noch nicht einmal zum Manne gereiften Königs von Sizilien. Man spekulierte vielleicht sogar mit dessen vermuteter Schwäche, mit seiner, wie man wohl annehmen mußte, Unfähigkeit, sich in die deutschen Verhältnisse entscheidend einzumengen. Andererseits war er, der legitime Sohn und Erbe Heinrichs und Enkel Barbarossas, der letzte Staufer und damit Träger eines ruhmvollen Namens. Und es lag, wie man in Deutschland auf übertriebene Weise anzunehmen allen Grund hatte, der Segen des mächtigen Papstes auf ihm.

Jedenfalls eilten Kuriere sogleich nach der Wahl südwärts, um in Rom das Einverständnis des Papstes einzuholen und in Palermo die Annahme der Wahl bestätigt zu erhalten. Andere Boten, diesmal im Auftrag der Welfenpartei, überbrachten die schlimme Nachricht dem immer noch an Kalabriens Küsten weilenden Kaiser, der jetzt kein Kaiser mehr sein und keine hochtrabenden, eroberungssüchtigen Pläne mehr haben durfte. Auch Mailand, Pisa und andere welfentreue Städte Italiens sandten dringende Nachricht an Otto, diesen beschwörend, den Feldzug nach Sizilien abzubrechen und sogleich heimzukehren nach Deutschland, um dort nach dem verhängnisvollen Beschluß von Nürnberg zu retten, was beinahe schon verloren schien.

Otto reagierte. Und reagierte wahrscheinlich völlig falsch. Ursache dafür mag unter anderem wohl auch ein Traum gewesen sein, in welchem ein junger Bär sich im Zelt des Kaisers drohend erhoben und so rasch himmelwärts gewachsen sein soll, daß er bald den gebannten Imperator aus dem Zelt drängte und selbst den ganzen Platz einnahm. Derlei mag auf eine abergläubische Natur einen tiefen Eindruck nicht verfehlen. Eine andere Ursache könnten die maßlos übertriebenen Meldungen über Aufruhr und Zusammenbruch der welfischen

Macht gewesen sein, die vor allem von den lombardischen Boten verbreitet wurden. In Wahrheit hätte Otto, wäre er sich in diesen entscheidenden Augenblicken selbst treu und seinen hochtrabenden Plänen ein unerbittlicher Diener geblieben, nur wenig zu befürchten gehabt. Deutschland und die stauferhörigen Fürsten waren fern. Des Papstes Macht war im Augenblick nicht so furchteinflößend, daß er dem theoretisch vernichtenden Bannfluch irgendeine wirksame praktische Konsequenz hätte folgen lassen können. Apulien, Kalabrien, Benevent befanden sich in den Händen des Kaisers. Die treulosen deutschen Fürsten Friedrichs – oder, wie man vielleicht auch sagen sollte, die ihrem Deutschtum fanatisch ergebenen Barone Süditaliens – standen mit ihren Truppen im Lager Ottos. Friedrich selbst war so gut wie machtlos, denn er besaß weder genügend Soldaten noch hinlänglich Geld, um in aller Eile eine Armee auf die Beine zu stellen. Zudem befanden sich Siziliens Sarazenen wieder einmal in hellem Aufruhr, war die lokale Aristokratie in Erinnerung an die grausame Diktatur Heinrichs eher stauferfeindlich. Und überhaupt: Einem schwachen Jüngling, an dem bloß die rotblonden Lokken aufsehenerregend, nur seine bisherige Biographie ungewöhnlich und lediglich sein fast krankhafter Stolz bemerkenswert schienen, hätte ein entschlossenerer Charakter als Otto zweifellos im Handumdrehen den Herrn gezeigt. Die Macht dazu besaß der Welfe. Was ihm fehlte – und was das grenzenlose Glück Friedrichs ausmachte – war der Wille. Otto brach seine Vorbereitungen zur Invasion Siziliens ab, zog sich eilends nach Norden zurück, hielt noch einen glänzenden Hoftag in der lombardischen Stadt Lodi ab und überschritt dann im Winter die Alpen, als wäre er ein hilfloser Flüchtling. Im März 1212 erschien er in Frankfurt, um zur Gegenoffensive anzutreten. Aber zu diesem Zeitpunkt hatte Otto IV. bereits alles verspielt.

Und Friedrich? Siebzehnjährig jetzt war er inzwischen auch schon Vater eines Sohnes, den er mit Konstanze gezeugt und Heinrich genannt hatte, und da war sie, seine Frau, die eher eine ältere Schwester hätte sein können, schon sechs- oder siebenundzwanzigjährig, was nichts daran geändert haben mag, daß beide einander aufrichtig zugetan waren, daß Friedrich, der als Waisenkind herangewachsen war, in Konstanze manches von dem zu entdecken glaubte, was er eine bittere, stürmische Kindheit lang hatte entbehren müssen. Er also, siebzehnjährig, schon Ehemann und Vater, schon König eines gefährdeten Königreiches, schon Staatsmann und Feldherr: Er nahm die Wahl der deutschen Fürsten natürlich an. »... da kein anderer zu finden war, der des Reiches dargebrachte Würde gegen uns und unser Recht hätte annehmen wollen, als uns damals die Fürsten beriefen, aus deren Wahl heraus uns die Krone gebührte ...«. Auf diese bezeichnende Art reagierte er, der gerade erst die im Hafen Palermos liegende Barke oder Galeere mit einigen Habseligkeiten hatte beladen lassen, um nicht gänzlich von allem Notwendigen entblößt die Flucht nach Afrika antreten zu müssen. Stolz, Selbstbewußtsein, sogar herausfordernde Anmaßung mag man einer solchen Reaktion ablesen. Vergessen schien die Realität, die eine fast demütigende war. Oder der junge Herrscher, der nun über zwei Königreiche würde gebieten dürfen, sofern er sich dieser unerhörten Herausforderung gewachsen zeigen sollte, hatte diese Realität gar nie wahrgenommen, sie nicht akzeptiert, weil sie ihm nicht jene Wirklichkeit bedeutete, aus der heraus sich eine Geschichte tatsächlich entwickeln kann.

Friedrich nahm die Wahl also an. Den Lehenseid dem Papste gegenüber, von Innocenz gebieterisch gefordert, erneuerte er. Seinen einjährigen Sohn Heinrich ließ er zum König Siziliens krönen. Konstanze übertrug er die Regentschaft. Gewisse Ereignisse wiederholten sich in Friedrichs Leben. Und alles wird wohl wie im Fieber geschehen sein, wird wie ein Traum über Friedrich hinweggegangen sein, obgleich man vermuten muß, daß er selbst inmitten dieser Heftigkeit dennoch kühl blieb, daß er – man schrieb Mitte März 1212 – logisch dachte, ungemein beherrscht war, sich nicht beeinflussen ließ vom Übermaß des Glückes, das auf ihn niederstürzte, sondern dieses Glück als ganz selbstverständlich betrachtete, es als etwas hinnahm, das ihm zustand und mit dem er allezeit rechnen durfte. Ein Siebzehnjähriger mit starkem Charakter kennt das Mißtrauen gegenüber dem sogenannten Glück nicht. Ein Siebzehnjähriger wie Friedrich betrachtet das, was ihm an Unglaublichem zustößt, als ganz natürliche Reaktion auf die eigene Tatkraft. Da spielt eine fluchtbereite Galeere keine Rolle mehr, haben entmutigende Gedanken keine Bedeutung. Mit siebzehn Jahren wischt man die Schatten der Nacht mit einer einzigen Handbewegung beiseite. Und stürzt sich unbekümmert in ein neues Abenteuer, das noch größer, gefahrvoller, herausfordernder ist als jenes, das man gerade erst überstanden hat. Dankbarkeit dem Schicksal gegenüber, wenn es gnädig mit einem umspringt, kennt man noch nicht. Aber auch nicht die zaudernde Furcht, die einen scheitern läßt angesichts jeder wirklichen Herausforderung.

Nach Rom ging Friedrich zuerst, wo er mit Innocenz III., seinem ehemaligen Vormund, erstmals und übrigens auch zum einzigen Mal zusammentraf. Und auf dieser ersten Etappe seiner Reise nach Deutschland hätte ihm eigentlich bewußt werden müssen, welcher Art das Abenteuer tatsächlich war, auf das er sich bedenkenlos eingelassen hatte. Denn sein Einzug in Rom war weder triumphal, noch ging er ohne Komplikationen vor sich. Jene pisanische Flotte nämlich, welche Otto IV. und dessen Armee nach Sizilien hätte bringen sollen, kreuzte immer noch in den Gewässern Süditaliens, lauerte dem jungen König auf, der für mehrere Wochen in der Festung Gaeta, einige Tagesritte südlich von Rom, Zuflucht suchen mußte. Und in Rom selbst dann war er dringend auf das Geld angewiesen, mit welchem ihn Innocenz ausstattete, damit er, der wie ein Bettler unterwegs in sein neues Königreich war, nicht auf halbem

Wege schon scheiterte. Geld für seinen Unterhalt erhielt er auch in Genua, wo er freilich wie in Rom Versprechungen für die Zeit, da er Kaiser wäre, abgeben mußte, um alle diese dringend benötigten Darlehen überhaupt zu erhalten.

Es mangelte Friedrich aber nicht bloß am Geld, sondern auch an der notwendigen Sicherheit, um sich wie ein König seinem Königreich nähern zu können. Der direkte Weg beispielsweise von Genua nach Pavia war von den Anhängern der welfischen Partei, die sich durch die überraschende Wahl von Nürnberg und die überstürzte Rückkehr Ottos nach Frankfurt noch lange nicht als besiegt betrachteten, so gut wie unpassierbar gemacht worden. Friedrich mußte einen langwierigen Umweg über Asti nehmen, um in Pavia dann endlich jenen Empfang zu erleben, »wie es der kaiserlichen Erhabenheit Brauch fordert«, obgleich Friedrich, noch nicht einmal zum König über die Deutschen gekrönt, noch lange Jahre würde warten müssen, ehe ihm ein Nachfolger des Papstes Innocenz in Rom die Würde des Kaisers tatsächlich zumuten würde.

Von Pavia ging es dann weiter nach Norden, dem Flusse Lambro entgegen, wo ein Trupp Reiter aus Cremona unter der Führung des Markgrafen von Este die weitere Bedeckung des jungen Staufers übernehmen sollte. Aber auch Truppen aus dem feindlichen Mailand waren am Lambro erschienen – während Männer aus dem welfentreuen Piacenza alle Übergänge über den Po kontrollierten –, so daß es im Morgengrauen, und das alles soll sich angeblich an einem Sonntag abgespielt haben, zu einem kurzen, aber ungemein blutigen Kampf kam, in welchem vor allem die Leute aus Pavia schwere Verluste hinnehmen mußten. Friedrich selbst hatte sich im Augenblick, da er die drohende Gefahr erkannte, auf ein ungesatteltes Pferd geworfen und auf diesem den Lambro durchquert, »begleitet von den Spottreden der Mailänder, die später grimmig erzählten, der Knabe Friedrich habe seine Hosen im Lambro gewaschen«; was freilich auch nichts mehr daran änderte, daß Friedrich wohlbehalten im staufischen Cremona einziehen konnte, wo die abergläubische Phantasie der Menschen dieses Ereignis sogleich in einen überirdischen Zusammenhang brachte und von einem Wunder redete, welches Christus selbst veranlaßt habe. Das änderte allerdings nichts daran, daß man auch in Cremona wie in allen anderen Städten zuvor durchaus praktische, irdische Wünsche hatte und den jungen König, indem man ihm nach Kräften half, ins Wort nahm für spätere, reichliche Verpflichtungen den Helfern gegenüber.

Der Marsch nach Deutschland, der über weite Strekken freilich eher einer Flucht vor den starken und manchmal beinah allgegenwärtigen Parteigängern der Welfen glich, ging unverzüglich weiter. Mantua, Verona und dann das Etschtal bis hinauf nach Trient waren die nächsten Stationen. Der direkte Weg über den Brenner war freilich schon wieder versperrt. Friedrich wich aus nach Westen, bezwang mit einigen wenigen Getreuen schmale Ziegenpfade, die durch fast unwegsames Gebirgsland führten, drang auf diese Weise und unter nicht unbeträchtlichen Strapazen vor bis ins Engadin, wo er Anfang September 1212 Chur erreichte, sich dort sogleich des Schutzes der Geistlichkeit versichern konnte und in Begleitung des Bischofs von Chur weiter nach St. Gallen reiste, das ihm einige Hundertschaften Reiter stellte, mit denen sich Friedrich unverzüglich nach Konstanz aufmachte; denn, wie er inzwischen in Erfahrung gebracht hatte, am gegenüberliegenden Ufer des Bodensees, in der Gegend von Überlingen, lagerte sein Gegner, der welfische Kaiser Otto, mit einer erdrückenden Übermacht an Soldaten und Kriegsgerät. Und auch in Konstanz selbst hatte man sich schon angeschickt, den Kaiser feierlich zu empfangen, als plötzlich Friedrich vor den Toren der stark befestigten Stadt stand. Der Bischof von Konstanz weigerte sich, den Staufer einzulassen. Von Überlingen her näherte sich Otto, alarmiert vom Auftauchen Friedrichs. Jeder Augenblick konnte die Entscheidung bringen. Und zu wessen Gunsten sie ausfallen würde, stand außer Zweifel, wenn es zur offenen Feldschlacht kommen sollte. Da griff buchstäblich in letzter Minute der Erzbischof von Bari ein und belehrte den zögernden Konstanzer Bischof nachdrücklich, daß er dem vom Papste gebannten und von Deutschlands Fürsten abgesetzten Kaiser die Stadt keinesfalls übergeben dürfe; andernfalls träfe auch ihn der Fluch des Papstes ... Und Konstanz ergab sich Friedrich. Wenige Stunden später stand dann Otto vor der Stadt; aber an einen Angriff war jetzt nicht mehr zu denken. »Wäre Friedrich«, schrieb ein zeitgenössischer Chronist, »drei Stunden später in Konstanz eingetroffen, so wäre er niemals in Deutschland hochgekommen.«

Man erzählt von einem König, ohne daß man imstande wäre, sich Alter und charakterliche Eigenarten dieses Helden stets genau vorzustellen, eines Helden, der vielleicht gar kein Held noch war, sondern ein Jüngling, in manchem vielleicht sogar ein Kind, ahnungslos, verspielt und heftig am Mantel des Schicksals zerrend, das jetzt Friedrich auf eine Weise gnädig war, die jeden anderen als ihn atemlos gemacht hätte. Er freilich stürmte fast bedenkenlos voran. Das Nachdenken war seine Sache noch nicht, wenn man darunter ein Innehalten versteht, ein Hineinhorchen in die Welt der zaudernden, behutsamen Gedanken. Dem Achtzehnjährigen, der nun unwiderstehlich durch Süddeutschland eilte und dem mit den Herzen der Menschen immer mehr an Macht zuflog, schmolz die Zeit buchstäblich unter den Händen hinweg. So zumindest muß er es empfunden haben.

Uns freilich, die wir uns nach vielen Jahrhunderten dieser Geschichte und dieses Menschen entsinnen, kommt es gelegentlich vor, als bildeten die Ereignisse von damals einen ungestümen Wirbel, der alles hinwegzureißen droht. Städte, Menschen, Abenteuer fliegen an einem vorüber, als wären sie auf eine verwischte Leinwand projiziert, so daß man Mühe hat, auf Einzelheiten zu achten. Konstanz war in Friedrichs Hand. Das Festmahl, dem erwarteten Kaiser Otto bereitet, mundete jetzt dem jungen König. Und der Jubel der Menge, organisiert für den Welfen, umbrandete nach einigem Zögern nun ihn. Aber er nahm sich nicht die Zeit, den glücklichen Erfolg zu genießen. Eine Woche später schon gelang ihm der triumphale Einzug in Basel, wo er bereits auf ein wahrhaft königliches Gefolge verweisen durfte. Bischöfe wie jene von Konstanz und Chur, die Äbte der einflußreichen Klöster Reichenau und St. Gallen, etliche Grafen und schließlich auch der Bischof aus Straßburg mit einer halben Tausendschaft Soldaten stießen zu ihm, huldigten ihm wie die Abgesandten des böhmischen Königs, die gekommen waren, sich die Rechte ihres Herrn bestätigen zu lassen. »Nichts haftete dem Freudigen, Sieghaften mehr an von der Ohnmacht des Kindes und von der Not des durch den Welfen verfolgten Knaben«, schreibt Kantorowicz über diese bemerkenswerte Etappe der Reise Friedrichs nach Deutschland. »Über Nacht hatte der ohnehin Frühreife nicht im Traum wie andere Heroen, wohl aber in nicht minder traumhafter Wirklichkeit die Sicherheit des jungen Streiters gewonnen, den man freilich bei seiner Jugend noch ganz als ›das Kind‹, das ›Kind von Apulien‹ empfand.«

Und so wurde er tatsächlich von den Menschen begriffen, die ihm nun entlang des Weges, den er rheinaufwärts nach Norden nahm, begeistert zujubelten: Ein Kind, dem die göttliche Vorsehung das Diadem des Erfolges auf die glänzende Stirn drückte. »Mit himmlischen eher als mit irdischen Kräften hat das Kind den Welf überwunden«, sangen die Troubadours. In einer zeitgenössischen Reimchronik hieß es: »Das Kind von Apulien man kommen sah ... Der Kaiser hatte große Kraft, doch war das Kind sieghaft ganz ohne einen Schwertstreich ...« Und eines Minnesängers Phantasie, es war jene des am Hofe des Markgrafen von Montferrat dienenden Aimeric von Peguilain, verstieg sich sogar zur Behauptung, daß jetzt erst, da Friedrich sieghaft in

Deutschland erschienen war, die Taten eines Alexander des Großen glaubhaft wurden. Vor allem die Freigebigkeit des jungen Königs wurde gerühmt, als sei sie dessen persönliche Tugend und nicht eine aus der diplomatischen Not geborene Notwendigkeit. Denn in der Tat war Friedrich, begabt mit dem Instinkt des geborenen Politikers, ungemein großzügig im Umgang mit dem Geld, das er als Darlehen überall aufnahm und wofür er sein Wort als zukünftiger Kaiser verpfändete, so daß man wohl annehmen darf, daß es nicht nur die strahlende Erscheinung des blondgelockten Jünglings, sondern auch dessen geschickte Art der Subventionierung zahlloser Wünsche und Pläne gewesen sein wird, die ihn auf eine so beispiellose Weise erfolgreich sein ließ.

Vergessen waren jetzt, da Friedrich innerhalb weniger Wochen fast ganz Süddeutschland beherrschte, ohne daß er eine Schlacht hätte führen oder sich in zahllose blutige Scharmützel hätte verstricken müssen, die klugen Warnungen Konstanzes, die vernünftigen Einwände seiner Ratgeber, die Friedrich zur Vorsicht mahnten, als im Herbst 1211 die Sendboten aus Nürnberg erschienen waren, um dem König Siziliens auch die Königskrone Deutschlands anzubieten. Vergessen auch oder zumindest in den Hintergrund gedrängt waren die unsicheren politischen Verhältnisse auf der fernen Insel und in Apulien, wo immer noch jene Fürsten regierten, die dem Staufer feindlich gesinnt waren. Alles Sinnen und Trachten war auf ein sieghaftes Vorwärts gerichtet. Tage-, wochenlang kam man kaum aus dem Sattel. Kuriere, Bittsteller, Abgesandte drängten sich um den jungen König, der mit fast nachtwandlerischer Sicherheit – und wohl auch gut beraten von den Dienern des Papstes, den Legaten und Bischöfen – eine Linie einschlug und Marschrouten wählte, die ihn stets durch geistliches Gebiet führten, auf welchem, unsichtbar und doch allgegenwärtig, der politische Wille Innocenz' III. lastete. Und immer wieder war die lockere Hand des jungen Königs im Umgang mit dem Geld zu spüren, das ihm gar nicht gehörte oder für dessen Erhalt er sein zukünftiges kaiserliches Wort verpfänden mußte. Friedrich tat das dem Anschein nach leichten Herzens. Verbürgt ist in diesem Zusammenhang sein Ausspruch: »Die Vernunft selbst rät uns dazu und es veranlaßt uns das Nachsinnen über unseren Gegner, der, weil er anders gehandelt, die Feindschaft der Menschen auf sich zog und die Ungnade Gottes.« Und tatsächlich war Otto IV. berüchtigt für seinen Geiz und außerstande, die allemal geld- und landgierigen Adeligen durch geschickt eingesetzte Großzügigkeit auf seine Seite zu bringen.

Es war also, wenngleich das Volk anderer Meinung sein mochte, nicht bloß das Charisma eines jugendlichen Helden, das Friedrich stürmisch vorankommen und letztlich über seinen Gegner siegen ließ. Es war auch und eigentlich vor allem die kalte, kluge Strategie, zu der er ungeachtet seiner Jugend schon befähigt schien wie kaum ein anderer seiner Zeitgenossen und Konkurrenten, der Papst natürlich ausgenommen. Es läßt sich schwer beurteilen, wieviel an diesem Geschick seine Ursache im scharfen politischen Verstand Friedrichs oder in seinem wachen Instinkt hatte; und in welchem Ausmaß er welchen Ratgebern Gehör schenkte. Unbestreitbar aber ist, daß er die Kunst, aus einem Minimum an Möglichkeiten ein Maximum an politischem Erfolg zu erzielen, gut beherrschte. Das Bündnis, das er mit Frankreichs König Philipp II. gegen Otto und gegen England, welches den Welfen unterstützte, im November 1212 in Vaucouleurs unweit von Toul eingegangen war, bestätigt dies. Es band ihn dieser Pakt zwar an das Versprechen, ohne das Einverständnis Frankreichs mit keiner feindlichen Macht Frieden schließen zu dürfen; und es würden wenige Wochen später – wenn Friedrich am 5. Dezember 1212 in Frankfurt noch einmal in aller gebotenen Förmlichkeit von einer deutschen Fürstenversammlung zum König erwählt und vier Tage danach in Mainz auch provisorisch zum König gekrönt werden sollte – wiederum französische Gesandte anwesend sein und eine wichtige oder eigentlich sogar hochmütige Rolle spielen; aber zum einen würde diese Krönung nur eine Art Vorwand, nur ein rasch und aus politischen Motiven arrangiertes Schauspiel sein, bei welchem die Kulissen wenig bedeutsam und die königlichen Insignien lediglich Imitationen sein würden; und zum anderen darf man wohl vermuten, daß des Achtzehnjährigen scharfer, wenngleich noch nicht gänzlich ausgebildeter Verstand längst begriffen hatte, daß der wahre Machthaber nicht der Kapetinger Philipp August, sondern Innocenz war; und daß er, der die ganze schwere Last der Fessel noch nicht spürte, die der Papst ihm angelegt hatte, nur diesem zur vollkommenen Treue verpflichtet sein mußte. Es war schließlich die Politik in jener Zeit keine andere, als sie sich uns heute darstellt. Bündnisse, Treueschwüre, Übereinkommen: Deren Erfüllung oder Einhaltung richtete sich immer nach den Sachzwängen, denen man jeweils gehorchen mußte. Und im übrigen vertraute man der eigenen Kraft und Geschicklichkeit; oder versuchte mit allem Nachdruck, den Gegner, sofern man ihn nicht mit einem Schlag zu bezwingen vermochte, durch die doppelbödige Kunst der Denunziation zu verunsichern. Die politische Propaganda ist schließlich keine Erfindung des 20. Jahrhunderts.

Und Verleumdungen, die dem ausschließlichen Zwecke dienen sollten, Friedrich in den Augen der Menschen herabzusetzen, wurden auch jetzt wieder gegen den König erhoben. Er sei, so machte ein bösartiges Gerücht die Runde durch Süddeutschlands Gaue, gar nicht des Staufers Heinrich Sohn, sondern gezeugt von einem Geschöpf des Papstes, einem Geistlichen oder Beamten, der mit Heinrichs Gemahlin Konstanze Unzucht getrieben habe. Es schien Friedrichs Schicksal zu sein, daß man aus den unterschiedlichsten Gründen, die freilich stets eine gemeinsame politische Ursache hatten, die Legitimität seiner Herkunft anzweifelte. Und es war ein Teil seines Glückes, welches ihn hartnäckig verfolgte, daß er allein schon durch die Art seines Auftretens, durch die Anmut seiner Erscheinung, der es dennoch nicht an herrischem Selbstbewußtsein mangelte, alle seine Verleumder zu widerlegen wußte. »Während nun dieses verhängnisvolle Geschwätz verschiedenster Lippen sich durchzusetzen begann«, kommentierte ein Chronist diese neuerliche Verleumdung, »Siehe, da erscheint mit der Menge seiner Schwaben, Bayern und Böhmen der junge König als Triumphator über den Gegner und erweist seines Geschlechtes Adel durch Zucht und Anstand seines Wesens.«

Vom Glück muß man allerdings tatsächlich immer wieder staunend berichten, das dieser junge Mensch gehabt hat, als er durch Deutschland ritt, um sich zur sizilianischen Krone auch die deutsche zu gewinnen. Denn sein Gegner, der nunmehr zögernd zurückweichende Welfenkaiser, verlor allein schon durch sein wuchtiges, düsteres Aussehen viel an Sympathie gegenüber dem jugendlichen, zwar auch kräftig, jedoch ebenmäßig wirkenden Staufer. Einem hübschen Gesicht, einem gewinnenden Wesen mißtraut man kaum. Und der Jugend öffnet man ohnedies sein Herz. Otto hingegen war das, was man einen kühnen Recken nennen möchte; und besaß eine rauhe, laute Stimme; und verdarb sich, gerade weil es tollkühn und furchtlos war, durch sein herausforderndes Auftreten manche gute Chance. Seine Mutter war Engländerin gewesen; er selbst war am Hofe des unglücklichen Richard Löwenherz erzogen worden. Über seine geistigen Fähigkeiten und über seine Bildung ist nicht viel mehr zu sagen, als daß diese wesentlichen Vorzüge eines tüchtigen Herrschers bei ihm ebenso verkümmert waren wie seine Großzügigkeit. »Wie sollte der Derbe dem feinen Intrigenspiel der römischen Kurie und gar einem Papst Innocenz gewachsen sein!«, schreibt Kantorowicz, der Biograph Friedrichs.

Und Otto war in der Tat nicht einmal sich selbst gewachsen. Und überdies wirklich unfähig, das Glück an seine Seite zu zwingen. Seinen verhängnisvollen Entschluß, gegen alle strategische Vernunft aus Kalabrien aufzubrechen, als er nur noch die Hand hätte auszustrekken brauchen, um Sizilien einzustreifen, haben wir schon beschrieben. Jetzt, gerade aus Italien zurückgekehrt, hatte er sich überstürzt mit Beatrix, einer staufischen Erbin, vermählt, um wenigstens etwas von jenem sonderbaren Mythos für sich auszunützen, den dieses schwäbische Geschlecht auf sich gezogen hatte. Aber schon kurz nach der Hochzeit starb Beatrix, so daß auch diese Verbindung, die als kluger politischer Schachzug gedacht war, ins Leere ging. Auch im Umgang mit den Fürsten und dem Klerus verdarb sich der Welfe durch seine Unfähigkeit, im richtigen Augenblick den rechten Ton zu finden, viele Sympathien. Und so ist es kein Zufall, daß das Urteil, das Ottos Zeitgenossen über diesen ebenso unglücklichen wie das Unheil buchstäblich herausfordernden Kaiser fällten, ein vernichtendes war. »Den Italienern eine Last, lästiger den Deutschen und den eigenen Parteigängern unangenehm ...«! Sein Ende war dementsprechend. Gebannt, abgesetzt, gedemütigt war der noch nicht einmal Sechsunddreißigjährige auf die Harzburg geflohen, wo er, schon sterbenskrank und jetzt auch psychisch zu Tode erschöpft, sich jenen Priestern auslieferte, die bereit waren, sein bitteres Los zu teilen. Allerdings forderte er von ihnen, die seinem selbstzerstörerischen Wunsche lange widerstrebten, daß sie ihn seiner schweren Sünden wegen mit Ruten blutig peitschten. So endete er, der ein großer Kaiser hätte sein sollen, als klägliches Geschöpf, gezüchtigt von den Schlägen seiner Beichtväter und vernichtet von einem Schicksal, dem er, der Starke, letztlich doch nicht gewachsen gewesen war.

Zuvor freilich – und Ottos erbarmungswürdiger Tod ist auf den Mai des Jahres 1218 zu datieren – kam es noch, und zwar am 27. Juli 1214, zu jener denkwürdigen Schlacht von Bouvines in der Nähe von Lille, in welcher zwar Franzosen und Engländer, diese unterstützt durch ein welfentreues Kontingent, gegeneinander kämpften und eigentlich die Situation zwischen den beiden verfeindeten und durch des Papstes beispiellose

Politik der genialen Niedertracht und der rücksichtslosen Machtausdehnung noch heftiger, aussichtsloser in diese erbitterte Gegnerschaft hineingetriebenen Ländern Frankreich und England eindeutig entschieden wurde, in Wahrheit aber auch und vor allem das Schicksal Deutschlands auf dem Spiel stand. Denn Friedrichs Erscheinen in Deutschland, sein beispielloser Sturmlauf, der freilich kein Sturmlauf in einem militärischen Sinne war, sowie des Papstes unermüdliches und geschicktes Einwirken auf die politischen Verhältnisse in Frankreich, England und Deutschland: Das alles verursachte eine Bewegung, die halb Europa ergriff. Man sollte sich in diesem Zusammenhang dessen entsinnen, was Ferdinand Gregorovius einst über die Auswirkungen schrieb, die Innocenz dadurch initiierte, daß er den Einfluß der Kirche rücksichtslos auszudehnen versuchte. Denn »dem Papsttum gab er durch die kluge Ausbeutung der geschichtlichen Verhältnisse, durch die geschickte Anwendung von kanonischen Gesetzen und Erfindungen und die Leitung des religiösen Gefühls der Massen eine so gewaltige Kraft, daß es in seiner Machtströmung die Staaten, die Kirchen und die bürgerliche Gesellschaft unwiderstehlich mit sich fortriß«.

Friedrich war also nicht viel mehr als ein Werkzeug, dessen sich Innocenz klug bediente, um Veränderungen herbeizuführen. Nicht anders sollte man die Figur des Kapetingers Philipp sehen; oder den Kaiser selbst, Otto IV., der, obgleich seine Niederlage im Augenblick, da alle strategischen und politischen Vorbereitungen für die Schlacht von Bouvines getroffen wurden, längst unausbleiblich schien, immer noch eine gewisse Rolle in den Plänen des Papstes spielte. Aber Werkzeuge in den Händen eines politischen Genies waren sie alle, auch König Johann von England, der – um seinem welfischen Bundesgenossen zu Hilfe zu eilen und dabei seine Forderungen auf den Thron der Kapetinger von neuem anzumelden und sich dadurch gegen die bedrohliche Umklammerung durch die päpstliche Politik zu wehren –

im Frühjahr 1214 mit einer starken Armee in La Rochelle gelandet war, während beinahe zur gleichen Zeit Otto mit dem Herzog von Brabant, der später allerdings der welfischen Sache untreu werden sollte, westwärts marschierte. Friedrich selbst war zu einem direkten Eingreifen nicht fähig. Er hatte wohl zu Ostern 1214 ein süddeutsches Heer aufgeboten, um am Niederrhein welfische Besitzungen anzugreifen und so den von zwei Armeen bedrohten Franzosenkönig Philipp II. zu entlasten; aber des jungen Königs militärisches Aufgebot war einerseits noch zu schwach, um auf dem Schlachtfeld irgendeine wesentliche Entscheidung herbeiführen zu können; andererseits überstürzten sich die Ereignisse, die Friedrichs Glück ausmachten, ohne daß er allerdings auch nur im mindesten imstande gewesen wäre, sich dabei selbst in Szene zu setzen. Es besiegte nämlich Frankreich zuerst in Poitou die englische Invasionstruppe König Johanns und wenig später, eben am 27. Juli 1214, in einem grausamen Gemetzel die vereinigten welfischen und niederrheinischen Armeen.

Vor allem der Tag von Bouvines sollte entscheidend sein für die künftige Gestaltung der europäischen Politik. In England erhob sich der unzufriedene Adel gegen den König und erzwang schon ein Jahr später den sogenannten Freiheitsbrief, die Magna Charta, welche die Grundlagen der englischen Gesellschaft auf Jahrhunderte beeinflußte. Und in Deutschland mochte mancher vernünftige Kopf erstmals einsehen, daß es das tragische Wesen deutscher Politik sei, mit der inneren Zerrissenheit leben und sich von außen her allen großen Entscheidungen beugen zu müssen. Ein Symbol dafür mag jene Szene sein, in welcher französische Ritter Friedrich den auf dem Schlachtfeld von Bouvines erbeuteten goldenen Kaiseradler Ottos übergaben, wobei sie diskret verschwiegen haben werden, daß König Philipp zuvor die gebrochenen Schwingen des Wappentieres hatte reparieren lassen ...

Es gab also nach dem Tag von Bouvines eindeutige

Verhältnisse; und Sieger, die jetzt die Ernte dessen einfahren durften, was die kluge Politik des Papstes vorbereitet hatte. Friedrich – »Er brauchte nur die Früchte französischer Siege einzubringen« (E. Kantorowicz) – hatte kaum noch Ursache, die Macht des Welfen zu fürchten. Denn es war dessen militärische und politische Macht zur völligen Bedeutungslosigkeit herabgesunken, bis ihn der Tod von seinem Elend erlöste. Ursache hingegen hätte Friedrich gehabt, dem eigentlichen Triumphator dieser ganzen Inszenierung zu mißtrauen und dessen stetig wachsenden Einfluß zu fürchten, nämlich Papst Innocenz III. und mit ihm die römische Kirche, die nun, da ihre Gegner gedemütigt waren, zum großen Entscheidungsschlag ausholen konnten. Und während der jetzt zwanzigjährige Friedrich im Frühjahr 1215 zum Heerzug gegen Köln und Aachen rüstete – dieser sollte ihm nicht bloß die Tore dieser beiden bedeutenden Städte öffnen, sondern ihm auch die Möglichkeit geben, sich in Aachen, »Hauptstadt und Sitz des deutschen Königtums«, wie Friedrich selbst kategorisch feststellte, die deutsche Krone in einem feierlichen und überzeugenden Akt anzueignen, dem nichts Symbolhaftes oder gar Beiläufiges mehr innewohnte –, um aus einem unbefriedigenden Provisorium etwas Dauerhaftes zu machen, bereitete der Papst in Rom jenes gewaltige Konzil vor, auf welchem der unselige deutsche Thronstreit endgültig entschieden werden sollte. Allerdings war das nur ein Thema dieser Versammlung, zu welcher Innocenz rund siebzig Erzbischöfe mit den Patriarchen von Jerusalem und Konstantinopel aufbot, dazu mehr als vierhundert Bischöfe, über achthundert Äbte sowie die Gesandten fast aller Fürstentümer und Königreiche Europas. Es sollte nach dem Wunsche des Papstes die bedeutungsvollste und auch einprägsamste Zusammenkunft der römischen Kirche sein, ein Konzil, das die wahre Macht dieser Kirche unmißverständlich demonstrierte und den weltlichen Herrschern auf überzeugende Weise vor Augen führte, daß nicht mehr sie, sondern der wahre Imperator Europas, also der Papst, über die Geschicke der Menschen zu bestimmen hatte.

Und Friedrich, der seit seiner Ankunft auf deutschem Boden einem wahren Glücksrausch erlegen war, sollte dabei, ohne daß ihm dies vorerst noch allzu deutlich gemacht worden wäre, eine besondere Rolle spielen. Er, der schon auf dem Weg war, um sich in Aachen, der uralten Krönungsstadt der Deutschen, endgültig das Symbol der weltlichen Macht aufs Haupt zu drücken, er sollte die bemerkenswerteste Schachfigur in diesem Spiel sein, das nichts anderem als der neuen Kraft und der neugewonnenen Einheit der Kirche diente. Das ehemalige Mündel des Papstes Innocenz, obgleich längst mündig geworden, war noch immer nicht aus den besitzergreifenden Händen des Papstes entlassen. Seine politische und moralische Existenz war nach wie vor vom Willen jenes Mannes abhängig, »zu dessen Füßen die Prälaten aus allen Ländern der Christenheit nebst Gesandten von Königen und Republiken knieten«, zu Füßen des mächtigsten der Päpste, »welcher jetzt als Gebieter Europas auf dem Weltthrone saß« (F. Gregorovius). Und was sollte ein junger König wie Friedrich gegen diesen Willen ausrichten? Was gegen einen Mann unternehmen, dem er äußerste Dankbarkeit schuldig war? Und wie ein Imperium errichten, das nicht in Wahrheit ein Lehen der Kirche war?

Eine Antwort auf diese Fragen hat, gewiß ungewollt, jener Minoritenmönch Salimbene da Parma gegeben, der Friedrich II. als durchtriebenen Charakter darstellte, arglistig, ausschweifend, boshaft und jähzornig, allerdings begabt auch mit tüchtigen Eigenschaften: »Und, um es kurz zu machen, wäre er ein guter Katholik gewesen und hätte er Gott, die Kirche und seine eigene Seele geliebt, so hätte er wenige seinesgleichen unter den Herrschern der Welt gehabt.«

War Friedrich ein guter Katholik? Liebte er wenigstens seine eigene Seele? Und würde er im Spiel, das Innocenz zugunsten der Kirche inszenierte, jene Figur abgeben, die nach dem Willen des Papstes geformt war? Oder würde er »nicht seinesgleichen unter den Herrschern der Welt finden«, gerade weil er kein guter Katholik zu sein und die Kirche nicht so zu lieben vermochte, wie diese es von den Menschen gebieterisch forderte?

KRÖNUNGEN

Was geht eigentlich – muß man sich fragen, wenn man sich rückblickend jener Jahre entsinnt, in denen Friedrich zwischen 1215 und 1220 alle Hürden auf dem Weg zu einer der glänzendsten Positionen des Abendlandes mit fast spielerischer Leichtigkeit meisterte – im Kopfe eines jungen Mannes vor, der zu ehrgeizig und auch zu selbstbewußt ist, um der unaufhörlichen Dankbarkeit gegenüber jenem Manne und jener Institution fähig zu sein, welche ihm zur Inbesitznahme dieser glänzenden Position verholfen habe? Was empfand Friedrich, muß man sich fragen, als er so gut wie tatenlos mitansehen mußte, wie die Entscheidungen über sein Schicksal jenseits des Rheins auf den Schlachtfeldern von Poitou und Bouvines getroffen wurden? Oder als Innocenz das Konzil von 1215 in den Lateran einberief, um die verworrenen deutschen Angelegenheiten einer dauerhaften Ordnung zu unterwerfen? Oder als die Aachener ihm, dem König, eine Nachricht zukommen ließen, »er möge friedlich kommen, da sie bereit seien, ihn als Herrn aufzunehmen«? Dachte Friedrich nicht einmal daran, ein neuer Caesar, ein zweiter Alexander zu sein? Begriff er nicht, sich heftig daran stoßend, die Ironie seines vom Glück überreich beschenkten Schicksals, welches ihm, während es ihn emporsteigen ließ zu schwindelerregender Höhe, scheinbar unzerreißbare Fesseln anlegte, welche ihn an jene banden, die bald schon seine unversöhnlichsten Gegner sein würden? Welche Absichten, muß man sich fragen, bewegten Friedrich wirklich, als er nach Aachen eilte, um sich dort einige Extravaganzen zu leisten, die überall in Europa stürmisches Aufsehen hervorriefen? Und gehorchte er tatsächlich stets nur dem wohlmeinenden Befehl des Papstes, wenn er diesen mit Entscheidungen konfrontierte, welche den Keim künftigen Triumphes und kommenden Unheils in sich trugen?

Nach Aachen kam er wie ein wahrer Imperator, der keines Feindes Gegnerschaft und keines Neiders Mißgunst mehr fürchten zu müssen glaubt. Am 25. Juli 1215 betrat er gelassen jene sechs Stufen, welche zum Marmorthron des legendären Kaisers Karl im ehrwürdigen Mariendom führten, wo ihm vom Erzbischof Siegfried aus Mainz die Silberkrone der Deutschen aufgesetzt wurde. Am Tag darauf, und man erkennt Friedrichs ordnende Hand hinter dieser Szene, wurden die sterblichen Überreste Karls des Großen in jenen neuen Schrein umgebettet, welcher von den tüchtigsten rheinischen Goldschmieden angefertigt worden war. Und Friedrich, seinen Krönungsmantel nun ablegend, nahm, wie die Chronik berichtet, »einen Hammer, erstieg mit dem Werkmeister das Gerüst und schlug vor den Augen aller Anwesenden zusammen mit dem Meister die Nägel des Schreins fest«.

Diese Geste hatte freilich nichts mit jugendlicher Spontaneität zu tun, wie man sie von einem Zwanzigjährigen wohl erwarten würde. Friedrich war jung an Jahren, aber sein Verstand war weit über diese Jahre hinaus gereift. Diese Geste bestätigte den entschlossenen, feierlichen Ernst des jungen Königs, einer Tradition zu gehorchen, die sich nicht im übermächtig gewordenen Schatten der Kirche entwickelt hatte; und die, so hätten kluge Politiker diese eine Szene kommentieren müssen, soviel an künftigem Konfliktstoff signalisierte, daß man diese königlichen Hammerschläge gegen den Schrein, darin das Gebein Karls ruhte, wohl schon als eine Art Ouvertüre für den jahrzehntelangen Kampf Friedrichs gegen das Papsttum auffassen könnte. Denn man muß sich in diesem Zusammenhang darauf besinnen, daß gerade fünfzig Jahre zuvor Barbarossa, dessen Enkel Friedrich war, hier zu Aachen die sterblichen Überreste des ersten Kaisers der Deutschen gleichfalls erhoben und sie von einem Gegenpapst, der gebannt gewesen war, hatte heiligsprechen lassen. Und da war auch Barbarossa selbst ein Gebannter, der, den Befehlen des Papstes sich heftig widersetzend, dann den Fluch des Papstes nur dadurch abzuschwächen hoffte, daß er das Kreuz nahm und seinen Heerbann nach Osten führte, was ihn schließlich in einem kleinasiatischen Fluß das Leben kostete.

Friedrich war jetzt zu Aachen fest gewillt, der deutschen Tradition zu gehorchen, die der stolzen Unabhängigkeit bedarf, die immer gegen fremden Einfluß rebelliert und sich damals schon nicht zu lösen vermochte von der Einbildung, daß des großen Karl beinah mythische Kraft, daß aber auch seine Machtfülle stets von neuem wiederholbar sei. Friedrich war geschmeidiger, glatter, vielleicht sogar auf eine gewisse Weise klüger. Die Schule des Lebens, die er in Palermo genossen hatte, mag ihn gelehrt haben, daß man, um zum Ziele zu kommen, viele Umwege machen müsse. Und den Ereignissen der jüngsten Vergangenheit mag er entnommen haben, daß die Zeit ein wirksames Werkzeug sei, sofern man dieses bloß geschickt zu handhaben weiß. Und so arbeitete er jetzt gleichsam auf zwei Ebenen, operierte er von zwei verschiedenen Positionen aus, widersprach er sich scheinbar selbst, weil sein Tun gegensätzliche Vermutungen nicht nur zuließ, sondern sogar herausforderte. Er gehorchte in aller Öffentlichkeit und mit überzeugenden Gesten dem Mythos, der mit Karl dem Großen zu tun hatte. Er trat demonstrativ als deutscher König auf und mehr noch als ein Deutscher, welcher der römischen Kirche nicht bedarf oder ihren Befehlen nur dann gehorcht, wenn sie ihm nützlich erscheinen für die eigene Sache. Und gleichzeitig verkündete er unmittelbar nach seiner Krönung, daß er zugunsten der christlichen Sache – und also zugunsten Roms – einen Kreuzzug ins Heilige Land unternehmen werde. »Sofort und unerwartet«, heißt es in einer historischen Darstellung dieses Ereignisses, »nahm der Gekrönte nach der Messe das Zeichen des heilbringenden Kreuzes und ermahnte sowohl in eigener Person als mit Unterstützung der anwesenden Kreuzprediger alle Vornehmen und Fürsten des Reichs, ein Gleiches zu tun. Also bewog er viele zur Nachfolge.«

Niemand, am wenigsten die Kirche oder der Papst, hatte von Friedrich ein solches Angebot erwartet. Niemand hätte es von ihm, der gerade erst dabei war, sein Königreich zu ordnen, ernsthaft gefordert. »Das spontane, völlig unerwartete Gelübde, einen Kreuzzug zu unternehmen und die Heiligen Stätten von den Ungläubigen zu befreien, gehört zu den merkwürdigen Entscheidungen Friedrichs«, schreibt Eberhard Horst in seiner Biographie des Stauferkaisers. Und er gibt in diesem Zusammenhang zu bedenken, daß allein schon »Friedrichs intensive Beziehung zum Islam seit seiner Jugend in Palermo alles andere« hätte erwarten lassen, denn »es bestand nicht der geringste Anlaß, das Kreuz zu nehmen«. Ernst Kantorowicz allerdings erkennt in dieser Entscheidung das politische Genie des jungen Königs, wenn er schreibt: »Ob man erwartete, daß der vor kurzem noch dem König David verglichene Knabe die Scharen wirklich nach Davids Königsstadt Jerusalem führen werde? Friedrich selbst traute sich dieses wohl zu. Es war ein ungemein geschickter, ja genialer diplomatischer Zug des jungen Königs, daß er sich selbst an die Spitze der Kreuzzugsbewegung stellte, daß er dadurch dem päpstlichen Imperator die Führung und Leitung der Kreuzfahrt unversehens aus den Händen nahm und daß er der allgemeinen Anschauung entsprechend diese vornehme Aufgabe der Kaiser – Führer der ritterlichen Christenheit im Heiligen Lande zu sein – wieder an das römische Kaisertum brachte.«

War also Friedrichs überraschend abgelegtes Kreuzzugsgelübde in Wahrheit nur ein erster Schritt in Richtung Unabhängigkeit vom Papsttum und dadurch tatsächlich ein diplomatischer Schachzug allererster Ordnung? Zwei Jahre vor seiner glanzvollen Krönung zu Aachen, am 12. Juli 1213, hatte er in Eger einen feierlichen Schwur getan oder eigentlich leisten müssen, um sich das lebenswichtige Wohlwollen des Papstes zu erhalten. Dieser Schwur war nichts anderes gewesen als eine Bestätigung jener gegen die Interessen der Deutschen und ihres jeweiligen Herrschers gerichteten Zugeständnisse, welche einst Otto IV. der Kirche gegenüber gemacht hatte: Anerkennung der vollkommenen Freiheit der Kirche in allen geistlichen Bereichen; nachdrückliche Bestätigung des von Innocenz geschaffenen Kirchenstaates, was nichts anderes bedeutete, als daß staufische Gebiete wie die Mark Ancona oder das Herzogtum Spoleto nunmehr dem Papste unterstanden; Anerkennung auch der päpstlichen Oberhoheit über Apulien und Sizilien; und schließlich völlige Auslieferung der deutschen Kirche an das römische Papsttum. Alle zu Eger versammelten Fürsten Deutschlands und Friedrich selbst hatten dieses Dokument, die sogenannte »Goldbulle von Eger«, nachdrücklich bestätigen müssen. Und hatten das wohl, allen voran Friedrich, eher leichten Herzens getan, weil damals vielleicht noch nicht in vollem Umfang absehbar gewesen war, welche praktische Konsequenzen die Inhalte dieser Goldbulle haben würden.

Jetzt, Jahre später, begannen sich diese Konsequenzen schon deutlich abzuzeichnen. Jenes Konzil hatte in aller Form die deutsche Thronfolge entschieden, das heißt, die Priester des Papstes hatten den ohnedies längst schon besiegten Welfenkaiser Otto IV. abgesetzt. »Ein gefährlicher Präzedenzfall der Absetzung eines römischen Kaisers durch eine Kirchenversammlung« (E. Kantorowicz). Und Friedrich war ungeachtet seiner Jugend und unbeschadet seiner bisherigen Erfolge gewiß nicht der Mann, dieses warnende Beispiel gering einzuschätzen oder den Einfluß des Papstes jetzt, da er, Friedrich, die deutsche Krone endgültig für sich gewonnen hatte, zu bagatellisieren. Und es war wohl einmal mehr der Gunst eines Schicksals, das ihn in einem so überreichen Maße bevorzugte, zu danken, daß Innocenz nur wenige Monate nach dem vollkommenen Triumph des Laterankonzils starb, so daß Friedrich mit seinem ehemaligen Vormund auch seinen gefährlichsten möglichen Gegner verlor. Im Juli des Jahres 1216, in Perugia, wo dieser wohl mächtigste und den Politikern gefährlichste Papst, der einmal ohne

Widerspruch hatte feststellen dürfen, daß »wie in der Bundeslade Gottes die Rute neben den Tafeln des Gesetzes lag, so ruht auch in der Brust des Papstes die furchtbare Macht der Zerstörung und die süße Gnadenmilde«, in Perugia also war es, daß Innocenz, unterwegs in die Toskana, um einen Streit zwischen Pisa und Genua beizulegen und diese beiden wichtigen Seemächte für den Kreuzzug ins Heilige Land zu gewinnen, im Alter von 56 Jahren, und ohne eigentlich die Früchte seines grenzenlosen Ruhms ernten zu können, völlig unerwartet verschied. Friedrich hätte Innocenz, der das Papsttum auf eine schwindelerregende und letztlich gewiß auch unhaltbare Höhe gebracht hatte, kaum zu bezwingen vermocht; oder hätte in ihm einen so gewandten und zugleich gnadenlosen Verhinderer seiner eigenen Pläne gefunden, daß es fraglich gewesen wäre, ob der Staufer jemals seine hohen Ziele erreicht hätte.

Mit des Innocenz Nachfolger, dem greisen Kardinal Cencius Savelli, der ein überaus gebildeter, jedoch friedfertiger oder sogar schwächlicher Charakter war und als Honorius III. den Heiligen Stuhl bestieg, mit ihm also würde Friedrich ein verhältnismäßig leichtes Spiel haben. Des neuen Papstes einzige politische Leidenschaft war die Durchführung jenes Kreuzzuges, den noch Innocenz auf dem Laterankonzil gebieterisch gefordert hatte; und sein einziger dringender Wunsch war, daß der Kaiser des Imperiums an der Spitze dieses Kreuzzuges stehen sollte, ein Wunsch, der mit gewissen Plänen Friedrichs durchaus übereinstimmte. Dazu gehörte vor allem seine Erhebung zum Caesar, gehörte die Kaiserkrönung in Rom, zugunsten derer er noch am 1. Juli 1216, also unmittelbar vor dem Tode des Papstes Innocenz und auf dessen heftiges Drängen eine feierliche Erklärung abgegeben hatte, demnach er auf Sizilien zugunsten seines Sohnes Heinrich zu verzichten bereit sei. Im Wortlaut heißt es in jenem Dokument, das diesen Eid beglaubigen sollte: »Bestrebt, sowohl der römischen Kirche als auch dem Königreich Sizilien zu nützen, versprechen und gestehen wir verbindlich zu, sobald wir die Kaiserkrone empfangen haben, unseren Sohn Heinrich aus der väterlichen Gewalt freizugeben und ihm das Königreich Sizilien als Lehen der römischen Kirche zu überlassen, so wie wir selbst es von dieser haben ...«

Aber wenige Tage nach der Unterzeichnung dieses Dokumentes war Innocenz tot. Und Friedrich, der in jenen Jahren längst schon genau wußte, was er wollte, und der durchaus bereit und auch charakterlich dazu befähigt war, zugunsten seiner weitgespannten politischen Ziele alle Skrupel zu vergessen, vermochte nun erstmals in der Praxis zu beweisen, welch genialer Staatsmann er war; oder welcher, durch den Erfolg legitimierter Schurkerei er fähig war, um sich der Fesseln, die ihm Rom unentwegt anzulegen versuchte, mit Geschick und Glück zu entledigen.

Es folgte nun Zug um Zug. Und jeder einzelne verrät die begnadete Hand des Meisterstrategen, der nicht bloß mit dem Glück, sondern auch mit der Vernunft und der Verschlagenheit ein Bündnis eingegangen ist, um über tausend Umwege und durch tausend Listen an ein Ziel zu gelangen, das stets unverrückbar bleibt im Sturm der Ereignisse. Friedrich begriff sehr wohl seine schwierige Lage; und daß er nur dann Erfolg haben konnte, wenn er mit äußerster Klugheit vorging; und sich nicht scheute, rücksichtslos bis an die Grenze des Erträglichen zu sein. Es waren die deutschen Fürsten, von denen er wie auch vom Papste und letztlich auch von der Hilfe des Kapetingers Philipp abhängig war in jener Zeit, in welcher er um seine Krone kämpfte, natürlich nicht im mindesten bereit, ihre Selbständigkeit und die gerade während des Bürgerkrieges erworbenen Privilegien aufzugeben; zudem waren viele der Fürsten, darunter gerade die mächtigsten, geistlichen Standes. Jeder Schritt gegen sie, die, sofern sie überhaupt einer Disziplin fähig waren, eher dem Papst als dem König gehorchten, hätte ihnen die allmächtige römische Kirche zum Verbündeten und allein schon dadurch Friedrich zum Verlierer gemacht.

Andererseits war, wenn Friedrichs Plan einer Neuerrichtung des Imperiums unter staufischer Führung aufgehen sollte, ihre Ausschaltung oder eigentlich ihre Übertölpelung unumgänglich. Das Hindernis, das diesem Schritt entgegenstand, nämlich der geniale Innocenz, war freilich so gut wie unüberwindbar gewesen. Nun, da dieser Papst tot war, konnte Friedrich handeln.

Und er handelte! Noch unmittelbar nach der glanzvollen Königskrönung zu Aachen hatte er, als habe er den nahenden Tod des Papstes vorausgeahnt, seine Gemahlin Konstanze und beider Sohn Heinrich nach Deutschland kommen lassen. 1217, also schon nach des Innocenz Hinscheiden, der diese ersten Züge eines raffinierten Spiels gewiß durchschaut und dementsprechend gehandelt hätte, belehnte Friedrich den Sohn, der ja zugleich auch Siziliens König war, mit dem Herzogtum Schwaben, übertrug ihm zwei Jahre später die Vormundschaft über das Königreich Burgund und war in diesen Jahren unaufhörlich und freilich auf geschickte Weise unauffällig darum bemüht, den deutschen Fürsten seine, des Knaben Heinrich, Wahl zum König schmackhaft zu machen; das heißt, Friedrich wollte scheinbar die Thronfrage geregelt wissen, was nichts allzu Ungewöhnliches sein konnte in einem Augenblick, da der regierende König der Deutschen sich anschickte, die unberechenbaren Gefahren eines Kreuzzuges auf sich zu nehmen. Und daß er diesen Kreuzzug unternehmen würde, hatte er anläßlich seiner eigenen Thronbesteigung und Krönung für die ganze Welt vernehmlich verkündet ...

Ein junger Mann, der den Machiavellismus in der Politik um Jahrhunderte vorwegnimmt! Ein Fanatiker, der, weil er das Ganze will, sich auch um Bruchstücke bemüht, die den Mächtigen jener Zeit des Nachdenkens nicht wert schienen! Ein Charakter, der in sich das Raubtierhafte spürt und dennoch wie ein Lamm auftritt und dabei so überzeugend ist, daß ihm die späteren Opfer behilflich sind, ihren eigenen Untergang vorzubereiten!

Es macht heute noch atemlos, zu überdenken, was Friedrich in jenen Jahren zwischen seinen beiden Krönungen leistete. Und die Art, wie er das zustande brachte, erzeugt kopfschüttelnde Bewunderung.

Friedrich, dem jetzt mit Honorius ein Politiker gegenüberstand, der ohne besondere Schwierigkeit auszumanövrieren war, tat also Zug um Zug in diesem Spiel, dessen Trophäe das Imperium war, und zwar ein Imperium unter staufischer, unter Friedrichs Herrschaft. Er wollte die Kaiserkrone; und er bezahlte jeden Preis dafür, wohl wissend, daß die Münze, die er im Augenblick dafür entrichtete, beinah wertlos sein würde dann, wenn er erst einmal mit der Würde des Imperators auch die ganze Macht in Händen halten würde. Er zeigte sich den Fürsten Deutschlands gegenüber nachgiebig bis zu jenem Punkt, der als Schwäche mißverstanden worden ist. Aber da er die Universalherrschaft wollte; da er Sizilien mit Apulien und den Reichsbesitz in Italien und die deutschen Lande vereint sehen wollte; da er die Macht des Papsttums brechen mußte, um zu eigener Machtvollkommenheit emporzusteigen; da er, der deutsche Sizilianer und Erbe auch des mediterranen Normannenreiches, in Italien seine politische Heimat sah, ohne daß er sich deshalb des ihm glückhaft zugefallenen deutschen Besitztums begeben wollte: Friedrich war zu jeder Konzession bereit, weil er wußte, daß den Preis dafür nicht er, sondern jene zu bezahlen hatten, die aus dieser scheinbaren Nachgiebigkeit ihren Nutzen zu ziehen hofften.

Und die Politiker, die geistlichen wie die weltlichen, ließen sich vom staufischen Wolf überzeugen, daß er harmlos und gutmütig wie ein Lämmchen sei. Verhandlungen über den Kreuzzug, über die Romfahrt des Königs zum Zwecke der Kaiserkrönung, über die leidige sizilianische Frage, über die Königswahl von Friedrichs Sohn, Verhandlungen über zahllose Punkte und Artikel, die, jeder für sich allein betrachtet, nicht sonderlich aufregend schienen, Bagatellen waren in den Augen der Fürsten, denen Besitzgier und Eitelkeit den Blick blendeten für die Wirklichkeit einer Politik, wie sie der junge König betrieb, Verhandlungen, die freilich, wenn man die einzelnen Fragen als Ganzes betrachtete, einen radikalen Umsturz signalisierten, – Verhandlungen, Intrigen, höfliches Geschwätz und Versprechungen ebneten den Weg zum Erfolg. Friedrich erhielt die Zustimmung der Fürsten zur Königswahl seines Sohnes Heinrich auf einem Hoftag, den er im Frühjahr 1220 zu Frankfurt abhielt. Die Vorherrschaft der staufischen Dynastie in Deutschland war dadurch gesichert; und was das Königreich Sizilien betraf, so unterstand es nominell dem Sohne Friedrichs und war nach wie vor ein Lehen des Papstes; aber tatsächlich wurde es wie Deutschland vom Willen jenes Mannes beherrscht, der sich nun, man schrieb August 1220, von Augsburg aus, vom Lechfeld, dem gewohnten Sammelplatz deutscher Heerführer für ihre Italienzüge, aufmachen konnte nach Rom, um sich dort am 22. November 1220 die römische Kaiserkrone vom Papst Honorius aufs Haupt drücken zu lassen.

Diesem, der so töricht gewiß nicht gewesen sein konnte, um die wahren Ziele der Politik Friedrichs überhaupt nicht zu erkennen, blieb jetzt gar keine andere Wahl mehr, als sich resignierend der Geschicklichkeit des jungen Monarchen zu fügen. Deutschlands Geistlichkeit hatte dessen raffinierten Plänen zugestimmt, als er den geistlichen Fürsten neben anderen weitreichenden Zugeständnissen auch das Verfügungsrecht über ihren Nachlaß garantierte, so daß sie, begeistert von den Vergünstigungen, zuletzt fast rückhaltlos jener Politik zustimmten, die Friedrich völlig freie Hand im Spiel um die Macht in Italien schenkte. Hier wiederum mußte Honorius darauf bestehen, daß der von seinem Vorgänger Innocenz errungene Sieg des Papsttums über die weltliche Macht des Kaisers ungeschmälert blieb, was Friedrich insofern leichten Herzens akzeptieren mochte, als der Papst aus Nachlässigkeit oder auch aus Furcht vor Konsequenzen davon absah, die Frage Sizilien, das nun praktisch in Personalunion mit Deutschland verbunden war und ein bedrohliches Gegengewicht zum päpstlichen Staat bildete, einer brauchbaren Lösung zuzuführen. Der fünfundzwanzigjährige Kaiser, der den Italienern ungemein knabenhaft erschien, was in manchen welfentreuen Parteigängern ungewollte Sympathien erweckte, während andere, die stets der staufischen Sache befreundet gewesen waren, jetzt doch erstmals begreifen lernten, daß dieser Monarch ungeachtet seines knabenhaften Aussehens und seiner scheinbaren Nachgiebigkeit ein zäher, harter und mitunter sogar verschlagener Charakter war, der fünfundzwanzigjährige Kaiser also beschwor alles, was ihm des Papstes Diplomaten zum feierlichen Eid vorlegten. In Wahrheit freilich war die Niederlage, welche die Diplomatie des Papstes hinnehmen mußte, eine weitreichende. Immerhin hatte Friedrich erst nach Monaten den Papst von der erfolgten Königswahl seines Sohnes unterrichtet und schon im Januar 1219 von der elsässischen Pfalz Hagenau aus einen Brief an Honorius abgesandt, dessen Tonfall scharf, bitter und sogar herausfordernd gewesen war (»Dazu kommt noch, daß es Euch auf jede Weise zugeschrieben werden wird, wenn auf Grund Eurer Lässigkeit das, was der Nutzen der Gesamtheit erfordert, versäumt wird ...«); alles Zeichen dafür, daß die Umarmungen zwischen dem Kaiser und dem Papst zu Rom nur eine leere Geste waren.

Es hatte sich Friedrich schon von der geleitenden Hand des Innocenz gelöst gehabt. Die führende Hand des Honorius schüttelte er ab wie ein lästiges Gewicht.

»Der letzte Erbe des Hohenstaufenhauses, welchen die Kirche nur widerstrebend auf den Kaiserthron erhob, hatte ihr bestätigt, was nur immer der Welfe Otto gewähren mochte. Ihr Sieg war vollständig. Der lange Investiturstreit löste sich auf in der Anerkennung ihrer Unabhängigkeit vom Staat. Als nun Friedrich II. am Krönungstage nochmals das Kreuz aus den Händen des Kardinals Ugolino nahm und versprach, im folgenden August sich nach Syrien einzuschiffen, war Honorius III. wahrhaft befriedigt. Die wichtige Angelegenheit Siziliens ließ er auf sich beruhen; er fuhr fort, dem Kaiser den Titel ›König von Sizilien‹ zu geben, nachdem ihn dieser wohl mit der Versicherung beschwichtigt hatte, daß die Personalunion dieses Landes mit dem Reich nicht zu einer realen werden sollte.« (Ferdinand Gregorovius)

Nach außen schien also alles geregelt, hatte alles seine Ordnung, war alles an den rechten Platz gerückt. Der Kirche war neben vielen anderen Zusicherungen auch die Garantie gegeben, daß der Kaiser im kommenden Jahr 1221 an der Spitze einer Armee in das Heilige Land aufbrechen werde. Sizilien und Deutschland waren nach Meinung der geistlichen Politiker Probleme, deren Lösung zufriedenstellend schien. Friedrichs Unterordnung unter die Oberhoheit des Papstes war, wenngleich nicht vollkommen, doch ausreichend. Und daß er nun nicht mehr wie einst Innocenz gegenüber von sich selber als dem König von Gottes und des Papstes Gnaden sprach, sondern jetzt den zweiten Teil dieser Floskel wegließ und überhaupt mit einer Bestimmtheit auftrat und handelte, die im vollkommenen Gegensatz stand zum sanften Tonfall des vor Jahren hoffnungsfroh nach Deutschland eilenden Jünglings, der das Glück und den Papst und noch viele andere Freunde benötigte, um der ihm angetragenen Krone wirklich habhaft zu werden: Das mag manchem römischen Diplomaten, manchem Fürsten im Gefolge des Kaisers wohl aufgefallen sein; aber es änderte nichts mehr an den Verhältnissen, die sich unmerklich und dabei doch ganz entscheidend verändert hatten. Vor allem brauchte der Papst den starken Arm der weltlichen Macht dringender als je zuvor. In Ägypten vor der Festung Damiette lag ein europäisches Kreuzfahrerheer, hauptsächlich Italiener, unter ihnen Franz von Assisi, der hier seine Feuertaufe im Umgang mit der realen Macht in dieser Welt erhielt und entsetzt die Grausamkeit des Krieges kennenlernte; und dieses Heer war in arge Bedrängnis geraten, benötigte dringend Hilfe, sollte dieser Kreuzzug nicht in einer Katastrophe enden. Hilfe aber konnte, mußte vom Kaiser kommen, dem gläubigen Christen und gehorsamen Sohn der römischen Kirche.

Friedrich jedoch war zu dieser Zeit längst schon beides nicht mehr. Oder er war es auf eine so eigenwillige Weise, die eindeutig gegen die Interessen der Kurie und damit des Papstes gerichtet schien. Er, der Frühreife, der in einem Alter, da andere Königskinder noch ausschließlich der Etikette und dem Genuß ihrer Privilegien huldigen, schon die zwiespältige Natur der Menschen kennengelernt hatte und in diesem Zusammenhang gewiß auch einzusehen imstande war, daß Gott unter vielen Namen angerufen werden kann, – er wird spätestens bei seinem Eintritt in die Deutsche Geschichte wohl verstanden haben, daß man sich des einen rätselhaften Gottes, dem alle Menschheit huldigte, auf mancherlei Weise zu bedienen vermochte. Friedrich war früh zum Zyniker geworden. Oder er hatte früh akzeptieren müssen, daß jenen, die sich der Politik verschreiben, immer wieder die Sachzwänge den Handlungsablauf diktieren. Gläubig in diesem naiven Sinn, daß er alles glaubte, was die Priester lehrten und die Kirche forderte, war er gewiß nicht. Aber auch, zumindest in jenen Jahren, kein Atheist, der Gott gänzlich leugnete und die Priester nur als das betrachtete, was sie zum Teil wirklich waren: als machthungrige Funktionäre, denen das Schicksal ihrer Gemeinde völlig gleichgültig ist. Er war, um es so allgemein auszudrücken, noch auf dem Weg zu sich selbst. Aber er machte sich, jetzt, da er zum Imperator erhoben worden war, wohl auch keine Illusionen mehr; weder über die Welt noch über sich selbst.

Die Spannungen, die sein Charakter erzeugte, die Widersprüche zwischen Friedrichs Mentalität und seinem Auftreten in der Öffentlichkeit haben seinen Zeitgenossen und der Nachwelt manches Rätsel aufgegeben und sorgen auch heute noch dafür, daß das Porträt dieses Imperators ein merkwürdig uneinheitliches, von krassen Gegensätzen beherrschtes ist. Noch in Deutschland hatte sich Friedrich, der zu diesem Zeitpunkt wahrscheinlich längst schon seine Offensive gegen das Papsttum und damit auch gegen die römische Kirche sorgfältig geplant hatte, um eine enge Verbindung mit dem Orden der Zisterzienser bemüht. Nur wenige Wochen nach der Krönung in Aachen hatte er Kontakt aufgenommen mit diesen grauen Mönchen, deren Stammkloster im südburgundischen Citeaux stand, deren Wirken aber über halb Europa ausgedehnt war und die vor allem die Christianisierung und Kultivierung jener Teile Deutschlands eingeleitet hatten, aus denen sich später Preußen entwickeln sollte. Friedrich hat gewiß nicht zufällig gerade diesen Orden dazu ausgewählt, seinen ökonomischen und politischen Interessen nützlich zu sein; immerhin besaßen die Zisterzienser im Gegensatz zu den damals allenthalben auftretenden Bettelmönchen eine strenge Verfassung; sie stellten ihre Kraft in den Dienst einer Ordnung, welche die überkommenen Herrschaftstrukturen ebenso respektierte wie die Aufteilung der Gesellschaft in gut und böse, in arm und reich. Überdies waren die Zisterzienser, wie das wohl auch durch ihre »herben frühgotischen Klosterbauten« dokumentiert wurde, Experten im Umgang mit wirtschaftlichen Gegebenheiten, eine Begabung, derer sich Friedrich viele Jahre lang erfolgreich zu bedienen wußte, indem er immer wieder zisterziensische Laienbrüder als Verwalter auf die kaiserlichen Domänen Apuliens holte. Ebenso nützte er die Tüchtigkeit und Erfahrung dieser Mönche in allen architektonischen Fragen aus, was später einmal einen Papst zur Klage veranlassen sollte, daß der Kaiser »die Cisterzienser in übergroßem Maße zu seinen Bauten heranziehe«.

Es war freilich nicht nur Egoismus, was Friedrich so handeln ließ. Oder es war ein Egoismus, der dem Imperium zugute kommen sollte, wobei man sich in diesem Zusammenhang daran erinnern möge, daß Friedrich im Frühjahr 1224 für die Gründung der Universität von Neapel sorgte, wobei er, wie das schon ausdrücklich in der Stiftungsurkunde ausgeführt wird, das Schwergewicht der Studien auf die Förderung des Staatswesens gelegt sehen wollte. Es sollten an dieser Universität vor allem die zukünftigen Verwaltungsbeamten des Reiches herangebildet werden, wobei, wie Friedrich das ausdrücklich forderte, sowohl der Einfluß der Kirche als auch gewisse liberale Ideen von dieser Hohen Schule ferngehalten werden mußten, ein Umstand, dem auch das strenge Verbot dienen sollte, das den Studenten in Neapel untersagte, an einer anderen Universität ihre Ausbildung zu ergänzen. Ungestüme Wißbegier und Freiheit des Geistes tolerierte der Kaiser nur für sich selbst. Seine Untertanen wünschte er sich als gehorsame Diener des Staates.

Friedrich als konservativer Tyrann; oder als Bewahrer erstarrter Ordnung; oder als erbitterter, mißtrauischer Gegner des Fortschritts und damit als Verhinderer einer sich frei entwickelnden Kultur? Nichts wäre verhängnisvoller, als einer solchen Meinung nachzugeben. Und nichts wäre gefährlicher, als diese Meinung gänzlich zu unterdrücken. Denn der Charakter dieses Mannes umfaßte alle Gegensätze. Dem großen Michael Scotus, Philosoph, Astrolog und wohl auch Magier, überantwortete er sich einmal mit der Bitte, »Du mögest uns die Grundlage der Erde erklären, nämlich wie hoch ihr fester Bestand über der Raumtiefe steht und ob da etwas anderes ist, was die Erde trägt als Luft und Wasser, ob sie etwa auf sich selbst beruht oder auf Himmeln, die unter ihr sind? Wie viele Himmel es gibt, und wer ihre Lenker sind ...«. Und er vermag ganz ernsthaft und eindringlich nach der Tüchtigkeit, nach dem Nutzen von Engeln zu fragen und welcher Leistung sie fähig wären im Angesicht Gottes, während er gleichzeitig als glaubensloser Zyniker auftritt, der Mönche dazu benützt, die Verhältnisse auf seinen Gütern zu ordnen, und Päpste, das Imperium neu zu gestalten und zu einer staufischen Domäne zu machen.

Er hat in jenen Jahren stets die Ehre des Reiches im Sinn; er garantiert immer wieder die Ehre der Kirche; aber in allem, was er plant und tut, wird deutlich, daß er immer sich selbst meint, sich selbst als den Mittelpunkt von Reich und Kirche begreift, ein umbarmherziger Fanatiker der Macht, ein Politiker, der schlau, skrupellos, einfallsreich und kühn das Machbare bewältigt und das Unerhörte, Unerreichbare anstrebt. Jede Geste, jeder Schritt, jede Aktion dient diesem Ziel. Das Bündnis mit den Zisterziensern, die er wie kein anderer Kaiser vor oder nach ihm mit Schenkungen überschüttet, ist ein Beispiel dafür. Ein anderes ist die Erhebung des bis zu seinem Auftritt und seiner Hilfestellung eher unbedeutenden Deutschritterordens zur staatstragenden und dadurch beinahe allmächtigen Partei, welcher er weitreichende Privilegien zukommen ließ, darunter jenes erstaunliche und freilich seinen, des Kaisers, Intentionen durchaus nützliche Privileg, wie die nachfolgenden Erfahrungen lehren sollten, daß der jeweilige Ordensmeister dem Hofstaat angehörte und daß überdies zwei Angehörige dieses Ritterordens sich ständig dem König zur Verfügung zu stellen hatten. Friedrich schuf sich dadurch, wie auch mit den Zisterziensern, eine Hausmacht, auf die er sich bedenkenlos selbst im Augenblick der äußersten Bedrängnis zu stützen hoffte. Er stärkte, indem er die eigene Faktion so sichtbar bevorzugte, die eigene Position gegenüber der römischen Kirche; und mochte mögliche Konkurrenten um die Macht im Reich, und zwar sowohl in Deutschland als auch in Italien, angesichts dieser Konzentration von Rittertum und Mönchtum frühzeitig entmutigen, irgendwelche Pläne zu schmieden, die dem Kaiser gefährlich werden konnten. Hermann von Salza, Hochmeister des Deutschritterordens, war auf diese Weise länger als zwei Jahrzehnte hindurch engster Berater und Vertrauter Friedrichs, diesem in allen politischen Belangen eher gehorchend als dem Papst, dem der Orden immerhin seine geistliche oder eigentlich moralische Existenz verdankte.

Einen machtvollen Diener zweier Herren könnte man also diesen Orden nennen – und ähnliches wohl auch von den Zisterziensern sagen –, wobei wie bei den Mönchen auch die Ritter – die übrigens durchaus national gebunden waren, nämlich deutschnational, um es mit einem heutigen Ausdruck zu beschreiben, weil nur deutsche Ritter diesem Orden beitreten konnten – immer wieder Friedrich den Vorzug gaben, immer wieder ihm gehorchten auch und gerade in Situationen, wo sie, schwankend zwischen der Pflicht dem Papste gegenüber und der Treue zum kaiserlichen Förderer, unter Umständen ein Risiko hätten bedeuten können für die politischen Pläne des Kaisers. Man könnte es auch so definieren, daß die in diesem Orden eingebundene Ritterschaft dem Kaiser gleichsam als Schwert diente, während sie in geistlichen Angelegenheiten ausschließlich dem Papste unterstand. Der brauchbare Nutzen aber – und allein darauf dürfte es Friedrich angekommen sein – lag kaum in irgendwelchen frommen Exerzitien oder im mildtätigen Umgang mit den Armen und Kranken, welche beispielsweise durch die Kreuzzüge oder durch die allgemeine Gewalttätigkeit jener Zeit zu Schaden gekommen waren, sondern darin, daß die Ritter bereit waren, dem damals wichtigsten Motto Friedrichs blindlings zu gehorchen. Und dieses Motto lautete unmißverständlich, »für die Ehre von Kirche und Reich zu wirken«, eine Aufgabe, der sich die Ordensritter bis zu jenem Augenblick verpflichtet fühlten, als der Bruch Friedrichs mit der Kirche unheilbar wurde. An jenem Palmsonntag des

Jahres 1239, an dem der päpstliche Bann Friedrich II. endgültig und unauflöslich traf, starb Hermann von Salza, des staufischen Kaisers treuester und möglicherweise auch klügster Paladin; und der Orden zog sich vom Kaiser zurück. Aber bis dahin hatten die Ordensritter ihre Aufgabe, dem Kaiser eine gehorsame und ergebene Faktion zu stellen, glänzend gelöst.

Zu wirken für die Ehre von Kirche und Reich: Das war in der Tat Friedrichs Motto, das er dem, was man sein politisches Programm nennen könnte, selbstbewußt vorausstellte. Allerdings darf man bei alledem doch auch nicht übersehen, daß dieses schöne Motto dem Kaiser in mancher Hinsicht nicht viel mehr als eine Phrase bedeutete, derer man sich nach Belieben bedient. Denn für die Ehre der Kirche tat er in Wahrheit nur das, was unumgänglich war, und das selbst in einem Augenblick, da er sozusagen als erster Freiwilliger des Reiches vortrat und seine Teilnahme am Kreuzzug verkündete. Und man muß wohl auch die Spontaneität bezweifeln, die in solchen Aktionen vermeintlich sichtbar wird, mit denen Friedrich die Welt zu überraschen pflegte. Man hat davon gesprochen, daß er es mit wirklicher Virtuosität verstanden habe, durch einen einzigen richtigen Zug sofort eine ganze Anzahl von Positionen zu gewinnen. Und man sollte wohl nachhaltig daran erinnern, daß diese Virtuosität nicht das Ergebnis irgendeiner in langen Jahren erworbenen Lebenserfahrung, sondern die außerordentliche Begabung für alle politischen Sachfragen eines jungen Mannes war. Derlei hat mit Instinkt zu tun und ist weniger ein Ergebnis reiflichen Überlegens. Dieser sechsundzwanzigjährige Kaiser war nicht bloß ein Monarch »von Gottes und des Papstes Gnaden«, sondern er war auch und vor allem ein instinktbegabter Politiker modernen Zuschnitts, ungemein befähigt für die Bewältigung schwieriger Situationen, ein Stratege nicht so sehr in militärischer als vielmehr in diplomatischer Hinsicht, ein behutsamer und dennoch rücksichtsloser Intrigant viel eher als ein furchteinflößender Feldherr, ein kongenialer Schüler seines Lehrmeisters und Vormundes Innocenz, diesen bald übertreffend durch ein Übermaß an Mut, mit welchem Friedrich sich einem verhängnisvollen Schicksal – oder einer verhängnisvollen Zeit – entgegenstellte. »Einen gordischen Knoten etwa mit dem Schwert zu durchschlagen«, schreibt sein Biograph Kantorowicz, »war weder Friedrichs Art noch Aufgabe, im Gegenteil: seine große Kunst bestand darin, daß er die losen Fäden sich unübersehbar verwirren ließ, um dann in dem einen entscheidenden Augenblick mit einem einzigen sicheren Griff alle Enden zu packen und die zersplissenen Fäden zu einem unauflösbaren Knoten zu schürzen, den wiederum nur ein Alexander zu durchschlagen vermocht hätte – und einen solchen hatte die Zeit nicht.«

Und ein solcher war wohl auch Friedrich nicht, wie man sogleich hinzufügen muß. Er war ein Politiker, der manchmal leise agierte und dennoch lärmend auf sich aufmerksam machte. Und der Lärm, den er dabei verursachte, rührte nicht so sehr von ihm selbst her als von seinen Gegnern, die sich immer wieder übertölpelt vorkamen wie etwa die Diplomaten der römischen Kirche, die nicht hatten verhindern können, daß durch Friedrichs meisterhafte Inszenierung Deutschland und Sizilien plötzlich in eine Verbindung gebracht waren, die unmißverständlich gegen Rom gerichtet war; oder daß dieser Monarch, gegen den die Kirche ein tiefes und wohlbegründetes Mißtrauen empfinden mußte, durch eben diese Kirche gesalbt und gekrönt wurde; oder daß er, dem die Frömmsten jener Zeit ungeachtet seiner bekennerhaften Zitate zutiefst mißtrauten, weil sie seinem wahren Glauben mißtrauten, die Führung des Kreuzzuges an sich gerissen hatte, ohne daß er, wie die folgenden Ereignisse bald zeigen sollten, seinem feierlichen Gelübde tatsächlich übertrieben pünktlich nachzukommen beabsichtigte. Man fürchtete seine Intelligenz. Man mißtraute seinem religiösen Bekennertum und empfand Argwohn gegenüber seiner Politik, ohne in beiden Positionen vorerst noch festen Boden für eine Gegenoffensive gewinnen zu können. Auch den Künstlern trat er mit gewinnender Liebenswürdigkeit und aufrichtigem Interesse entgegen. Und der Wissenschaft war er ein großmütiger Mäzen. Aber zugleich konnte er intolerant und kleinmütig sein wie nur irgendein beliebiger und mittelmäßiger Tyrann, der die Freiheit des Geistes völlig zu Recht zu fürchten hat. Und kaum ein anderes Wort beschreibt ihn besser als jenes, das der Historiker Johannes von Müller einst für ihn gefunden hat, als er meinte: »Die Fehler eines großen Mannes wie Friedrich (und manchmal sind es Dinge, die nicht jedermann für Fehler hält) sind so interessant als alles übrige, weil sie zeigen, was alles in einem solchen Charakter sich zusammenfinden kann und kombinabel ist.«

Fehler hatte dieser Monarch gewiß; Charaktereigenschaften, die ihn fast als unsympathisch erscheinen lassen. Ein Mensch voller Widersprüche. Aber ein Mensch, der sich nicht hinter seinem hohen Amt verbarg. Und der ein Ziel hatte, das er beharrlich verfolgte. Friedrich wußte in jungen Jahren schon sehr genau, was er wollte, »wie denn Unklarheit niemals seinem Wesen eignete, und man wird seinen späteren Worten daher glauben dürfen, daß schon von früher Jugend an sein Wille stets nach dem einen gleichen hohen Ziel gespannt war: sich ganz und gar für die Erhöhung des Römerreiches einzusetzen«. (E. Kantorowicz).

EIN KAMPF UM SIZILIEN

Im Dezember 1220, also nur wenige Wochen nach seiner Inthronisation als Imperator, betrat Friedrich auf der Höhe von Monte Cassino sein Königreich Sizilien, dem er acht Jahre lang fern gewesen war und wo – wie schon in den Tagen seiner jammervollen Kindheit – das vollkommene Chaos herrschte. Es bekämpften hier einander die mächtigen Fürsten, deren Einfluß und deren Vermögen seit dem Tode Heinrichs, Friedrichs Vater, unaufhaltsam gewachsen waren; und natürlich auf Kosten der Monarchie. Es rebellierten die Sarazenen Siziliens gegen jede Ordnung, die sie nicht akzeptieren konnten; und da sie sich freiwillig einer solchen Ordnung staatlicher oder religiöser Herkunft niemals zu beugen gedachten, lebten sie in ständiger Aufsässigkeit gegen den Rest der Welt. Und es war das Volk, das weder in den geistlichen noch in den weltlichen Politikern einen gerechten Fürsprecher besaß, einer allgemeinen Verelendung anheimgefallen, welche die Menschen in eine schreckliche, lebensfeindliche Lethargie zwang. Die staatspolitisch und volkswirtschaftlich hervorragenden Leistungen der normannischen Könige waren längst »bis zur Unkenntlichkeit zertrümmert worden« (E. Kantorowicz). Es herrschte das Faustrecht, jedermann raffte an sich, wessen er mit brutaler Gewalt habhaft zu werden vermochte; mancher Fürst führte sich auf wie ein König; und der Verrat an der Monarchie war seit Jahren schon eine banale Selbstverständlichkeit geworden.

Friedrich hat dennoch dieses Königreich geliebt; mehr noch und inniger, auch besitzergreifender als Deutschland, das ihm stets fremd geblieben sei, vielleicht auch unheimlich, weil er dort selber und ungeachtet seines triumphalen Auftretens nördlich der Alpen ein Fremder geblieben sei. Man mag sich dieser Meinung vorsichtig anschließen, sofern man bereit ist, alles zu vergessen, was dem Knaben auf Sizilien an Entbehrung, Enttäuschung und Erniedrigung widerfahren war. Und sofern man akzeptiert, daß ausgerechnet er, den man doch eigentlich als einen der empfindsamsten Monarchen nicht bloß seines Zeitalters bezeichnen möchte, die harte Not seiner palermitanischen Kindheit sozusagen spurlos, schadlos überwunden haben soll; daß also im Charakter oder in der Seele dieses ungewöhnlichen Menschen nichts zurückgeblieben sein soll von dem, was er an Verrat im besonderen und an menschlicher Niedertracht im allgemeinen bis zu jenem Augenblick erlebt hatte, da ihn die Gunst des Schicksals zur glänzendsten aller möglichen Karrieren führte.

Aber derlei ist denkbar. Ein kraftvoller Charakter schüttelt manchmal alles ab, was ihn belasten könnte. Es tritt eine große Persönlichkeit mitunter aus dem schrecklichsten Tumult, der jeden anderen Charakter zerbrechen, jede andere Seele zumindest sonderbar werden läßt, unbeeindruckt in ein neues Leben. Und es kann also auch Friedrich die Erfahrungen von Palermo, die zu einem nicht geringen Teil aus Demütigungen bestanden haben, gleichsam ohne Widerhall in sich selbst vergessen haben, weil die Liebe zur alten, zur wahren Heimat stärker war als jede Rachsucht oder jede Empfindsamkeit. Nicht übersehen sollte man in diesem Zusammenhang freilich, daß er fortan Palermo meiden würde; und daß er, indem er zum wahren Imperator wurde und während er das Königreich Sizilien nach seinen Vorstellungen gestaltete, Sizilien selbst zu meiden suchte und sich beinah zur Gänze auf die Capitanata, also auf das nördliche Apulien, und auf Kampanien beschränkte. Und ebenso sollte man sich die Möglichkeit vorstellen dürfen, daß diese vermeintlich innige, auch herzergreifende und gewissermaßen patriotisch bedingte Liebe zum Königreich Sizilien in Wahrheit nichts anderes war als Ausdruck eines politischen Kalküls. Denn war nicht das völlige Chaos, in welches dieses Königreich gestürzt war, eine prachtvolle Voraussetzung für das Freiwerden aller Möglichkeiten? Benötigt wahre Größe nicht stets das Auseinanderbrechen aller Ordnung, um dann aufs überzeugendste zu siegen? Und durfte Friedrich nicht gerade hier, wo ein permanenter Kleinkrieg um die Macht stattfand, damit rechnen, den geringsten Widerstand gegen seine ebenso ehrgeizigen wie diktatorischen Pläne zu erfahren, weil die rivalisierenden Fürsten gar nicht imstande waren, sich in einer gemeinsamen Liga gegen den Kaiser zu sammeln?

Mit diesen Fürsten, mit ihrem Vermögen, mit ihren Latifundien, mit ihrer Macht ging Friedrich jetzt, da er sich aufgemacht hatte, sein Königreich Sizilien zurückzuerobern, auf eine barbarische und eben deshalb ungemein wirkungsvolle Weise um. Noch im Dezember 1220, und zwar im kampanischen Capua, verordnete er dem Königreich die sogenannten Assisen von Capua, ein Gesetz, das den kennzeichnenden Titel *De resignandis privilegiis* trug und darin nichts anderes enthalten war als der Befehl zum völligen Verzicht auf alle erworbenen, erschlichenen, ergaunerten, eroberten Privilegien, auf alle Vergaben, Schenkungen, Besitzbestätigungen der letzten Jahrzehnte, was nichts anderes bedeutete, als daß der apulische, kampanische, kalabresische Adel aller seiner Vorrechte verlustig ging und zu einer politischen wie materiellen Ohnmacht verhalten wurde, die der Monarchie ein Übermaß an Einfluß und Macht garantieren sollte. Betroffen von diesem Gesetz *De resignandis privilegiis* waren buchstäblich alle: der Adel vor allem, die Geistlichkeit und auch viele Bürger. Es war dies eine Art der Enteignung, wie sie radikaler nicht hätte durchgeführt werden können; zwar erhielten die meisten Inhaber von Privilegien dieselben wieder neu bestätigt, aber mit der wesentlichen Einschränkung, daß dem Kaiser jederzeit der Widerruf solcher Abmachungen möglich sein durfte. Und viele Rechte wurden überhaupt aufgehoben, fielen an die Krone zurück, wurden sozusagen verstaatlicht. So übernahm Friedrich beispielsweise alle festen Plätze – also Burgen und Kastelle – in die Verwaltung des Staates; innerhalb kurzer Zeit errichtete er eine gänzlich neue Lehensordnung und verwandelte so das bisherige Chaos gleichsam im Handumdrehen – und dabei stets voll eifersüchtiger Sorge auf die Einhaltung des Gesetzes achtend, eines Gesetzes freilich, das tyrannisch und gegen die individuellen Interessen der Gesellschaft gerichtet war – in eine staatliche Ordnung, die das später auftretende absolutistische Prinzip vorwegnahm.

Selbstverständlich gab es Widerstand, kam es zu Aufsässigkeit und Rebellion. So erhob sich beispielsweise der einflußreichste Fürst der Südprovinzen, ein gewisser Thomas Celano, Graf von Molise, der bis zum Auftritt Friedrichs in der Tat wie ein König über seinen Besitz geherrscht hatte, gegen diese Assisen von Capua, was den jungen Kaiser zwang, sogleich nach seinem Einmarsch in Kampanien einen langwierigen, auch verlustreichen Feldzug gegen diesen Rebellen zu führen, der schließlich mit der Niederlage des Grafen von Molise und der Zerstörung seiner Hauptstadt Celano endete. Auch andere süditalienische Fürsten konnten erst durch Waffengewalt von der Nützlichkeit und Unfehlbarkeit der kaiserlichen Dekrete überzeugt werden, was erstens eine Reihe von gefahrvollen Feldzügen und Belagerungen notwendig machte und zweitens den Kaiser selbst nicht im mindesten davon abhielt, seinen einmal eingeschlagenen Weg fortzusetzen. Nach dem ereignisreichen Hoftag von Capua, auf welchem die Mehrzahl aller neuen und revolutionären Erlässe veröffentlicht worden war, durchquerte er unter verhältnismäßig schwacher Bedeckung Apulien und Kalabrien – wobei man der Kühnheit Friedrichs Beifall zollen muß, mit welcher er, ohne über ein großes Heer zu verfügen, sich in jenen Provinzen seines Königreichs bewegte, die keineswegs gänzlich befriedet waren und wo noch manche einflußreiche Familie, manche stark befestigte Burg ein Hindernis bedeutete für den Aufstieg der Monarchie. Er durchquerte also den Süden des Festlandes, setzte über nach Sizilien, hielt zu Messina einen weiteren Hoftag ab, auf welchem wiederum neue Gesetze verkündet wurden, darunter jene bemerkenswerten Verordnungen, welche die Existenz von Juden, Dirnen, Gauklern und fahrenden Sängern betrafen. Auch wurden jetzt allen ausländischen Seemächten viele bisher selbstverständlich gewesene Vorrechte entzogen, was in der Hauptsache Pisa und Genua betraf, für die Siziliens Häfen bedeutsam waren für den Levantehandel.

Aber alle diese Reformen – die Friedrich mit diktatorischem Gestus, wie ihn nur ein wirklich rücksichtsloser und freilich auch von der Nützlichkeit seiner Ideen zutiefst überzeugter Charakter beherrscht, seinen ihn bald eher fürchtenden als verehrenden Untertanen aufzwang – waren so lange zumindest auf Sizilien in Frage gestellt, als der Kaiser seinen gefährlichsten und hartnäckigsten Gegner, nämlich die Sarazenen, nicht zu bezwingen vermochte. Es war auch sein herrisches, tyrannisches Auftreten, mit welchem er die Legende vom schönen und knabenhaften Jüngling, der stets nur die Gunst des Schicksals zu nützen und die Zuneigung der Menschen mit leichter Hand zu gewinnen verstehe, bald gründlich zerstörte; es war also auch dieses Auftreten, von dem Friedrich sich einbilden durfte, daß es ein wahrhaft imperiales sei, so lange eine eher lächerliche oder fragwürdige Geste, als sich diese Sarazenen dem staufischen Diktat nicht beugten, sondern ein Gegner waren, der militärisch und politisch hinlänglich wirksam war, um großen Schaden zu verursachen. Sie hatten sich in Girgenti, dem heutigen Agrigent, festgesetzt und damit einen wichtigen Verbindungshafen hinüber zur afrikanischen Küste in ihren Besitz gebracht, was unter anderem bedeutete, daß immer wieder Nachschub an Menschen und Materialien und wohl auch an anfeuerndem oppositionellem Gedankengut nach Sizilien gelangte. Denn es waren nicht bloß die seit dem 9. Jahrhundert, als Sizilien in arabische Hand gefallen war, auf dieser mittelmeerländischen Insel ansässigen Sarazenen – die sogenannten Bergsarazenen, die man so bezeichnete, weil ihre angestammte Heimat im gebirgigen, schwer zugänglichen Landesinneren lag – die Gegner Friedrichs, sondern auch mancher entlaufene Sklave, mancher von Afrika herübergewechselte Sarazenenstamm sowie die aus Palermo und den anderen sizilianischen Städten in panischer Furcht geflohenen Araber verstärkten diese Armee, die lange Jahre kein anderes Ziel als die Vernichtung Friedrichs kannte. Manche Chronisten, manche Historiker haben in dieser Auseinandersetzung eine Art Glaubenskrieg sehen wollen; und es unterstützte sie der Kaiser selbst in ihrer Meinung, als er später einmal, nach der Niederschlagung der Revolte, dem Papste gegenüber darauf beharren würde, auf Sizilien einen Kreuzzug gegen die Heiden erfolgreich durchgeführt zu haben. In Wahrheit freilich war dies eher eine Art Unabhängigkeitskrieg, bei welchem religiöse Gründe nur eine mindere Rolle spielten. Die Sarazenen beharrten auf ihren Rechten. Sie konnten darauf verweisen, lange vor den normannischen Eroberern und staufischen Erben diese Insel erobert, besiedelt und auch kultiviert zu haben. Und sie begriffen sehr genau die tödliche Gefahr für ihre Freiheit, für ihren ausgeprägten Individualismus, die mit dem Auftreten Friedrichs gegeben war. Er mochte den Juden den gelben Stern aufzwingen, den Fürsten seines Reiches alle Macht aus den Händen schlagen, den genuesischen und pisanischen Kaufleuten alle Vorrechte beschneiden, die Bürger durch Gewaltmaßnahmen buchstäblich in die Knie zwingen: Die Sarazenen waren sozusagen aus einem anderen Holz geformt, besaßen noch die Kraft, sich gegen eine drohende Tyrannei zu wehren, besannen sich auf ihren Stolz, der allen anderen Untertanen Friedrichs in diesem Ausmaß und in dieser Unbedingtheit nicht gegeben war. Sie waren, wollte man ihre Aktionen mit einem modernen Begriff zu verdeutlichen suchen, die eigentliche Opposition zu Friedrichs Reich, jene Kraft, die sich am längsten und erfolgreichsten gegen die aufkommende Herrschaft eines maßlos gewordenen Tyrannen zur Wehr setzte.

Die Sarazenen aber leisteten Widerstand. Und wenn sie schließlich auch nach jahrelangem Kampf der kaiserlichen Übermacht erlagen – die dabei zur schlimmen Alltäglichkeit gewordene Grausamkeit, das erbarmungslose Wüten Friedrichs auch gegen Frauen und Kinder: Derlei warf schon die ersten Schatten auf seine strahlende Erscheinung –, so vermochten sie doch noch in der Niederlage ihre Existenz zu behaupten. Sie verloren ihre Heimat; aber sie büßten dazu nicht auch noch, wie viele andere Gegner Friedrichs, ihr Leben ein.

Man mag Friedrich seiner tyrannischen Art wegen verachten, man mag ihn als Vorbild jener rücksichtslosen und vom Ehrgeiz wie von einer Krankheit besessenen Politiker begreifen. Man mag seiner historischen Bedeutung dadurch gerecht zu werden versuchen, daß man ihn mit Napoleon, mit Alexander, mit Caesar oder auch mit Mussolini vergleicht, mit Männern also, deren Größe in dem Ausmaße sichtbar wird, als die Zeit sie verklärt und ihre menschlichen Schwächen wie ihre charakterliche Niedertracht vergessen läßt. Man mag vieles von dem ablehnen, was patriotisch gestimmte Historiker im Zusammenhang mit seiner Person an zustimmender Begeisterung ausgedrückt haben. Seine außerordentliche politische Begabung bleibt dennoch unbestritten. Und gerade der Feldzug gegen die Sarazenen und die daraus resultierenden Ereignisse bestätigen das in einer Art, die wohl machiavellistisch genannt werden und dennoch unsere Bewunderung gewinnen kann.

Denn wie er sich der Juden, die er zugleich schützte und sichtbar demütigte, dann meisterhaft zu bedienen wußte, indem er sie brandmarkte und unter seinen unmittelbaren Schutz stellte und sie dadurch zugunsten seiner monopolistischen Verwaltung einzusetzen verstand, so bediente er sich auch der Sarazenen, nachdem er sie besiegt hatte. Friedrich war zu persönlicher Grausamkeit imstande; er war fähig, einem aufsässigen Emir, der sich ihm zu Füßen warf, so heftig mit dem Fuß gegen den Leib zu treten, daß er dem Unglücklichen eine klaffende Wunde beibrachte. Er war imstande, die Bevölkerung ganzer Städte niedermetzeln zu lassen – und da handelte es sich nicht immer nur um sarazenische Städte –, ohne durch das Flehen der Frauen, durch das furchtsame Geschrei der Kinder gerührt zu werden. Aber er begriff auch mit dem schrecklichen Scharfsinn des wahren Usurpators, daß die Ausrottung von Menschen, deren Arbeitskraft und deren Intelligenz man preiswert ausnützen kann, eine politische Dummheit ist. Und nichts verabscheute dieser Kaiser mehr als Dummheit und Instinktlosigkeit.

Und deshalb machte er aus dem Ergebnis seines Feldzuges gegen die Sarazenen nicht bloß einen militärischen Triumph, der ihn Siziliens und des ganzen Königreiches endgültig sicher sein ließ, sondern er entwickelte daraus ein Beispiel staatspolitischer Klugheit, das ihm die rückhaltlose Bewunderung seiner Zeitgenossen und seiner Biographen eintrug. Es sei gewiß zu bewundern, meint Kantorowicz, mit welcher Weisheit der kaum dreißigjährige Kaiser überall die Gegenkräfte zu packen und aus ihnen die verborgenen staatlichen Kräfte freizumachen verstand. Am Beispiel der besiegten sizilianischen Bergsarazenen kam es zum wohlorganisierten Massenexodus der Überlebenden, die – und die Zahl dieser »Gegenkräfte«, die zum Nutzen des Staates eingesetzt wurden, schwankt zwischen 15000 und 25000 – von der Insel fort und nach Apulien gebracht wurden, nach Lucera, das eine herabgewohnte, vergessene, auch halb entvölkerte Bauernstadt in der Capitanata war, ehemals in römischer Zeit eine Militärkolonie, was Lucera jetzt wieder wurde, nämlich eine sarazenische Militärkolonie, eine arabische Stadt mit zahlreichen islamischen Kennzeichen inmitten des nördlichen Apulien. Denn Friedrich beließ diesen Menschen – und das wohl weniger, um ihren ohnedies gebrochenen Stolz zu achten, als sich ihrer Kräfte bedienen zu können – die gewohnte Lebensart, wozu gehörte, daß sie sozusagen unter ihresgleichen bleiben konnten, ihre eigenen religiösen und militärischen Anführer hatten und dem altvertrauten Lebensrhythmus nachgehen durften, was allerdings mit Auflagen verbunden war, deren Zynismus heute, da solche Auflagen längst zu einer ökonomischen Selbstverständlichkeit geworden sind, nicht mehr sonderlich ins Aug' springt.

Es mußten die nach Apulien verbannten Sarazenen nämlich neben einer Grundsteuer auch eine sogenannte Kopfsteuer dafür bezahlen, daß sie ihrem gewohnten islamischen Glauben anhängen durften. Den Beifall, den die Nachwelt dieser Handhabung mit dem Unglück eines besiegten Volkes spendet, begreift man allerdings in dem Augenblick nicht mehr uneingeschränkt, wenn man überlegt, daß die besiegten und gedemütigten Sarazenen jetzt von Friedrich in mehrfacher Hinsicht ausgenützt wurden. Sie, deren angeborener Stolz nicht verhindern konnte, daß sie in allen politischen Geschäften von unglaublicher Naivität waren, dienten dem Kaiser als Bauern, die sich innerhalb weniger Stunden in eine schlagkräftige Armee zu verwandeln vermochten. Sie bezahlten also beträchtliche Steuern für Leistungen, die sie dem Kaiser und dem Staat erbrachten. Und sie waren überdies, nachdem sie sich mit ihrer Niederlage erst einmal abgefunden hatten, ihrem Herrscher und Ausbeuter so unbedingt, so fanatisch ergeben, daß er aus ihren Reihen sowohl seine Leibwache als auch seinen von den Zeitgenossen bestaunten, geschmähten und gewiß auch bewunderten Harem rekrutieren konnte. Nichts kennzeichnet die Bedeutung und den Wert dieser sarazenischen Volksgruppe in Apulien besser als der Umstand, daß Friedrich auf das Drängen der Kirche, diese Heiden durch Missionare bekehren zu lassen, eher zögernd reagierte. Immerhin waren sie unempfänglich für jede kirchliche Strafandrohung; der Bann des Papstes konnte sie nicht erschrecken. Und überdies hätte Friedrich für alle islamischen Sarazenen, die zum Christentum übertraten, die Kopfsteuer eingebüßt, ein Verlust, der diesen materiell durchaus empfindsamen Imperator mehr getroffen haben würde als eine banale militärische Niederlage.

Friedrich hatte, nachdem die Angelegenheit mit den Sarazenen abgeschlossen war, nicht einmal ganz drei Jahre benötigt, um das Chaos in seinem südlichen Königreich zu bändigen, seine Gegner am Zusammenschluß zu hindern und sie zu vernichten und die zerrütteten Finanzen seines Staates in eine Ordnung zu bringen, die uns entfernt an jene drastische und strenge Situation erinnern sollte, wie sie heutzutage in gewissen totalitären Staaten vorherrscht. Friedrich scheute in diesem Zusammenhang keinesfalls davor zurück, Gewaltmaßnahmen zu ergreifen. Es wurde beispielsweise die Ausfuhr von Edelmetallen aus seinem Königreich bei strengster Strafe verboten. Zahlungen an ausländische Kaufleute durften nur noch mit minderwertigem Silbergeld vorgenommen werden, das eigens zu diesem Zweck hergestellt wurde und einem Zwangskurs unterlag. Freizölle wurden aufgehoben, Privilegien abgeschafft, der Staatsorganismus völlig neu geordnet, das Militärwesen reorganisiert, wozu unter anderem auch gehörte, daß Friedrich jetzt schon die Grundlagen für eine spätere Reichsflotte schuf; er stellte eine gleichsam sizilianische Armada auf, die er dem Kommando eines Grafen Heinrich von Malta unterstellte, der einst ein Korsar gewesen war und durch seine bedenkenlose Kühnheit dem Kaiser wohl hätte gefährlich werden können, was dieser dadurch verhinderte, daß er aus dem Piraten einen kaiserlichen Admiral machte.

Große Entscheidungen sowohl in privater als auch in offizieller Hinsicht standen bevor, jetzt, 1223, 1224, da das Königreich Sizilien zumindest dem oberflächlichen Anschein nach befriedet und die allgemeine Situation des Kaisers eine glänzende war. Er, der strahlende Jüngling, der knabenhaft anmutende junge Mann, der in Deutschland und später auch noch in Reichsitalien alle Herzen für sich gewonnen hatte, war jetzt charakterlich so weit gefestigt oder hatte im Verlauf seiner natürlichen Entwicklung jenen Punkt erreicht, an welchem er die Maske des freundlichen, fröhlichen, liebenswerten jungen Mannes nicht mehr benötigte. Er war sozusagen gebieterisch aus dem schönen Schatten hervorgetreten, den seine dramatische Kindheit, seine abenteuerlich bewegte Jugend auf ihn geworfen hatten. Er war sich seiner selbst endgültig bewußt geworden. Und er durfte jetzt darangehen, seine Vorstellungen von Politik zu verwirklichen.

Man muß sich einige wichtige Ereignisse, sie gleichsam zu einer Kurzbiographie zusammenfassend, in Erinnerung rufen: 1216, im Juli, war Papst Innocenz gestorben; sein Nachfolger war der ältliche, eher schwache Honorius III., den 1227 der Tod ereilen sollte; und da hatte Friedrich noch immer nicht den mehrfach feierlich beschworenen Kreuzzug ins Heilige Land angetreten. 1218 starb Otto IV., der allerdings in den Plänen des Kaisers längst schon keine Rolle mehr gespielt hatte. 1220, am Hoftag zu Frankfurt, war die mühsam eingefädelte Wahl Heinrichs, des Sohnes Friedrichs, zum König der Deutschen über die Bühne gegangen. Im gleichen Jahr noch die Kaiserkrönung Friedrichs zu Rom und der Hoftag von Capua, an dem gewissermaßen die staatspolitischen Voraussetzungen geschaffen wurden für die Unterwerfung des Königreichs Sizilien und dessen weitgehende Reorganisation zu einem absolutistisch regierten Staat mit totalitären Vorzeichen. 1224 folgte die Gründung der Universität von Neapel. Und 1225, nur ein Jahr vor dem Tod des Franz von Assisi – dieses wohl bedeutendsten Mannes jener Zeit, der, gerade weil er die höchste moralische Instanz jenes Jahrhunderts und ein Antipode zu Friedrich war, für dessen Leben niemals eine Bedeutung erlangt hatte –, kam es schließlich zu neuerlichen Kreuzzugsverhandlungen mit der Kurie, die allmählich mißtrauisch geworden war, auch ungeduldig und fordernd, was die immer wieder hinausgeschobenen Kreuzzugspläne des Kaisers betraf. In diesem Jahr kam es aber auch zur Vermählung mit Isabella von Jerusalem, der Tochter des Johann von Brienne, der Titularkönig von Jerusalem war, was wiederum bedeutete, daß Isabella, die von allen Chronisten stets nur als die »französische Syrerin« bezeichnet wird, gemäß der Erbfolge tatsächlich die Erbin der begehrten jerusalemischen Krone war; dies spielte freilich in der politischen Praxis gar keine, in der Vorstellungskraft jener Zeit jedoch und vor allem auch im ehrgeizigen Bestreben Friedrichs nach umfassender und wahrhaft imperialer Macht eine unendlich wichtige Rolle. Daß Isabella damals, als sich der Kaiser mit ihr zu vermählen beabsichtigte, noch nicht einmal vierzehnjährig war, hat nichts zu besagen. Und daß wohl das Zeremoniell, die Feierlichkeiten, der Pomp, die romantische und zugleich prachtvolle Dekoration, also alle diese Äußerlichkeiten, ohne die eine solche Vermählung nicht stattfinden durfte, dann, als diese Heirat inszeniert wurde, extravagant waren, jedoch nicht das, was menschlich genannt werden darf bei einem solchen Ereignis, weil Isabella, wie man sich erzählte, die Brautnacht allein verbringen mußte, indessen ihr frisch angetrauter Gemahl sich mit einer möglicherweise hübscheren, auch attraktiveren und erfahreneren Verwandten Johanns von Brienne vergnügte ... und daß er sie, die vierzehnjährige Isabella, sogar geohrfeigt haben soll, weil sie durch irgendeine unbedachte Geste, durch ein vorlautes Wort seinen Zorn erregte ... und daß sie angeblich auch in den Kerker geworfen wurde: Das sind Gerüchte, die wahr sein können oder auch nicht, das sind allerdings auch konkrete Hinweise auf den widerspruchsvollen Charakter Friedrichs, der Isabella und durch sie die Krone von Jerusalem zu besitzen wünschte, um einen legitimen Anspruch auf dieses orientalische Königreich zu erwerben, auf ein Königreich, das es zwar noch zu erobern galt, das aber wie Sizilien, wie Deutschland die Reputation dieses Kaisers vergrößern und seinen Ehrgeiz animieren sollte, der also den Besitz anstrebte und den der junge Mensch, der ihm dazu verhelfen sollte, nicht im mindesten interessierte.

Diese Hochzeit war eine politische Affäre. Und der Tod Isabellas, die schon drei Jahre später bei der Geburt eines Sohnes namens Konrad starb, hatte in diesem Zusammenhang nichts mehr zu bedeuten. Ebensowenig übrigens wie der Tod der Kaiserin Konstanze, die schon 1222 in Catania verstorben war, eine stille und geduldige Frau, deren Schicksal eigentlich darin bestanden hatte, ruhelos, heimatlos zu sein, um ausschließlich den gleichfalls stets politisch motivierten Wünschen Friedrichs gehorchen zu können. Wohl hat die Geschichtsschreibung ihr, die gewiß nur selten einen Anlaß zu uneingeschränktem Glück gehabt haben mag, die schöne Nachrede erfunden, daß Friedrich sie als einzige seiner Ehefrauen geliebt oder doch respektiert haben mußte, weil er ihr die eigene Krone mit ins Grab und auf den Sarkophag die Worte mitgegeben hat: »Siziliens Königin war ich, Konstanze, die angetraute Kaiserin; hier wohne ich nun, Friedrich, die deine.«

Aber solchen Epitaphen und solchen edlen Interpretationen, wie sie diesem Grabspruch im palermitanischen Dom hartnäckig zuteil werden, sollte man eher mißtrauen. Denn so, wie über Isabellas Leben sich nichts anderes aussagen läßt, als daß über ihr Geschick im Grunde nur wenig bekannt sei, wobei das Wenige noch traurig oder sogar tragisch zu nennen ist, so läßt sich über Konstanze nicht viel mehr berichten, als daß sie Friedrich eine gutgesinnte, vielleicht sogar liebevolle Gefährtin sein durfte in dessen früher sizilianischer Zeit, als er noch ein stürmisch heranreifender Knabe, sie jedoch, Witwe schon nach einem König von Ungarn und zehn Jahre älter, eine erfahrene oder doch an des Lebens Erfahrungen gewachsene Frau war. Dann, mit dem Aufstieg Friedrichs zum König von Deutschland, zum Kaiser des Römischen Imperiums, verschwand sie, ein Opfer der Sachzwänge und wohl auch der Altersdifferenz, die zwischen den beiden Gatten bestand, aus seinem Leben. Sie wurde zum Objekt, einsetzbar im politischen Spiel, ständig unterwegs mit ihrem bescheidenen Hofstaat, aber niemals mehr wirklich an der Seite des Imperators, eine zur Unruhe gezwungene Frau, die weder dem Sohn, der jetzt König war in Deutschland, noch dem angetrauten Ehemann menschlich nahe sein durfte, so daß dieses »Hier wohne ich nun« auf ihrem Sarkophag im Dom zu Palermo eine doppelbödige, bittere Bedeutung erhält. Frauen haben im Leben Friedrichs, der sie nicht liebte, sondern ihrer immer nur politisch und sexuell bedurfte, niemals eine besondere oder gar innige Rolle gespielt. Und Liebe war ihm, der die sogenannte Liebe auf den Straßen und in den Hinterhöfen Palermos zu früh kennengelernt hatte, stets fremd gewesen. Man darf ihn dafür nicht verurteilen. Er war nicht der Urheber vieler dunkler Seiten seiner Biographie. Er war ihr Opfer.

Aber Privates beschäftigte, belastete ihn nicht. Womit er sich nun – wie übrigens schon seit Jahren und mit jedem Jahr dringender, drängender und auch bedrängter – auseinanderzusetzen hatte, war die Erfüllung jenes Kreuzzugsgelübdes, das er am Krönungstag zu Aachen beschworen hatte und auf dessen Einhaltung der Papst immer heftiger bestand. Aber auch hier hatte Friedrich, der durch seine sizilianischen Angelegenheiten vollkommen in Anspruch genommen war, vorerst noch Glück. Denn jenes Kreuzheer, das in Ägypten gegen die Araber kämpfte, unterlag in mehreren blutigen Schlachten dem islamischen Gegner, unterlag auch einer Natur, deren grausamer Heftigkeit man nicht gewachsen war – es hatten die Araber zur Zeit, da die alljährliche Überschwemmung des Nil alles Land im Nildelta unter Wasser setzte, zusätzlich noch die Dämme durchbrochen, so daß die natürliche Flut anschwoll zur Katastrophe –, bis schließlich Damiette, das einzige wertvolle Pfand in den Händen der Kreuzfahrer, aufgegeben werden mußte und die Rückkehr nach Europa, die sehr rasch zur heillosen Flucht ausartete, unaufschiebbar wurde.

Diese Niederlage traf den Papst schwer. Honorius, der ein alter und schwerkranker Mann war, mußte allmählich begreifen, daß sein sehnlichster Wunsch, als ein Papst in die Geschichte einzugehen, der eines erfolgreichen Kreuzzuges Fürsprecher und geistlicher Oberhirte sein durfte, kaum mehr in Erfüllung gehen würde, weil der Vertreter der weltlichen Macht, also der Kaiser, zu lange gezögert hatte. Oder weil dieser die fromme Expedition mit Bedingungen verknüpft sehen wollte, die für die Kurie unannehmbar waren. Friedrich war an der

Rückgewinnung jener ehemals staufischen Besitzungen im Raum von Ancona und Spoleto interessiert, die jetzt, da sie im Eigentum der päpstlichen Monarchie standen, einen Keil darstellten zwischen dem Königreich Sizilien und Reichsitalien. Friedrich hatte aber auch im Hinblick auf seine sizilianischen Unternehmungen alle Ursache, das Abenteuer des Kreuzzuges immer wieder hinauszuzögern. Und im übrigen galt wohl auch und dazu noch in einem besonderen Maße für ihn, was Gregorovius einmal über die Bereitschaft der Fürsten zum Kampf zugunsten der Religion ausgesagt hatte: »Die religiösen Triebe waren bei den Fürsten zu politischen Zwecken geworden.« Und Gregorovius, Friedrichs Haltung charakterisierend, folgerte daraus: »Darf man Friedrich im Ernst einen Vorwurf machen, daß er die Erfüllung seines Gelübdes verschob, welches ihn seiner Regentenpflicht würde entzogen und nach Syrien entführt haben, wo sein Großvater einen erfolglosen Tod und wo hundertjährige Anstrengungen nach einem Scheinleben den sicheren Untergang gefunden hatten?«

Immer wieder, den Spuren Friedrichs folgend, macht man überrascht die Feststellung, daß sein Tun und Lassen stets Gnade oder doch nachsichtige Beurteilung findet in den Augen der Nachwelt. Alle seine Biographen entdecken manchen schlüssigen Grund dafür, ihn freizusprechen vom Wortbruch; und als geniale staatspolitische Strategie zu preisen, was in Wahrheit nichts anderes war als das Ergebnis einer treulosen, charakterlosen Politik, die sich der meisten ausgehandelten und feierlich beschworenen Verträge lediglich zu dem einen Zwecke bediente, die eigene Position zu stärken. Und Verträge, den Kreuzzug betreffend, gab es etliche. 1222 zu Veroli, ein Jahr später zu Ferentino, 1225 schließlich zu San Germano, wo Friedrich »sich verpflichtete und bei seiner Seele beeidete«, spätestens im August des Jahres 1227 mit rund tausend Rittern ins Heilige Land aufzubrechen, überdies weitere zweitausend Ritter in Bereitschaft zu halten und die hohen Kosten dieser Unternehmung bis zum Tage des endgültigen Aufbruchs hinterlegt zu haben, wobei des Kaisers Vasall und Berater, nämlich Hermann von Salza, als Treuhänder dieser Summe ausersehen war. Und ein übriges noch beschwor Friedrich. Das Geld sollte der Kurie für den unglaublichen Fall, daß er dann doch nicht zu seinem Wort und zum ausgehandelten Vertrag stehen würde, ins Eigentum übergehen; und den Bann des Papstes wollte er demütig hinnehmen; er drängte sogar darauf, sogleich gebannt zu werden, sozusagen als eine Art moralischer Ermahnung an sein Gewissen, sich seiner heiligsten Verpflichtung nicht erneut zu entziehen.

Aber Friedrich brach auch im August 1227 nicht in den Orient auf, obgleich er nun, und zwar durch die Ehe mit dem unglücklichen Kind Isabella, einen politisch überzeugenden Anlaß hatte, den Weg nach Jerusalem zu gehen. Denn dort winkte eine Krone, war ein weiterer Königstitel gleichsam abzuholen, erwarteten einen ehrgeizigen und der Macht verpflichteten Charakter neue Möglichkeiten, das Ansehen zu mehren und den Einfluß auf die Geschicke der Welt zu vertiefen. Es hatte also der Kreuzzug, der allmählich Anlaß zu spöttischen Anmerkungen wurde überall im Reich, jetzt einen politisch erfaßbaren, also realistischen Sinn erhalten, denn »erst als auf diese Weise Staatliches und Persönliches, Weltkirche, Weltreich und Weltpolitik zusammenwuchsen, wurde das Kreuzzugsunternehmen für den Kaiser inhaltsschwer und beziehungsreich genug, und es bedurfte nur noch des richtigen Augenblicks, um hier einen außergewöhnlichen Erfolg zu erzielen ...« (E. Kantorowicz).

Aber dieser richtige Augenblick zögerte sich neuerlich hinaus. Und wieder fand Honorius weder die Kraft noch die notwendigen Argumente, um den Kaiser gebieterisch an seine Pflicht zu erinnern, obgleich sich jetzt, im letzten Lebensjahr dieses Papstes, der längst unausbleiblich gewordene Bruch schon deutlich abzuzeichnen begann zwischen dem Kaiser und der Kirche. Denn politische Unruhe flackerte auf in Reichsitalien. Unruhe wurde auch in das Königreich Sizilien hineingetragen. Und den Anlaß dafür muß man wohl in der Maßlosigkeit, im Eigensinn oder eigentlich im nicht einmal unberechtigten Hochmut des Kaisers sehen, der die Schwächen seiner Gegner wie seiner vermeintlich Verbündeten stets rasch und rücksichtslos für sich auszunutzen verstand. Auch der Bruch mit Rom, die erbitterte Gegnerschaft mit einem Papst, der als Nachfolger des ohnmächtigen, weil allzu friedfertigen Honorius das Ansehen der Kirche wieder erneuern würde, auch die banale Erkenntnis, daß selbst die politische Kunst des Erfolgreichen mancher Umwege und Rückschläge bedarf, um sich behaupten zu können: Das alles resultierte aus falscher Einschätzung, aus übertriebenem Eigensinn und Hochmut, aus Mangel an Behutsamkeit. Und ein schwächerer Monarch, als Friedrich einer war, ein weniger begabter und minder vom Glück hofierter Politiker als er wäre an den Schwierigkeiten, die sich nun auftürmten vor dem Kaiser, gewiß gescheitert.

Die Ereignisse, die zum ersten wirklich dramatischen Konflikt Friedrichs mit dem Papsttum führten, entwikkelten sich eher beiläufig und so, als hätte der Zufall in dieser unglaublichen Geschichte Regie geführt. Es starb der Papst, Honorius III., im März 1227 im Lateran. Sein Nachfolger, der sich Gregor IX. nannte, wurde jener Kardinal Hugo von Ostia, der in der Biographie des Franz von Assisi als dessen wachsamer Fürsprecher eine bedeutsame Rolle spielte und der, entfernt verwandt auch mit dem großen Innocenz, als ehemaliger päpstlicher Legat in der Lombardei gleichsam von Natur aus parteiisch sein würde in einem Streit, in den sich der Kaiser, ohne das eigentlich beabsichtigt zu haben, in diesen Jahren verwickelt hatte; oder der ihm gewissermaßen widerfahren war, weil er, ohne freilich mit Reichsitalien ähnlich radikale staatspolitische und monopolistische Absichten zu haben wie mit dem Königreich Sizilien, die kaiserlichen Gebiete in der Lombardei stärker an sich zu binden versuchte.

Friedrich hatte Deutschlands Fürsten und seinen Sohn, König Heinrich, für Ostern 1226 nach Cremona eingeladen, wo er einen entscheidenden Hoftag abzuhalten vorhatte, an welchem zwar nicht, wie seinerzeit in Capua, neue und für die Gesellschaft eher demütigende, nachteilige Privilegiengesetze erlassen werden sollten, an welchem aber doch sehr wohl die Wiederbelebung der sogenannten Reichsrechte in Italien neu definiert, neu beschlossen werden sollte. Nun war man aber in der Lombardei, wo das mächtige, reiche, selbstbewußte Mailand eine führende Rolle spielte – was freilich nicht verhinderte, daß man um die Vorherrschaft in Norditalien mit dem streng kaisertreuen Cremona streiten mußte – wachsam und mißtrauisch geworden durch die Entwicklung im Königreich Sizilien. Man hatte wohl begriffen, daß das, was zu Capua erdacht und als die Assisen von Capua veröffentlicht und dann in Apulien, Kalabrien, auf Sizilien verwirklicht worden war, nichts anderes war als die Errichtung eines streng geordneten und allerdings auch streng disziplinierten Staates, darin die Freiheit des Individuums nicht mehr geduldet und eine selbständige Entwicklung der Gesellschaft nicht mehr ermöglicht wurde. Vor allem die Mailänder würden, wäre es jetzt auf dem geplanten Hoftag von Cremona zu einer Erneuerung und damit zu einer neuen Definition der Reichsrechte in der Lombardei gekommen, so viele Nachteile und Niederlagen in Kauf zu nehmen gehabt haben, daß ihre Position als Angehörige einer unabhängigen Territorialmacht beendet gewesen wäre. Auch private Gefühle mögen in diesem verhängnisvollen Konflikt, der nun mit aller Heftigkeit ausbrach, eine nicht unwesentliche Rolle gespielt haben. Denn Friedrich wird kaum vergessen haben, daß er als Siebzehnjähriger zwar von den Cremonesen auf seiner abenteuerlichen Reise nach Deutschland tatkräftig unterstützt, von den Mailändern jedoch wie auch von den Bürgern aus Piacenza oder Verona am Leben bedroht und, was vielleicht noch gravierender gewesen sein mag, in seiner Ehre gekränkt worden war. Die Kirche wiederum war auf die Lombarden unter anderem auch deshalb dringend angewiesen, weil sie, und allen voran die Mailänder, es waren, die den für das Papsttum lebensbedrohenden Zusammenschluß der kaiserlichen Macht – des Königreiches Sizilien und Reichsitaliens – verhindern konnten. So lange Friedrich in der Lombardei nicht ähnliche Verhältnisse herstellen konnte, wie er sie in Süditalien etabliert hatte, blieb seine Macht nur ein Torso, war er ungeachtet seiner staatspolitischen Erfolge nach wie vor gezwungen, eine Politik des diplomatischen Kompromisses gegenüber der Kurie einzuhalten. Die Lombardei war also praktisch die einzige noch wirksame Fessel, die dieser machtbewußte und machtbesessene Monarch erdulden mußte. Streifte er sie ab, war das Papsttum gefährdet wie seit Jahrzehnten nicht mehr.

Es war, wie so oft in der Politik, eine reichlich verworrene Situation. Widersetzten sich die Lombarden dem Kaiser, kam das dem Kirchenstaat zugute. Dieser wiederum bedurfte des Kaisers, um im heidnischen Orient neue missionarische und militärische Triumphe zu feiern. Friedrich, der beide Mächte als gefährliche Gegner begriff, die seinen kühnen Plänen hinderlich waren, durfte es noch nicht wagen, beide mit jener Rücksichtslosigkeit zu attackieren, die eine Entscheidung hätte herbeiführen können. Dazu kam noch sein Streit mit der römischen Kurie wegen der Bischofswahlen auf Sizilien, wo er im Gegensatz zu Deutschland und auch zu den herrschenden Vereinbarungen darauf bestand, entscheidend eingreifen und mitbestimmen zu können, was die Kirche selbstverständlich kategorisch ablehnen mußte. Es war das eine Vorwegnahme des leidenschaftlichen Kampfes zwischen Nationalitätsbewußtsein und religiöser Hierarchie, zwischen dem Gehorsam dem Staat und dem Gehorsam der Geistlichkeit gegenüber, ein Kampf, der die folgenden Jahrhunderte bis hin zu Martin Luther beeinflussen sollte.

Im einzelnen überstürzten sich nun die Ereignisse.

König Heinrich kam aus Deutschland mit geringem Aufgebot, um dem Ruf seines Vaters zu gehorchen, am Hoftag zu Cremona teilzunehmen. Aber die Lombarden, zusammengeschlossen zu einer militärisch starken Liga und nunmehr auch unterstützt durch Verona, versperrten ihm südlich von Trient den Weg in die Lombardei. Der junge König, zu schwach, um in offener Schlacht den Gegner zu vertreiben, verharrte einige Monate zuwartend in Trient und kehrte schließlich nach Deutschland zurück. Damit war der geplante Hoftag gegenstandslos geworden. Wohl hatte Friedrich, unterstützt durch kaisertreue Bischöfe, die Lombarden mit dem Bann belegen lassen und ihnen zudem die Reichsacht verkündet, aber das waren nur inhaltsleere, formaljuridische Gesten, denen keinerlei praktische Wirkung innewohnte. Friedrich selbst mußte im Juli 1226 aus Cremona, wo er nichts mehr zu erreichen vermochte, den Rückzug antreten, wobei auch er Schwierigkeiten hatte und pisanischer Unterstützung bedurfte, um unbehindert bis in die toskanische Stadt zu gelangen, wo er kurz verweilte – und dabei mit dem gebürtigen Pisaner Leonardo Fibonacci zusammentraf, dem zweifellos bedeutendsten Mathematiker seines Zeitalters, der im Orient, in Griechenland und in Spanien studiert hatte und damals gerade damit beschäftigt war, den Europäern eine völlig neue Art des Rechnens mit arabischen Zahlen und mit der Null beizubringen –; und noch von Pisa aus versuchte Friedrich, seine Niederlage von Cremona wenigstens dadurch abzumildern, daß er nunmehr die Geschäfte des geplanten Kreuzzuges energisch betrieb, weil er ja jetzt, nachdem die lombardische Frage gewiß noch nicht gelöst werden konnte, sich dem Papst gegenüber als gehorsamer Diener der Kirche erweisen wollte.

Wir sagten, die Ereignisse hätten sich überstürzt. Und nicht anders kann man das bezeichnen, was nun geschah. Im südapulischen Brindisi war ein großes Pilgerlager eingerichtet, wo aus allen Teilen des Reiches die Menschen zusammentrafen, die nach Palästina wollten, verlockt vom Gold des Kaisers, verführt von der Aussicht auf Beute, beeindruckt vom Segen des Papstes. Anfang September 1227 – und im Lateran zu Rom residierte schon Papst Gregor IX. – verließ Friedrich den Hafen von Brindisi, begleitet unter anderem auch von Ludwig, dem Landgrafen Thüringens und Gemahl der heiligen Elisabeth, obgleich oder gerade weil damals die Pest in Süditalien wütete. Der Kaiser mochte sich überlegt haben, daß die Entfernung vom verseuchten Land und die frische Seeluft jede Gefahr bannen würden, gleichfalls von der Seuche erfaßt zu werden. Aber zwei Tage nach der Abreise starb Ludwig am Pestfieber. Friedrich ließ sogleich wenden und betrat in Otranto wieder festen Boden. Das war um den 12. September. Einige Tage später ernannte der Papst etliche lombardische Geistliche zu Kardinälen, was ein unerhörter politischer Affront gegenüber Friedrich war. Und weitere zehn Tage später erklärte Gregor den Kaiser für gebannt.

Es sind immer die Persönlichkeiten, welche den Verlauf der Geschichte entscheiden. Es sind die Persönlichkeiten, welche die Politik beeinflussen. Und es prägt stets ein Charakter und nicht ein Programm das Schicksal der Menschen. Auf solche Binsenweisheit muß man sich besinnen, wenn man verstehen will, was damals in jenem Sommer und Herbst 1227 der Entwicklung in Italien eine so dramatische Wendung gab, daß daraus ein Zwist entstehen sollte, der die Christenheit künftighin in zwei einander feindselig oder sogar unversöhnlich gegenüberstehende Parteien spaltete.

Auf einen der friedliebendsten Päpste sei ein Mann von starker Leidenschaft und eherner Festigkeit des Willens gefolgt, charakterisiert Gregorovius den Wechsel von Honorius zu Gregor; und er schildert dann den neuen Pontifex »als den ersten Protektor des Minoritenordens«, in dessen Geist eine Flamme vom Feuer des Franziskus und des Dominikus loderte und die angeborene Charakterstärke stählte und den Mann unbeugsam und herausfordernd machte bis zum äußersten Trotz gegen allen Widerspruch. »Ein beredsamer Greis von reinen Sitten, von großer Kenntnis beider Rechte und von tiefer Glaubensglut, stellte er in Ansehen und Gestalt die Erscheinung eines Patriarchen dar, und die Ausdauer seines ungeschwächten Gedächtnisses machte sein Alter minder fühlbar.«

Honorius war schwach gewesen. Gregor, der die Schwäche seines Vorgängers kritisch, unwillig und skeptisch beobachtet hatte, war stark; und er war, was gewiß noch mehr zählte in diesem listenreichen und grausamen Spiel der Politik, von durchtriebener Schläue, ein Mann, der seinen wachen Verstand geschickt und auch unbarmherzig einzusetzen wußte, in dieser Hinsicht dem Kaiser zumindest ebenbürtig oder sogar überlegen, weil bei Gregor die Weisheit des Alters noch dazukam. Und allerdings auch die heftige Ungeduld eines Greises, der schon viel zu lange in der schwierigen Kunst der Geduld sich geübt hatte. »Die rasche Kühnheit Gregors IX. erscheint einigen groß, anderen nur als Übertreibung der Leidenschaft, entschuldbar durch erschöpfte Geduld, nicht durch Klugheit. Dieser Greis, einer jener Charaktere, die nichts Halbes dulden, forderte den Mann heraus, in welchem er nur den arglistigen Feind der Kirche sah, der mit der Schwäche des Honorius gespielt hatte.« (F. Gregorovius)

So kann man es sehen. Oder so kann man es auch sehen. Die Ereignisse in der Lombardei waren gewiß ein Versuch Friedrichs gewesen, die staufische und damit weltliche Macht jetzt auch in Reichsitalien zu festigen. Und jeder Triumph des Kaisers war, um es so deutlich auszusprechen, ein Sieg des Reiches über die Kirche. Und darin bestand die immense Gefahr für das Papsttum, die Gregor im Gegensatz zu seinem Vorgänger klar erkannte. Daran änderte auch nichts der Umstand, daß Friedrich in der Lombardei gescheitert war. Und daß er in der Frage der sizilianischen Bischofswahl eine gewisse Nachgiebigkeit demonstriert hatte. Und daß er den so lange hinausgezögerten Kreuzzug zumindest ansatzweise zu vollziehen gesonnen schien. Das Faktum der Gefahr blieb. Friedrich war der Feind der Kirche. Und fand sich niemand, der diesem Feind in den Arm fiel, so würde die Kirche als politische Macht bald zur Bedeutungslosigkeit vergangener Jahrhunderte herabgesunken sein.

Und noch etwas kam dazu. Rom war voll von gedemütigten, besiegten und gerade dadurch ungemein gefährlichen Gegnern Friedrichs, die in der Hauptstadt der kirchlichen Monarchie ein feindseliges Klima gegenüber der weltlichen Macht erzeugten. Walter von Pagliara, der ehemalige Kanzler der Staufer, ist in diesem Zusammenhang zu nennen; dann alle von Friedrich ihres Amtes enthobenen Bischöfe Siziliens, drei an der Zahl, was sich gering anhört, aber eine dreifache Verstärkung der gegen Friedrich gerichteten Propaganda in Rom war; ferner jener Graf Thomas von Molise, der wie andere süditalienische Adelige ein Opfer war der neuen Staatspolitik, wie sie sich in den Privilegiengesetzen ausdrückte; und schließlich auch jener zweifelhafte König Johann von Jerusalem, Vater Isabellas, den Friedrich grausam behandelt hatte.

Das waren Gegner, die nur ein Dummkopf gering eingeschätzt hätte; das stellte eine Gefahr dar, die am ehesten noch mit jener vergleichbar ist, die von einer sogenannten fünften Kolonne ausgeht: Das Mittel der Propaganda war auch zu Friedrichs Zeit durchaus bekannt. Und es bedienten sich alle Parteien dieses Mittels, wobei der Kaiser minder begabt schien in dieser Kunst der Menschenbeeinflussung als seine Gegner.

Merkwürdig bleibt die Eile, die fast an Ungeduld gemahnt, mit welcher der Papst jetzt gegen den Imperator vorging. Noch zu Beginn des neuen Pontifikates hatte es den allerfreundschaftlichsten Briefwechsel gegeben. Irgendwelche Gründe zur Mißstimmung schienen nicht zu existieren, wenn man einmal davon absehen will, daß Gregors Mißtrauen gegen Friedrich ein tiefverwurzeltes und von Anbeginn an die Politik Roms prägendes war;

woran auch nichts änderte, daß er, als er noch Kardinal gewesen war, den Staufer als die »Lieblingspflanze der Kirche« bezeichnet hatte, was freilich bloß eine diplomatische Metapher, eines dieser rasch hingesagten Worte gewesen sein mag, mit denen die Mächtigen einander stets über ihre wahren Absichten hinwegzutäuschen versuchen. Andererseits darf man Gregors innigen Umgang mit der franziskanischen Idee, mit der franziskanischen Grundeinstellung gegenüber weltlicher Macht nicht übersehen, die diesen realitätsbewußten und zugleich auch dem Mythos der Religion ungemein verpflichteten Charakter in mancher Hinsicht geformt haben dürfte. Und noch war der erbitterte Kampf nicht vergessen, den die Kirche einst gegen die weltliche Macht hatte ausfechten müssen, um selbst Unabhängigkeit und damit Macht zu gewinnen.

Sonderbar bleibt dennoch, wie rasch Gregor zum äußersten Mittel des Bannfluches griff, welchen geringfügigen Anlaß er ausnützte, »um den offenen Krieg einem faulen Frieden vorzuziehen« (F. Gregorovius). Schließlich hatte Friedrich durchaus Bereitschaft gezeigt, den so lange und immer wieder von neuem hinausgeschobenen Kreuzzug in Angriff zu nehmen, obgleich man nicht übersehen darf, daß ihn erst die unerwartete Niederlage in der lombardischen Frage nach Brindisi ins Pilgerlager getrieben hatte. Andererseits konnte man ihn nicht für den Ausbruch der Pest, die das Unternehmen gefährdete, verantwortlich machen, war es wohl auch verständlich, daß er nach dem raschen Tod des Landgrafen Ludwig von Thüringen aus Sorge um die eigene Gesundheit den Kreuzzug abbrach, um in den Bädern von Pozzuoli bei Neapel Heilung zu suchen von einer Krankheit, die der Papst freilich für vorgetäuscht erachtete; und später einmal würde Gregor sich sogar des Gerüchtes zu bedienen wissen, daß Friedrich den thüringischen Landgrafen durch Gift habe töten lassen, um dadurch einen plausiblen Grund für die überstürzte Rückkehr nach Otranto zu finden.

Der Papst, der im übrigen selbstverständlich berechtigt war, unter Berufung auf den Vertrag von San Germano den Kaiser zu bannen, empfing nicht einmal des Kaisers Abgesandte, um sich von diesen die Ereignisse korrekt wiederholen zu lassen. Er wollte die vollkommene Unterwerfung Friedrichs, wollte die Minderung dessen unheimlich werdender Machtfülle, wollte vielleicht sogar das Scheitern des Kreuzzuges, solange dieser unter Friedrichs Führung stand, um den Kaiser vollkommen ins Unrecht zu setzen. Es war ein Spiel mit höchstem Einsatz, das nun von beiden Seiten geführt wurde. Jeder begriff den anderen als Erbfeind, plante des anderen Vernichtung; und bediente sich dazu aller Mittel, welche die Politik zum schwierigsten Geschäft der Menschen machen. Gregor, der zuvor schon einige Lombarden zu Kardinälen gemacht und kein Wort des Tadels dafür gefunden hatte, daß sich die Lombardei weder mit Truppen noch mit Geld an Friedrichs Kreuzzug beteiligt hatte, Gregor bediente sich der lombardischen Liga nunmehr ganz bewußt, um gegen den Kaiser eine neue Front eröffnen zu können. Denn als Friedrich für den März 1228 gemeinsam mit den Fürsten Deutschlands den verhinderten Hoftag von Cremona nachholen wollte, da zeigte es sich, daß die Lombarden auch diesmal nicht gesonnen sein würden, den deutschen Fürsten den Weg nach Süden freizugeben. Und alle Welt wußte, daß hier des Papstes Intrige wirksam war.

In dieser Situation, die für Friedrich, den vom Bannstrahl des Papstes Getroffenen, eine ungemein schwierige, wenn nicht beinah verzweifelte war, bestätigte der nunmehr Dreiunddreißigjährige, daß er nicht bloß des Glückes, das ihm in seiner Jugend in einem so überreichen Maße zuteil geworden war, sondern auch seines inzwischen erworbenen Rufes als Mann der kühnen Tat wirklich würdig war. Denn jetzt, da er wohl begriffen hatte, daß er seine Pläne mit Reichsitalien würde zurückstellen müssen – daß er an die Aufgabe dieser Pläne dachte, ist kaum anzunehmen –, da er die wütende Gegnerschaft der Kurie in seinem eigenen Königreich deutlich zu spüren bekam – es intrigierten des Papstes Kommissäre unter der Geistlichkeit Siziliens –, da er aber auch die Absicht Gregors rasch durchschaut hatte, ihm, dem Kaiser, die Führung eines Kreuzzuges und damit einen Sieg der weltlichen Macht über die Herrschaft des Papsttums unmöglich zu machen: Jetzt, also in einem Augenblick äußerster Bedrängnis, entschloß sich Friedrich gleichsam über Nacht, das so lange hinausgezögerte und von soviel Ranküne und Unheil umschattete Unternehmen des Kreuzzuges nach Palästina endgültig in Angriff zu nehmen. Es war, und es geschah derlei gewiß nicht zum ersten Mal im Leben Friedrichs, eine Herausforderung des Glücks, »ein unvergleichlich kühnes Spiel um das Ganze« (E. Kantorowicz), denn im Augenblick, da der Kaiser Italiens Küste aus den Augen verlor, riskierte er auch den Verlust der Macht. Und würde er, was nicht undenkbar schien, im Orient scheitern, so war seine Niederlage als Imperator des Römischen Reiches gleichfalls entschieden. Andererseits blieb ihm gar keine andere Wahl, als das Äußerste zu wagen. Gegen des Papstes ebenso kunstvoll arrangierte wie haßerfüllte Diplomatie, gegen die Manifeste, die Gregor mit wütendem Eifer verteilen ließ überall dort, wo seine Bischöfe und Geistlichen und bald auch die ihm fanatisch ergebenen Franziskaner die päpstliche Propaganda vervielfachten, und gegen die militärisch abgesicherte Selbstherrlichkeit der gleichfalls vom Papst unterstützten Lombarden konnte er, Friedrich, nur durch ein Übermaß an Kühnheit und Rücksichtslosigkeit bestehen. Und genau dazu entschloß er sich. Und das tat, was niemand, am wenigsten Gregor, von ihm erwartete.

Im Frühjahr 1228 entsandte er seinen Marschall Richard Filangieri mit rund fünfhundert Rittern ins Heilige Land voraus, hielt in der süditalienischen Stadt Barletta einen rasch improvisierten Hoftag ab, auf welchem er den Titularherzog von Spoleto, Rainald von Urslingen, zu seinem Stellvertreter und zum Statthalter über das

Königreich Sizilien ernannte, erwartete ungeduldig die ersten Nachrichten über das Schicksal seiner Vorausabteilung in Palästina und segelte, als diese Nachrichten endlich einlangten, Ende Juni von Brindisi ab in Richtung Osten.

Der Papst war wie die übrige Welt maßlos überrascht. »Wir wissen nicht, wessen törichtem Rat er da folgte oder welche teuflische List ihn verführte, ohne Buße und ohne Absolution den Hafen von Brindisi insgeheim zu verlassen, ohne daß man mit Sicherheit wüßte, wohin er ging«, sollte er kurze Zeit später schreiben. Dabei hätte gerade er begreifen müssen, daß Friedrich nicht anders handeln konnte, als er jetzt handelte. Denn dem gebannten Kaiser wäre an sich untersagt gewesen, einen Kreuzzug zu unternehmen. Den Bannfluch aber hatte er dem Umstand verdankt, daß er dieses Unternehmen zu lange hinausgezögert hatte. Jetzt, da er endlich das tat, wozu ihn zwei Päpste immer wieder gedrängt hatten, verfluchte ihn Gregor neuerlich.

Friedrich freilich, dem Papste vielleicht an Erfahrung, aber kaum in der Fähigkeit unterlegen, sich gleichfalls aller treffsicheren propagandistischen Mittel zu bedienen, Friedrich schlug nach Kräften zurück. Und man muß das Sendschreiben genau studieren, das der Kaiser vor seiner Abreise in den Orient »allen christlichen Königen und Fürsten und allen seinen getreuen Untertanen«, die von Gregor selbstverständlich ihres Treueeides gegenüber dem Kaiser enthoben worden waren, übermittelte, um eine Vorstellung davon zu haben, mit welcher Erbitterung hier gekämpft, mit welcher Radikalität hier die Positionen verteidigt wurden. In diesem Sendschreiben, das naturgemäß ungeheueres Aufsehen erregte im Reich, heißt es nämlich: »Während Wir Uns höflichst anstrengten und von der Römischen Kirche jeden Rat erhofften, nahmen Wir wahr, daß der, den Wir als Leiter und Lenker zu haben glaubten, sich unerwartet als ein Gegner dieses Unseres Vorhabens erwiesen hat, so sehr, daß er ungerecht gegen Uns vorgehend den

Bannspruch über Uns ausgesprochen hat und sich offen Unseren Versprechen und Gelübden, auf denen Wir im Dienst des Heiligen Landes bestehen, widersetzt.« Friedrich konzentrierte sich in diesem heftigen Angriff gegen den Papst vor allem auf Vorwürfe, die Gregor allein schon deshalb empfindlich treffen mußten, weil sie der Wahrheit entsprachen: »Außerdem hält dieser Römische Priester von dem Gelde, das er den im Dienste Christi Ausfahrenden zahlen soll, Söldner gegen Uns, um Uns auf alle mögliche Weise zu schaden. Obgleich aber dieser Römische Oberpriester sich durch dies alles Unseren Wünschen entgegenstellt und auf unverschämte Weise versucht, Unsere Sanftmut zu reizen, so hielt er Uns dennoch keineswegs vom Dienste Christi zurück.«

Das war jetzt ein gänzlich anderer Tonfall als der bisher gewohnte. Da meldete sich einer zu Wort, der getroffen, gereizt war, der, indem er dem Anschein nach alle Brücken hinter sich abbrach, keine Rücksicht mehr zu nehmen brauchte auf die Gefühle und Meinungen jener Institution, die das Recht für sich beanspruchte, der Welt in allen sittlichen und politischen Fragen als höchste Instanz zu dienen. Nichts mehr war da spürbar von der glatten und hübschen Unverbindlichkeit, mit der man einander jahrelang umarmt hatte, gleißnerisch im Wort und heimtückisch in der Tat. Der Wolf, der so lange im frommen Schafspelz aufgetreten war, grollte nun laut und vernehmlich. Aber war eine andere Reaktion von einem Charakter wie Friedrich überhaupt zu erwarten gewesen? Der Papst, die Kurie hatten ihm, als er – wahrscheinlich am 28. Juni 1228 – von Brindisi aus in See gestochen war, erbittert nachgerufen, daß er, der Gebannte, in Wahrheit gar nicht als Kreuzfahrer, sondern lediglich als Pirat nach Jerusalem unterwegs sei. »Anstatt des Segens folgte ihm der Fluch«, schrieb Gregorovius, der nicht verbergen konnte, daß sein Herz für den Staufer schlug: »Ein so greller Widerspruch minderte den Glauben an den aufrichtigen Eifer der Päpste für die Befreiung Jerusalems, und er zerstörte den Wahn zweier

Jahrhunderte; wenigstens war Deutschland seither nicht mehr zu diesen Fahrten zu bewegen.«

Allerdings muß man hinzufügen, daß auch der Eifer des Kaisers weniger der frommen Sache als den eigenen Geschäften galt. Und daß jetzt, da der Kampf zwischen der weltlichen und der geistlichen Macht voll entbrannt war, Christus, Jerusalem, die Kreuzzüge nur noch einen Vorwand darstellten. Die Opfer freilich, die dieser Vorwand noch kosten sollte, hinterlassen wie stets, wenn man Geschichte nacherzählt, einen bitteren Geschmack.

Friedrich also war mit vierzig Galeeren unterwegs in den Orient, wobei er bei aller Überstürzung, mit der er dieses Unternehmen angegangen war, doch einem genau durchdachten Plan zu gehorchen schien, denn sein Ziel war vorerst nicht, wie man allgemein erwartet hatte, der Pilgerhafen Akkon, sondern Zypern, jene legendenumwitterte Insel, deren Fürsten einst von Heinrich VI. mit der Königskrone belehnt worden waren. Zypern nunmehr als Lehen des Römischen Reiches zurückzugewinnen, war des Kaisers wohlüberlegter Plan, der sich dieses Stützpunktes in den levantinischen Gewässern zugunsten seines orientalischen Abenteuers zu bedienen beabsichtigte. Ein Vertrag wurde ausgehandelt mit dem damals regierenden König, einem zwölfjährigen Knaben, der durch einen Syrer, der für ihn als Vormund tätig war, vertreten wurde. Das, sein Name war Johann von Ibelin, war ein bedeutender Rechtsgelehrter, der allerdings erst durch massive Drohungen als Partner für die staufische Sache gewonnen werden konnte, was nichts anderes bedeutete, als daß jetzt staufische Statthalter und Burghauptleute über die Insel zu herrschen begannen, während Johann von Ibelin und zahlreiche zypriotische Adelige die christliche Armee verstärkten, die nach mehrwöchigem Aufenthalt auf der Insel endlich übersetzte nach Akkon.

In Italien war Gregor inzwischen freilich nicht untätig geblieben. Denn ungeachtet aller unbeherrschten Wut, zu der sich der Greis in seinen Manifesten und Reden hatte hinreißen lassen, begriff er sehr wohl, daß er den Kaiser nur dann empfindlich treffen oder sogar vernichten konnte, wenn er fähig und willens war, diesen selbst oder doch dessen im Reich zurückgebliebenen Statthalter eines gröblichen Unrechts zu überführen. Und um für diesen erhofften Fall gewappnet zu sein, hatte der Papst sich entgegen allem geltenden Recht und allen bisherigen Gewohnheiten zum Trotze eine Armee angeworben, deren Soldaten von des Papstes eifrigen Predigern in allen Ländern Europas ausgehoben wurden, so daß der Zynismus, mit welchem hier das Geschäft der Politik betrieben wurde, nicht zu verheimlichen war. Denn es traten jetzt nicht mehr nur die Missionare für den Kreuzzug in den Orient in Erscheinung, sondern auch die Missionare zugunsten eines Kreuzzuges gegen den Staufer, der als Anführer einer frommen Pilgerfahrt nach Jerusalem nach allem Völker- und Kirchenrecht eigentlich für unantastbar hätte gelten müssen. Jedenfalls bildete sich sehr rasch ein päpstliches Heer, auf dessen Fahnen die Schlüssel von St. Peter abgebildet waren, was dazu führte, daß man des Papstes Söldner seit jenem Augenblick nur noch als »Schlüsselsoldaten« bezeichnete. Die Schlüsselsoldaten waren unter anderem von des Kaisers Schwiegervater, Johann von Brienne, befehligt; dieser Titularkönig von Jerusalem war bitter enttäuscht und verfolgte Friedrich mit unversöhnlichem Haß, weil er sich von seinem Schwiegersohn nicht ohne Grund übervorteilt und beiseite geschoben fühlte. Diese Schlüsselsoldaten brauchten nur auf einen Anlaß zu warten, der ihnen den Einmarsch in des Staufers Königreich erlauben würde.

Dieser Anlaß ergab sich bald. Rainald von Urslingen, Titularherzog von Spoleto und ehrgeizig wie alle seines Standes, wollte sich nicht länger die Demütigungen und Beleidigungen des Papstes gegen den Kaiser gefallen lassen. Möglicherweise spekulierte er auch, allzusehr auf die Kampfkraft seiner Soldaten vertrauend, mit einer glorreichen Rückgewinnung des Herzogtums Spoleto und der adriatischen Mark von Ancona, was ihn gewiß vom Makel befreit hätte, lediglich ein Titularherzog zu sein, den es kränken mußte, das Herzogtum, dessen Titel er führte, nicht wirklich zu besitzen. Was aber auch immer die wahre Ursache für seine voreilige Handlungsweise gewesen sein mag: Er betrachtete sich als mit dem Papste im Kriegszustand befindlich, was im übrigen gar keine besondere Einbildung gewesen sein muß, denn es hatte Gregor ja alle staufischen Untertanen vom Treueid entbunden; und er hatte eine Armee aufgestellt, die an den Grenzen zum Königreich Sizilien versammelt war; und es hatte auch die Propaganda der Kurie einen Tonfall angenommen, darin das Klirren der Waffen jede Möglichkeit zur Versöhnung ausschloß. Und so drang Rainald von Urslingen, den wir uns eher als braven Haudegen denn als klugen Staatsmann vorstellen sollten, mit seinen Truppen in päpstliches Gebiet ein, das heißt, des Kaisers Sarazenen schwärmten durch Umbrien und richteten einigen Schaden an, ohne daß das Herzogtum Spoleto tatsächlich in des kaiserlichen Statthalters Besitz übergegangen wäre.

Der Papst aber schlug jetzt triumphierend los. Er ließ seine Armee in das Königreich Sizilien einmarschieren und entsandte seine Franziskaner in die rasch eroberten Gebiete, wo diese im »Ketzerland« als ebenso fanatische wie unbeugsame Missionare tätig zu sein versuchten. Er ließ die Nachricht vom Tode des Kaisers in ganz Italien verbreiten. Und den Krieg gegen das Königreich Sizilien als eine fromme Handlung interpretieren, denn »dieser Krieg ist um des christlichen Glaubens willen notwendig, auf daß ein so übermächtiger Verfolger der Kirche vom Gipfel des Kaisertums verjagt« werde. Der Haß war an die Stelle der Diplomatie getreten.

Viele Christen, angeekelt vom würdelosen Schauspiel, das ihnen die Repräsentanten von Kirche und Staat boten, begannen sich ernsthaft zu fragen, ob diese Religion, der sie verpflichtet waren, tatsächlich die einzig wahre sein konnte.

Die Verhältnisse im Orient – wo Friedrich, wenn er nicht endgültig dem Papst unterliegen wollte, ein Wunder vollbringen und sich gegen die Front islamischer Fürsten behaupten mußte, was eigentlich wider alle Vernunft gewesen wäre, weil der gebannte Kaiser eher im islamischen denn im christlichen Lager Verständnis für seine schwierige Situation erwarten durfte – unterschieden sich nicht grundsätzlich von jenen im ständig uneinigen, von Bruderkampf und Fanatismus zerrissenen Abendland. In Kairo und Jerusalem herrschte Al-Kamil, ein Sohn des legendären Saladin, jenes herausragenden arabischen Sultans, dessen Fähigkeiten von den einsichtigen unter den christlichen Fürsten als außergewöhnlich anerkannt wurden, obgleich Saladin unter anderem als Triumphator über die Armeen der christlichen Pilger und als Eroberer Jerusalems in Erscheinung getreten war. Al-Kamil, der das Erbe des übermächtigen Vaters zu verwalten hatte, war allerdings mit ähnlichen Schwierigkeiten konfrontiert wie Friedrich, denn der andere Sohn Saladins, der Bruder des Sultans von Ägypten, Al-Asraf, Herrscher über Damaskus, trachtete danach, das ganze Erbe des großen Saladin in seinen Besitz zu bekommen. Es lagen also die Fürsten der islamischen Welt miteinander im heftigsten Streit, nicht anders, als es in Europa unaufhörlich der Fall war, obgleich man einen wesentlichen Unterschied schon erwähnen muß: Die islamische Geistlichkeit hatte nicht im mindesten jenen verhängnisvollen Einfluß auf die Geschäfte der arabischen Politik, wie er dem Papst ganz selbstverständlich war in Verbindung mit dem Geschick der christlichen Fürsten in Europa.

Im übrigen aber unterschied sich die arabische Welt, wenn man ihren politischen Zustand betrachtet, in der Tat nicht sonderlich von jener des Christentums. Politische Eifersucht, maßloser Ehrgeiz, Intrigen, übersteigertes Machtbewußtsein beherrschten die Szene. Und Al-Kamil hatte bereits vor dem Auftritt Friedrichs in Palästina schon Abgesandte an des Kaisers Hof auf Sizilien delegiert, um sich der Hilfe des mächtigen Staufers gegen Al-Asraf von Damaskus zu versichern. Es war an ein Bündnis gedacht gewesen, an militärische und geistige Kooperation, wobei nicht bloß interessante exotische Geschenke diese geheimen Verhandlungen begleitet hatten – auf diese Weise gelangte ein Elefant an den Königshof von Palermo –, sondern es waren auch recht konkrete Abmachungen getroffen worden, darunter jene über den zukünftigen Besitz Jerusalems. Diese Stadt, heilig den Christen wie den Mohammedanern, sollte dem Kaiser übergeben werden für den Fall seiner Unterstützung Al-Kamils gegen Al-Asraf. Diesem ersten Übereinkommen folgten dann noch andere, wobei die Forderung der Abgesandten des Sultans von Ägypten immer eindringlicher und drängender lautete: Friedrich möge sich unverzüglich nach Palästina begeben, um hier den Kampf aufzunehmen gegen den Sultan von Damaskus. Und auch die Angebote für den Preis, den man für die Partnerschaft Friedrichs zu zahlen bereit war, steigerten sich in dem Maße, als Al-Kamil sich in Bedrängnis gebracht sah durch seinen Bruder. Erwähnenswert in diesem Zusammenhang ist noch der Umstand, daß schon bei diesen ersten Geheimverhandlungen auf arabischer Seite der Emir Fahr-ed-Din sozusagen federführend tätig gewesen war, ein ungemein fähiger Mann, der, wie noch zu erzählen sein wird, eine bedeutende Rolle spielen sollte in Verbindung mit Friedrich und den man später einmal als einen der wichtigsten und einflußreichsten arabischen Freunde des römischen Kaisers bezeichnet hat.

Aber alle diese vielversprechenden diplomatischen Präliminarien erwiesen sich nun, da Friedrich in Akkon gelandet war, als eher gegenstandslos. Zum einen erschienen vielen mohammedanischen Fürsten des Kaisers Forderungen plötzlich übertrieben, wirkten sie jetzt, da ein neues Kreuzfahrerheer an der Küste Palästinas gelandet war, beinahe maßlos, denn die zehn- oder zwölftausend Ritter und Soldaten, die Friedrichs Armee darstellten, waren nicht von jener außerordentlichen Schlagkraft, die man als Unterstützung gegen den Sultan von Damaskus dringend benötigte. Zum anderen war es den Diplomaten Al-Kamils gelungen, ein Bündnis mit dem Sultan von Mesopotamien auszuhandeln. Und schließlich starb dann auch noch Al-Asraf, so daß man der möglichen europäischen Partner nicht im mindesten mehr bedurfte, weil der gefährliche Anlaß für ein solches Bündnis nicht mehr existierte.

Friedrichs Lage wurde bald eine verzweifelte. In Europa von der unversöhnlichen Wut des Papstes verfolgt, der nicht einmal davor zurückschreckte, den gebannten Kaiser für tot zu erklären, mußte der Staufer in Palästina auch gegen die geschickten Intrigen eilfertig nachgekommener Franziskaner ankämpfen, die im Auftrage des Papstes eine Propaganda betrieben, deren erklärtes Ziel es war, dem Kaiser die Führung des Kreuzzuges unmöglich zu machen. Und das gelang diesen frommen Missionaren auch zu einem beachtlichen Teil und verhälnismäßig rasch, denn abgesehen von den meisten Deutschen, den italienischen Untertanen aus dem Königreich Sizilien sowie den Pisanern und Genuesen, die sich diesem Unternehmen angeschlossen hatten, wandten sich alle übrigen Pilger bald empört gegen den Gebannten, dem sie überdies den Vorwurf machten, mit dem Sultan Ägyptens zu verhandeln, anstatt ihn zu bekämpfen. Vor allem die Vertreter der in Palästina ansässigen Orden, also Templer und Johanniter, wandten sich in aller Offenheit gegen den Kaiser, den sie als Feind brandmarkten, als einen gefährlicheren und bösartigeren Gegner sogar, als man ihn in den Mohammedanern zu erkennen glaubte. Diese von den Franziskanern angezettelte und von den Ritterorden bereitwillig übernommene Intrige ging schließlich so weit, daß Friedrich, um nicht das Ganze zu gefährden, den Oberbefehl offiziell an den Deutschordensmeister Hermann von Salza, an seinen Marschall Richard Filangieri und an einen gewissen Odo von Montbeliard abtrat, um wenigstens jenen

Soldaten und Pilgern, die nach wie vor ihm zu gehorchen bereit waren, jeden Gewissenskonflikt zu ersparen. Denn die haßerfüllte Stimme Gregors und dessen wütende Dekrete gegen Friedrich waren auch auf palästinensischem Boden allgegenwärtig und verfehlten nicht ihre Wirkung, wobei sich neben Franziskanern, Templern und Johannitern besonders der päpstliche Legat Gerold, Patriarch von Jerusalem, in der Hetzjagd auf den Staufer hervortat.

Friedrichs Lage war verzweifelt. Sein Plan, gleichsam als Retter Al-Kamils aufzutreten und dafür Jerusalem ohne einen Schwertstreich in Empfang nehmen zu dürfen, war gescheitert; oder war gegenstandslos geworden durch den plötzlichen Tod Al-Asrafs. Aus Sizilien erreichten ihn alarmierende Nachrichten vom unaufhaltsamen Vormarsch der päpstlichen Truppen und der zerstörerischen, staatsfeindlichen Tätigkeit der franziskanischen Missionare, die sein, Friedrichs, mühsam errichtetes Werk innerhalb weniger Monate so gründlich sabotierten, daß es fraglich erscheinen mußte, ob eine Restaurierung des Königreichs im Sinne Friedrichs überhaupt noch vorstellbar sein würde. Und hier in Palästina, im Lager der Pilger und Kreuzritter, nahm die feindselige Haltung einer ständig wachsenden Mehrheit gegenüber Friedrich zu. Seine Gegner scheuten nicht einmal davor zurück, sogar an den Sultan, an Al-Kamil, verräterische Briefe zu entsenden, darin sie diesen dringend davor warnten, Jerusalem an den Kaiser auszuliefern.

Die Politik, welche des Staufers Widersacher betrieben, war also zweifellos schädlich; aber es war eine Strategie, die auch Friedrich nicht unbekannt gewesen sein durfte und die er, hätte sie ihm genützt, durchaus akzeptiert haben würde. Denn an eine Schonung des politischen Konkurrenten dachte man damals so wenig wie heute. Jedes Mittel war erlaubt, wenn es bloß dem Zweck huldigte. Und dieser bestand – damals wie jetzt – in der Vernichtung des Rivalen. Dennoch kann man Friedrichs

Verzweiflung wohl verstehen, wird man seine Ratlosigkeit nachempfinden mögen in einem Augenblick, da jeder Schritt, den er tat, gegen ihn gerichtet schien, da er sich in vielen Schlingen gefangen fühlte, die sich mit jeder Bewegung, die er unternahm, nur noch enger um seinen Hals legten. Später einmal würde er eingestehen, daß er nahe daran gewesen sei, alle Pläne aufzugeben und sich als besiegt von den Machenschaften seines päpstlichen Widersachers zu erklären, ». . . doch meinen zehrenden Schmerz eilig hinter heiterer Miene verbergend, damit nicht die Feinde, wenn sie solches erführen, jubelnd triumphierten, fing Ich an, über Frieden und Vertrag zu verhandeln und beschleunigte die Heimkehr«.

Friedrich trat in der unvermeidlich scheinenden Niederlage wieder einmal gleichsam aus sich selbst hervor, indem er gegen alle herkömmliche Vernunft die niederschmetternden Nachrichten aus seinem Königreich und den drohenden Chor seiner Gegner in Palästina überhörte; er konzentrierte sich völlig auf eine einzige, sozusagen lebensrettende Aufgabe und nahm die ins Stocken geratenen oder sogar gänzlich abgebrochenen Verhandlungen mit Al-Kamil wieder auf. In diesem Zusammenhang sollte man doch des einmaligen Vorgangs Erwähnung tun, der hier stattfand. Denn Friedrich, den man den modernsten und zugleich merkwürdig zeitlos anmutenden Menschen unter allen Politikern nennen möchte, die diese Geschichte mitgeprägt haben, er war der einzige abendländische Fürst und Monarch, der sich dem Orient und den Arabern nicht mit dem gezogenen Schwert näherte, sondern durch die Kunst der Überredung und damit durch Einfühlungsvermögen und gewiß auch durch feinsinnigen Takt zu erreichen versuchte, was bisher stets Ströme von Blut gekostet hatte. Franz von Assisi, sein Zeitgenosse, hatte es im Nildelta auf eine ähnliche Weise unternommen, Zugang zur Mentalität der Araber zu finden, sie davon überzeugend, daß er ein menschliches Wesen und damit Geschöpf eines allmächtigen Gottes wie sie selber sei, dem nichts ferner sein mußte als die Anwendung roher Gewalt gegen einen Feind, der in Wahrheit kein Feind sein durfte, weil auch er ein Teil der Schöpfung Gottes war. Friedrich wird gewiß weniger fromm als der Heilige aus Assisi gedacht haben. Aber in der Summe war er ihm, zumindest auf diesem besonderen Gebiet, ähnlich und auch ebenbürtig.

Die Verhandlungen, im Augenblick des Todes Al-Asrafs als gegenstandslos abgebrochen oder nur noch zögernd und auf weniger bedeutender diplomatischer Ebene fortgeführt, wurden also wieder aufgenommen. Dabei muß man wohl festhalten, daß dies keinesfalls Friedrichs Verdienst allein gewesen sein dürfte, sondern auch dem unermüdlichen Eifer jenes Emirs Fahr-ed-Din zuzuschreiben war, der sich als uneigennütziger Freund Friedrichs betrachtete, weil er dessen Genialität bewunderte oder weil er Mitleid empfand mit dem Elend, in welches dieser bedeutende Mann geraten war; Fahr-ed-Din jedenfalls trat als intimer Berater, auch als Fürsprecher des Kaisers auf, betrieb für ihn diskrete Propaganda am Hofe des Sultans, unterstützte die Sache des Kaisers durch manchen nützlichen Hinweis, wobei er in Friedrich ohnedies einen kongenialen Partner besaß; denn dieser war der arabischen Sprache fließend mächtig, zeigte sich wohlbewandert in arabischer Dialektik und war zweifellos ein guter Kenner der arabischen Kultur, was sich für die nun neuerlich in Gang gebrachten Verhandlungen als besonders brauchbar herausstellen sollte, weil Al-Kamil selbst als Poet in Erscheinung trat, ein musischer Mensch war, um dessen Thron, wie die Überlieferung meldet, stets Gelehrte saßen, mit denen er sich unterhielt. Und was manchem Nacherzähler dieser Ereignisse als nicht sonderlich erwähnenswert erscheint, daß hier nämlich zwei Mächtige der damaligen Welt einander wetteifernd überboten im Rezitieren von Versen und in der Beschäftigung mit Philosophie, Logik und Mathematik – welche ein Lieblingsfach Friedrichs war –, das ersparte in Wahrheit den Menschen beider

Welten unendlich viel Leid. Denn weder Al-Kamil noch Friedrich war an Blutvergießen gelegen. Sie waren zu kluge Politiker, als daß sie den Krieg als unvermeidliche Fortsetzung der Politik hätten begreifen wollen.

Die Partei der Falken im Lager der Christen – und dazu sollte man nicht bloß die heillos fanatisierten Anhänger Gregors zählen, sondern auch alle jene, die zwar mit der eher hinterhältigen, maßlosen Politik des Papstes nicht einverstanden waren, denen aber der Gedanke Unbehagen bereitete, sich dem arabischen Gegner entgegen aller historisch gewachsenen Gewohnheit nicht mit der gezogenen Waffe nähern zu dürfen – war unzufrieden angesichts jener verbindlichen Aussage Friedrichs, daß er nicht nach Palästina gekommen sei, um als Eroberer aufzutreten, sondern, dem Wort des Sultans vertrauend, um jenes Gebiet zu übernehmen, das ihm bereits anläßlich der Geheimverhandlungen in Palermo zugesprochen worden war. Ein Scheitern auf diplomatischer Ebene wäre also jetzt tatsächlich für Friedrich verhängnisvoll gewesen, hätte Konsequenzen nach sich gezogen, deren Auswirkungen auf seine Politik, auf seine Karriere kaum abzusehen sind, weil er in einem solchen Falle sich dem Papste nur noch als demütiger Büßer hätte nähern dürfen. Und so war der Vertrag, den Friedrich am 18. Februar 1229 schließlich mit Al-Kamil abschließen durfte, unendlich viel mehr als nur ein Papier, das gewisse offizielle Vereinbarungen bestätigte. Dieser Vertrag, der die Aufteilung des Heiligen Landes in islamische und christliche Interessensgebiete regelte, rettete Friedrich buchstäblich das Leben oder, um es weniger dramatisch auszudrücken, seine politische Existenz. Und das hatte nicht nur mit dem zehnjährigen Waffenstillstand zu tun, der hier feierlich beschworen wurde, nicht nur mit der Rückgabe Jerusalems an die Christen – mit Ausnahme des sogenannten heiligen Bezirks, worunter das Gebiet rund um den Felsendom zu verstehen ist – oder mit der Inbesitznahme Bethlehems, Sidons, Caesareas, Jaffas durch die Kreuzfahrer; sondern dieser Vertrag war die einzig brauchbare Antwort auf die Offensive des Papstes. Ein von der Kirche unnachsichtig Verfolgter, Gebannter und Gebrandmarkter hatte, ohne daß er dazu eines kostspieligen und verlustreichen Feldzuges benötigt hätte, dieser Kirche deren wichtigste und symbolträchtigste Stätten zurückerobert. Und das war, wenn man vom gleichsam materiellen Erfolg absieht, die geschickteste Propaganda zugunsten des Kaisers. Friedrich hatte dem Papst, der ihn gebannt und für tot erklärt und sein Königreich mit Krieg überzogen hatte, eine unmißverständliche Lehre erteilt. Und er hatte, was vielleicht noch bedeutungsvoller war, die Nützlichkeit weltlicher Politik gegenüber geistlicher Diplomatie demonstriert.

Aber die Kirche ließ nicht ab in ihren Bemühungen, den Kaiser zu desavouieren. Denn als Friedrich, zurückgekehrt in das Lager der Kreuzfahrer, den erwartungsvoll versammelten Pilgern erklären durfte, daß nunmehr der Augenblick gekommen sei, nach Jerusalem zu ziehen, um die heiligste Stadt der Christenheit in Besitz zu nehmen; und als diese Erklärung unter den Pilgern beispiellosen Jubel hervorrief; und als dann auch noch Hermann von Salza in einer gut inszenierten Szene den Kaiser bedrängte, an der Spitze der Pilger in die befreite Stadt einzuziehen: Da donnerte Gerold, der Patriarch von Jerusalem, einen erneuten Bannfluch gegen Friedrich und untersagte den Pilgern, den Triumph des Kaisers zu teilen und mit ihm nach Jerusalem zu gehen. Und in einem Brief an den Papst formulierte er unter anderem: »Den Deutschen lag nichts anderes am Herzen, als das Heilige Grab besuchen zu können. Und sie als die einzige Nation stimmten Lobgesänge an und beleuchteten festlich die Stadt, während alle anderen in dem Geschehenen nur eine Dummheit sahen.«

Nun wird man zum einen wohl bezweifeln müssen, daß diese Darstellung der Wahrheit entsprach; und zum anderen muß man erwähnen, daß Gerold dem Vertrag zwischen Friedrich und Al-Kamil allein schon deshalb ungemein kritisch gegenüberstand, weil darin nichts über eine Rückgabe jenes Kirchen- und Klosterbesitzes stand, welcher bei der Eroberung Jerusalems durch Saladin in arabische Hände übergegangen war. In einem Brief an den Papst unterstrich der Patriarch diesen Umstand, verwies auch auf andere tatsächliche oder vermeintliche Schwächen des Vertrages und gab so Gregor die Möglichkeit, erneut auf die Unfähigkeit Friedrichs hinzuweisen, der christlichen Sache im Orient gebührend zu dienen. Daß der Kaiser weit mehr als alle seine Vorgänger im Kleid der Kreuzfahrer erreicht hatte, verschwieg der Papst.

Blindwütiger Haß diktierte das Verhalten der Gegner Friedrichs. Und niemals mehr sollte er, der selbst unbeherrscht und zur persönlichen Grausamkeit fähig war, gegen soviel Niedertracht und abgefeimtes Unrecht sich zur Wehr setzen müssen wie gerade in jenen Augenblikken, da er nicht als Monarch, sondern bloß als Christ und Pilger aufzutreten wünschte. Denn als er eines Tages von Jerusalem aus zum Jordan reiten wollte, um dort an jener Stelle zu beten, wo einst Johannes der Täufer gewirkt hatte, verrieten Templer den Arabern dieses Unternehmen, teilten in einem ausführlichen Schreiben die näheren Umstände und auch den Zeitpunkt dieser privaten Pilgerfahrt mit und verschwiegen nicht, daß dies, da Friedrich nur mit wenigen Begleitern unterwegs sein würde, eine günstige Gelegenheit zur Ermordung des Kaisers darstellte. Al-Kamil freilich, der in der Tat ein großmütiger Charakter und besonnener Politiker war, enthüllte Friedrich diesen Plan, so daß dieser Gegenmaßnahmen ergreifen konnte.

Solche Anekdoten und solche kaiserfeindlichen Intrigen, wie sie Friedrich während seines Aufenthaltes im Orient fast täglich erfahren mußte, machen es verständlich, daß er sich den Arabern bald mehr als freundschaftlich verbunden fühlte. Aus zeitgenössischen Berichten wissen wir, daß er immer wieder und vor allem mit Fahr-ed-Din ausführliche Gespräche führte, in welchen nicht nur politische Probleme erörtert wurden. So ist

Friedrichs Antwort auf eine Darlegung des Emirs hinsichtlich der Ahnentafel der Kalifen überliefert, denn als Fahr-ed-Din dem Kaiser erläuterte, daß die Herrschaft der Kalifen in ununterbrochener Reihenfolge zurückzuverfolgen sei bis zu Mohammed, dem Religionsgründer, da antwortete der Kaiser, daß dies wahrlich gut und den Einrichtungen der Christen weit überlegen sei. »Denn diese nehmen als geistliches Oberhaupt einen beliebigen Menschen ohne die geringste Verwandtschaft mit dem Messias und machen ihn zu dessen Stellvertreter. Der da, der Papst, hat also keine Berechtigung, solch einen Rang einzunehmen, wohl aber der Kalif als Nachkomme von Mohammeds Oheim.« Und Ernst Kantorowicz schließt daraus, daß »der ganze Geblütsstolz dessen, der sich späterhin im Gegensatz zum Papst gern Sohn und Enkel von Kaisern und Königen nennt«, gerade hier zum Durchbruch komme »und dazu ein Überordnen des Natürlichen über das Geistige, einfach weil dieser Kaiser über das allzu Spirituelle des Mittelalters schon längst hinaus war«.

Auch Friedrichs Begegnung mit den Assassinen ist wohl unter diesem Aspekt zu sehen, daß er, längst überdrüssig der ständigen Anfeindungen durch den Papst und dessen eifernde Parteigänger, die Bekanntschaft jener Persönlichkeiten suchte, die in der Welt des Orient eine ähnlich überragende Stellung einnahmen wie er selbst in seinem eigenen Bereich. Und jener Hassan Sabbah, von Christen wie von Mohammedanern ehrerbietig oder auch furchtsam als der »Alte vom Berge« bezeichnet, eine mysteriöse und furchteinflößende Erscheinung, welche zustande gebracht hatte, die im Orient allzeit latente Bereitschaft zu Aufruhr und Terrorismus in eine sozusagen geordnete Bahn und auf ein konkretes Ziel zu lenken, er also, der sich zum Anführer oder Oberhaupt einer Sekte von mordlüsternen Desperados gemacht hatte, die seinen Befehlen ebenso blindlings gehorchten, wie die Welt das mehr als ein Dreivierteljahrtausend später von den terroristischen Kommandos des Nahen und Mittleren Osten zu erleben gewöhnt ist, er, Hassan Sabbah, mochte durchaus berechtigt die Neugier des Kaisers geweckt haben. Es sind keine näheren Details über mögliche Zusammenkünfte zwischen diesen beiden Herrschern historisch verbürgt. Aber fraglos hat es eine Verbindung zwischen Friedrich und den Assassinen gegeben. Und allein dieser Umstand ist ungewöhnlich genug, denn es war das Leben eines Christen – und noch dazu das eines Fürsten – in höchster Gefahr, wenn er das Risiko auf sich nahm, bloß in die Nähe der Assassinen zu kommen. Friedrich freilich hatte nichts zu fürchten. Ihn, den die Templer, Johanniter und Franziskaner mit geifernder Wut verfolgten, respektierten im Orient sogar die Assassinen.

Am 17. März 1229 zog Friedrich II. an der Spitze einer großen Schar von Pilgern in Jerusalem ein, verfolgt von den Flüchen Gerolds, des papsttreuen Patriarchen von Jerusalem, der ungeachtet des für ihn erfreulichen Umstandes, nunmehr gleichfalls Besitz nehmen zu dürfen von der heiligen Stadt, gegen den Kaiser wütete, wie er das nicht anders von seinem Herrn und Vorbild in Rom gelernt oder aufgetragen erhalten hatte. Den Pilgern hingegen, die den Kaiser im Triumphzug die verbrannten und steinigen Hügel zur legendärsten Stadt zweier Kontinente hinaufgeleiteten, mögen fromme Schauer über den Rücken geflossen sein, was gewiß weniger mit ihrer Religiosität als mit ihrem tiefverwurzelten Aberglauben zu tun gehabt haben mag, denn in mancher Weissagung sowohl in der arabischen als auch in der christlichen Welt war immer wieder dieser friedliche Einmarsch des »Kaisers aus Kalabrien« prophezeit worden, der, wie das die Dichter und Propheten seit Generationen verkündet hatten, einst »ohne Kampf und ohne Kriegswerkzeug« Jerusalem befreien oder erobern werde. Dieser Märztag brachte also allem Anschein nach die Stunde der Erfüllung aller Prophetie. Und nichts erscheint den Menschen vernünftiger, als wenn sie ihre abergläubische Unvernunft bewahrheitet sehen. Des Papstes fernes Grollen, des Patriarchen Wut, der Templer und Johanniter Intrigen, der Franziskaner eiferndes Geheul kümmerte die meisten Pilger und Soldaten nicht, die, allmählich der heiligen Stadt näherkommend, den bleichen Schimmer der palästinensischen Frühlingssonne auf den Türmen und Mauern sahen, die nun kein Hindernis mehr darstellten für die enthusiasmierten Eroberer dieses Zentrums der Christenheit. Und niemand mag in jenen feierlichen Stunden sich überlegt haben, daß dies auch ein Zentrum der Mohammedaner war; nicht zuletzt auch eines der Hebräer . . . und daß daraus sich beinahe zwangsläufig die nüchterne Erkenntnis ableiten ließe, wieviel Blut noch werde fließen müssen, bevor die Menschen zu erkennen vermöchten, daß eine solche Stadt, daß ein solches Heiligtum niemandes ungeteilter Besitz sein könne.

Der Kaiser eilte, kaum daß er in Jerusalem angekommen war, sogleich in die Grabeskirche, um »als katholischer Kaiser ehrerbietig des Herrn Grab anzubeten«, wie er das später seinem Schreiber in die Feder diktierte. Und er mag, im übrigen durchaus im Sinne des damals geltenden Rechts, wohl darüber nachgedacht haben, daß er nun, da er auf den Spuren des Erlösers wandelte, selber erlöst sei vom Banne des Papstes, weil alle Politik ein Ende haben sollte im Augenblick tiefer menschlicher Ergriffenheit und religiöser Hingabe. Er mag geträumt haben vom friedlichen Ausgleich mit Gregor, von Umarmungen, in die er, Friedrich, sich wie ein gehorsamer Sohn werfen würde, der dem greisen Vater alle Ungerechtigkeit verzeiht. Er mag tatsächlich so naiv gewesen sein, nicht mit menschlichem, sondern mit romantischem Maß zu messen, weil er in diesen ereignisreichen Stunden und Tagen, da ihn die Woge freudiger Erregung hoch emportrug, selber romantisch fühlte und handelte.

Denn gegen alle Warnungen des vorsichtigen oder eigentlich nüchtern kalkulierenden Hermann von Salza schritt Friedrich bereits am Tag nach seinem Einzug in

Jerusalem, es war ein Sonntag, zur kühnsten oder, wenn man dieses Ereignis mit einem unnachsichtigen und gleichsam päpstlichen Aug' betrachtet, zur keckstenTat seines orientalischen Unternehmens. Er drückte sich selber – wie nach ihm erst wieder Napoleon das tun sollte – den Stempel höchsten Adels auf, setzte sich eigenhändig die begehrenswerteste aller christlichen Kronen aufs Haupt und krönte sich selbst zum König von Jerusalem, dadurch die absolute Spitze dessen erklimmend, was ein Mensch des Mittelalters zu erreichen imstande war. Er, der Geächtete, Gebannte, Verfemte, von der Wut des frommen Pöbels Verfolgte, in diesen Augenblicken auch schon seines Königreiches Beraubte, er schritt langsam, als wollte er jede einzelne Sekunde auskosten, auf den Grabesaltar zu, wo die Krone bereit lag für ihn, setzte bedachtsam Schritt vor Schritt, bis er vor dem Altar stand; und ergriff dann die Krone, um sie, hoch über sich erhebend, mit feierlicher, aber auch mit unendlich behutsamer Geste auf die rotblonden Locken zu drücken.

Gewiß hat diese eigenwillige Krönung von Jerusalem die abendländische Welt in eine respektvolle Aufregung versetzt. Aber mehr noch wird sie Friedrich selbst bewegt oder aufgewühlt haben. Denn er war, obgleich mit mancher seiner Begabungen seiner Zeit weit vorauseilend oder sie schärfer erkennend als andere, dennoch ein legitimes Kind dieses Zeitalters, das heißt, er war mit seinem ganzen Intellekt und ungeachtet seines Wissensdurstes auch abergläubisch wie der mindeste seiner Untertanen, verführbar nicht bloß durch den Mythos, sondern auch durch jedes Zeremoniell, das diesen Mythos feiert. Mit Gott auf vertrautem Fuße zu stehen, mußte einem Menschen, der im Dschungel von Palermo herangereift war, sozusagen als Krönung seiner eigenen Existenz vorkommen; und da war es beinahe gleichgültig, welchen Namen Gott trug oder in welcher Form er sich offenbarte. Friedrich, durch dessen Adern auch deutsches Blut floß, war dennoch ein Kind der Mediterraneis, Geschöpf einer Welt, die des schönen Zaubers, sozusagen unaufhörlich intimen Umgang mit den Göttern zu haben, noch nicht entraten mußte. Und wie des Königs der Sizilier und nunmehr auch des Königs der christlichen Orientalen Kindheit und Jugend von mancher Weissagung begleitet gewesen, von manches Propheten inhaltsschwerem Wort angekündigt worden war, so begriff er, Friedrich, auch in diesem Augenblick, da er der heiligsten Krone der Christenheit endlich habhaft werden konnte, sich nicht nur als erfolgreichen Monarchen oder als gebieterisch auftretenden Eroberer, sondern durchaus auch als Teil eines Mythos, der die Geschicke der Menschen überhaupt erst sinnvoll werden läßt. Es war sein Wille gewesen, der ihn nach Jerusalem hatte gehen lassen. Es war seine Hand gewesen, welche die Krone in der Grabeskirche ergriffen hatte. Aber in Wahrheit war es ein Gott gewesen, der alle diese Wunder vollbracht hatte. In Wahrheit hatte eines Gottes Neigung ihn, den deutschblütigen Süditaliener, zum Genossen gemacht.

In Friedrichs berühmtem Manifest, das er von Palästina aus der europäischen Christenheit zukommen ließ und darin auch alle Begebenheiten dieses sonderbaren Kreuzzuges, der eigentlich gar kein Kreuzzug im ursprünglichen Sinne dieses Begriffes war, ausführlich geschildert werden, in diesem Manifest also läßt Friedrich keinen Zweifel aufkommen, daß Gott mit ihm ein Bündnis eingegangen war. Und mochten die Fürsten des Abendlandes ergriffen und ehrerbietig von nichts anderem überzeugt sein, als daß dieser Gott ihr eigener sei, jener Gott also, den die Bibel beschrieb und dem zu gehorchen der römische Papst befahl, so mochte Friedrich, dieser zutiefst mediterrane Mensch, gänzlich andere Vorstellungen haben. Und Gregor kam der Wahrheit wahrscheinlich unendlich viel näher, als er selbst es geahnt haben mochte, wenn er später einmal in einer Enzyklika verkünden ließ: »Dieser König der Pestilenz hat nach seinen eigenen Worten erklärt, der Mensch solle nichts glauben, was nicht durch die Natur und durch die Vernunft bewiesen werden könne!« Genau diese erbitterte Feststellung brachte Friedrichs geistiges Programm auf die einfachste Formel. Und genau das erlaubte diesem König von Jerusalem auch, sich als Genosse der Götter – oder eines Gottes – zu empfinden, weil er das, was göttlich war, mit vernunftbetontem Blick betrachtete, ohne sich deshalb des Mythos zu begeben, den er brauchte, um sich selbst in die Nähe des Göttlichen zu begeben.

Solche Einbildung oder solches Selbstbewußtsein erlaubte es, freundschaftlichen Verkehr zu pflegen mit Arabern und mit Assassinen, sich in theologische Diskussionen einzulassen, in denen er mit arabischen Philosophen über die vermeintliche Unsterblichkeit der Seele debattierte. Aber er konnte auch grausam sein. Wenn etwa Friedrichs Neugier über die Beschaffenheit der menschlichen Anatomie geweckt war und er sich in dieser Hinsicht vollkommene Klarheit zu verschaffen wünschte, so konnte es schon vorkommen, daß er unglückliche Höflinge oder abgeurteilte Verbrecher lebendigen Leibes sezieren ließ. Seine intellektuelle Begabung, sein Genie in allen politischen Belangen, die Fülle seiner außergewöhnlichen Begabungen ... das alles hinderte ihn keinesfalls daran, bedenkenlos jedem Trieb zu gehorchen, der ihn beherrschte. Und so gab er seinen Gegnern immer wieder Gelegenheit, ihn nicht grundlos zu attackieren, obgleich man selbstverständlich hinzufügen muß, daß auch des Kaisers Feinde manche Ursache gehabt hätten, über ihre eigene Moral, über ihren eigenen Charakter nachzudenken.

Jenes Manifest, von dem bereits die Rede war, enthielt auch eine Rechtfertigung dieser eigenhändig vorgenommenen Krönung von Jerusalem. »Denn da der allmächtige Herr vom Throne seiner Majestät sie (die Krone) uns zukommend voraussah, hat er aus der besonderen Huld seiner Milde unter den anderen Erdenfürsten uns wunderbar erhöht, damit es so, während wir uns dem Siegesjubel über diese große Würde hingeben, mehr und mehr offenkundig aller Welt aufgehe: die Hand des Herrn habe dies alles getan.« Mit Gott also sah sich Friedrich verbündet. Gott war sein Förderer und Genosse. Und gegen Gott mußte sich wenden, wer ihm, dem Kaiser und nunmehrigen König von Jerusalem, die neue Würde neidete.

Die Rechnung ging auf; die Menschen waren beeindruckt; mancher christliche Fürst glaubte blindlings daran, was ihm durch dieses Manifest oder durch andere Nachrichten aus dem Orient unterbreitet wurde. Im fernen Holstein würde ein Graf Adolph seine Dokumente sogar mit dem Hinweis versehen: »Im Jahre der Rückerstattung des Heiligen Landes an Friedrich, der Römer unbesiegtesten Kaiser.« Deutschlands Fürsten sandten einander Triumphdepeschen, als die Nachricht vom Fall Jerusalems und der Krönung des Kaisers bei ihnen eingetroffen war. Nur in Sizilien, im süditalienischen Königreich des Staufers vermochte selbst dieser Erfolg die fast ausweglose Situation, in die Gregors Wut die Anhänger Friedrichs gebracht hatte, vorerst nicht zu verändern. Die Schlüsselsoldaten des Papstes unter ihrem Anführer, dem ehemaligen Titularkönig von Jerusalem, Johann von Brienne, den wir uns nach wie vor als eifersüchtigen, haßerfüllten Schwiegervater des Kaisers vorstellen müssen, waren tief in das beinah wehrlose Königreich eingedrungen, gefolgt von den unerbittlichen Franziskanern, die überall im Namen der römischen Kirche und des Papstes als Befreier auftraten, was nichts anderes bedeutete, als daß eine unerbittliche und allerdings auch unerbittlich fromme Diktatur einsetzte. Die Kaiserlichen waren wiederum in zwei Gruppen geteilt, von denen die eine, stärkere, in Capua lag, während die andere in den Abruzzen sich eingenistet hatte oder dorthin vor der Übermacht des Feindes geflüchtet war, ohne in das militärische Geschehen eingreifen zu können. Die Häfen Apuliens wiederum waren, so weit das in den wenigen Monaten möglich gewesen war, von den Päpstlichen entweder erobert oder gänzlich zerniert; einer möglichen Rückkehr Friedrichs sollten Riegel vorgeschoben sein, die dieser nach dem Wunsche Gregors nicht mehr zu brechen imstande sein sollte.

Solche Verhältnisse aber machten Friedrichs Rückkehr nach Europa geradezu zur Pflicht. Zwei Tage lang nur blieb er in Jerusalem, wo ihn jetzt neben den Franziskanern auch die Dominikaner mit ihrer rachsüchtigen Wut verfolgten, was mit der leidigen Sache zu tun hatte, daß die Geistlichkeit immer noch ihrem verlorenen Besitztum nachtrauerte, daß man es beklagte, durch den Vertrag mit Al-Kamil nicht entschädigt worden zu sein, während der Patriarch Gerold die unversöhnliche Politik gegen den Kaiser bis ins Maßlose steigerte, indem er plötzlich Jerusalem selbst mit dem schrecklichen Interdikt belegte, die Stadt also bannte, weil er dadurch Friedrich zu treffen hoffte. Und diese arglistige Hoffnung trog nicht. Der Kaiser verließ Jerusalem, gefolgt von den meisten der Pilger, die jetzt, da die Repräsentanten der Kirche die heilige Stadt verflucht hatten, keine Möglichkeit mehr sahen, ihren frommen Pflichten unbehelligt nachzukommen. Der Aufbruch war ein allgemeiner und muß einer Flucht ähnlich gewesen sein. Und man wird sich unschwer vorstellen mögen, welche Gefühle die Araber, die Augenzeugen dieser beschämenden Szenen waren, empfunden haben.

In Akkon, wo Friedrich erneut schlimme Nachrichten aus seinem Königreich vorfand, kam es noch einmal zu skandalösen Auftritten, welche nichts anderes beweisen sollten als die Unfähigkeit der Christen, sich eines gemeinsamen Zieles wegen in eine gemeinsame Pflicht zu nehmen. Denn es zerrten jetzt die Kaiserlichen die Mönche, welche zum Aufruhr wider den Kaiser hetzten, aus den Kirchen und verprügelten sie. Und es verfolgten die Päpstlichen Friedrich auch noch an jenem Morgen, als er vor seinen Pilgern und Soldaten eine Galeere im Hafen von Akkon bestieg, um in sein bedrohtes Königreich zurückzueilen, mit ihrem unversöhnlichen Haß; mit Kot bewarfen sie ihn und seine wenigen Begleiter; ein Steinhagel vertrieb ihn, der des Abendlandes größten Triumph in Palästina ermöglicht hatte; und die Flüche, die von wutverzerrten Lippen kamen, beantwortete er schließlich selber mit einem Fluch. Das Schauspiel, das die christlichen Europäer den Arabern boten, bewegte sich bis zuletzt auf erbärmlichem Niveau.

Am 10. Juni 1229 landete Friedrich dann in Brindisi, und zwar gänzlich unerwartet für Gregor und seine in Süditalien operierenden Soldaten. Es scheint, daß die Absicht der päpstlichen Heeresleitung, alle Häfen Apuliens zu sperren und eine Rückkehr des Kaisers unmöglich zu machen, ein Fehlschlag gewesen sein muß, denn Friedrich konnte von Brindisi vollkommen unbehelligt nach Barletta eilen, wo er unverzüglich daranging, eine wirksame Gegenoffensive zu inszenieren. Nach Capua entsandte er Thomas von Aquin mit einem Entsatzheer, das er innerhalb weniger Tage buchstäblich aus dem Nichts organisiert hatte. Rainald von Spoleto wiederum eilte mit seinen Soldaten aus den Abruzzen herbei. Die Sarazenen, dem Kaiser ohnedies fanatisch ergeben, wandten sich jetzt, da sie sich überzeugt hatten, daß Friedrich nicht, wie der Papst es verkündet hatte, im Morgenland verstorben war, sogleich wieder zum Kampf gegen Gregors Schlüsselsoldaten. Und auch eine erkleckliche Zahl deutscher Ritter, die auf Friedrichs Spuren diesen merkwürdigen Kreuzzug mitgemacht hatten und nun schon zur Heimkehr nach Deutschland entschlossen waren, stellte sich nunmehr spontan dem Kaiser zur Verfügung. Ebenso hielten es die Pisaner, die mit Friedrich in Palästina gewesen waren.

Zu einer offenen Feldschlacht oder überhaupt zu einem Krieg freilich kam es nicht. Denn es genügte allem Anschein nach allein schon das Auftreten des totgesagten und gebannten Kaisers, um eine päpstliche Armee in die Flucht zu schlagen. Jedenfalls räumten die Soldaten Gregors innerhalb kürzester Zeit das von ihnen besetzte Territorium und zogen sich kampflos zurück bis an die Grenzen des Kirchenstaates; bereits Ende August konnte Friedrich in Capua einziehen. Ein Feldzug war gewonnen, ohne daß auch nur ein einziger Schwertstreich hätte geführt werden müssen. Im Königreich selbst erklärten sich die meisten Städte für den Kaiser. Und jene wenigen Gemeinden, die wie das süditalienische Sora zugunsten des Papstes sich Friedrich zu widersetzen wagten, wurden durch das schreckliche Schicksal, das Sora widerfuhr, rasch zur Vernunft gebracht. Denn Sora wurde belagert, eingenommen, niedergebrannt und sollte nach dem Wunsch des Kaisers ein zweites Karthago werden. Im übrigen beschlagnahmte er jetzt auch alles Eigentum der Templer und Johanniter in seinem Königreich und ließ dadurch unmißverständlich erkennen, daß er der unversöhnlichen Rache durchaus fähig war.

Und der Papst? Er, der alles geplant hatte, dem keine Intrige zu billig, kein Verrat zu schändlich gewesen war, um Friedrich zu stürzen, weil er, Gregor, zutiefst davon überzeugt war, daß der Kaiser ein Todfeind der Kirche sei? Gregor war jetzt im Sommer, im Herbst 1229 in einer schwierigen Lage. Aus Rom war er seit Monaten schon von aufsässigen Adeligen vertrieben; zuerst in Rieti und dann in Perugia mußte er, der sich auf die Zuneigung seiner eigenen Untertanen nicht mehr verlassen konnte, eine politische Strategie entwerfen, die in vielen Belangen nur mehr bruchstückhaft sein konnte. Seine materiellen Mittel waren erschöpft. Seine Armee befand sich in voller Auflösung. Die Lombarden, in deren tatkräftige Hilfe er soviel Vertrauen gesetzt hatte, verließen bedenkenlos den Schauplatz der großen Auseinandersetzung zwischen Kaiser und Kirche. Und die abendländischen Fürsten, die er zuletzt zur Hilfestellung aufgefordert hatte, verhielten sich höflich ablehnend bis teilnahmslos. Außerdem setzte nun die Propaganda über die Erfolge Friedrichs im Orient mit voller Wucht ein, wurde auch in Reichsitalien politisch wirksam, was des Kaisers kluge Diplomatie in der arabischen Welt erreicht hatte. Gregors Lage war in der Tat so gut wie hoffnungslos und ähnlich jener Friedrichs in Akkon, bevor er in erneute Verhandlungen mit Al-Kamil eingetreten war.

Dennoch gab er nicht nach. Und verweigerte den Gesandtschaften Friedrichs, die nun mit Friedensbotschaften nach Perugia eilten, lange sein Gehör. Es ist in diesem Zusammenhang heute schwer abzuschätzen, ob es bloß greisenhafte Halsstarrigkeit oder die Hoffnung auf ein Wunder oder vielleicht sogar kühles politisches Kalkül gewesen sein mag, was Gregor angesichts der kaiserlichen Erfolge so handeln ließ, daß er sich in den Augen der Welt eigensinnig ins Unrecht setzte, indem er alle großmütigen Angebote Friedrichs, endlich Frieden zu schließen, kurzerhand ausschlug. Dabei hätte der Kaiser jede Möglichkeit gehabt, diese Angelegenheit militärisch zu bereinigen. In wenigen Tagesmärschen hätte er mit seiner Reiterei und den Sarazenen die Grenzen des Kirchenstaates überschreiten, das ohnedies seinem Erscheinen entgegenfiebernde Rom erobern und den Papst aus Perugia vertreiben können. Niemand hätte ihm nach all dem Vorgefallenen, nach all der Schmach, die Gregor ihm angetan hatte, aus solchem Vorgehen einen Vorwurf gemacht.

Aber Friedrich, der nicht zufällig schon orientalische Fürsten durch seine zähe Geduld und durch sein diplomatisches Geschick in bewunderndes Erstaunen versetzt und gerade durch diese Eigenschaften manchen spektakulären Erfolg erzielt hatte, Friedrich dachte auch jetzt nicht daran, von seiner einmal eingeschlagenen Handlungsweise abzuweichen und mit Gewalt zu erzwingen, was er, wie er fest überzeugt war, durch Geduld ebenso erreichen konnte. Außerdem war ihm wohl bewußt, daß er Gregor dadurch wesentlich mehr zu schädigen vermochte, wenn er demütig blieb, zurückhaltend war, sich ehrerbietig noch als triumphaler Sieger zeigte, als wenn er nun mit Waffengewalt das einholen würde, was er als sein gutes Recht betrachten durfte. Seine selbstauferlegte Mäßigung ging sogar so weit, daß er den Agitationsversuchen der nach wie vor heftig tätigen Franziskaner nur großmütige Nachsicht entgegenstellte, wie das durch einen Vorfall gekennzeichnet wird, bei welchem ein Franziskaner den Kaiser einmal in dessen Gegenwart einen Ketzer nannte, was dieser mit den historisch verbürgten Worten abtat: »Dieser Mensch will durch mich zum Märtyrer werden. Aber sein sehnliches Begehren soll durch mich gewiß nicht gestillt werden.«

Es war also eine recht merkwürdige Situation, die sich zwischen Kirche und Staat, zwischen Gregor und Friedrich entwickelt hatte; und es bedurfte einmal mehr der diplomatischen Kunst vor allem Hermann von Salzas, des unermüdlichen Deutschordensmeisters, um die beiden scheinbar hoffnungslos miteinander verfeindeten Kontrahenten zumindest symbolisch an einen gemeinsamen Verhandlungstisch zu bringen. Die Verhandlungen selbst, die ein rundes Jahr andauern sollten, zeigten Gregor nach wie vor unversöhnlich und Friedrich immer noch erstaunlich nachgiebig. Es forderte der Papst Straffreiheit für seine Parteigänger im Königreich Sizilien; Friedrich gewährte sie. Es wurde die Herausgabe aller während des Krieges eingezogenen Kirchengüter, darunter auch jene der Templer und Johanniter, verlangt; Friedrich willigte ein. Es sollte der Klerus im Königreich aus der weltlichen Gerichtsbarkeit gelöst und von der allgemeinen Steuerpflicht befreit sein; Friedrich stimmte auch hier zu. Und so bezwang Gregor mit seinen Forderungen Schritt für Schritt scheinbar den Willen des Kaisers, bis dieser zuletzt in die ausgebreiteten Arme des Papstes sinken und den endlich erreichten Frieden, wie er selbst schrieb, mit »heiligen Küssen« bekräftigen durfte.

Das ereignete sich im Sommer des Jahres 1230; in Ceperano, einem kleinen Landstädtchen nördlich von Rom. Und außer dem Papst schien alle Welt begriffen zu haben, weshalb Friedrich so nachgiebig und geduldig gewesen war.

1230 und 1231: Es endete Friedrichs erste entscheidende Auseinandersetzung mit der Kurie, es begann ein neuer Abschnitt in der Entwicklung der monarchischen Idee im Abendland, die mit der Gestaltwerdung der ersten absolutistischen Monarchie einen vorläufigen Höhepunkt finden sollte; und es war die Biographie von Friedrichs hartnäckigstem Widersacher, nämlich jene des Papstes Gregor, plötzlich gekennzeichnet durch Veränderungen in dessen persönlichen Verhältnissen. Das hatte mit einer gewaltigen Überschwemmung zu tun, die Rom heimsuchte, was wiederum den Papst zurückführte in die verelendete und verwilderte Stadt, welche »erfüllt vom Unkraut der Ketzerei« war, so daß Gregor nach dem Friedensschluß mit Friedrich, und nachdem er diesen vom Banne befreit hatte, eine Weile mit gänzlich anderen Dingen beschäftigt sein würde, als seinem niemals wirklich verlöschenden Haß gegen den Kaiser immer neue Nahrung und Genugtuung zu verschaffen. 1230 und 1231 und auch die darauffolgenden Jahre: Das war für Friedrich eine Zeit der Ernte. Das war eine ruhige Zeitspanne, die er brauchte, um seine staatspolitischen Vorstellungen in seinem Königreich zu verwirklichen. Das war die Atempause zwischen den großen Auftritten in der Geschichte, in welcher er sich seinem geliebten Erbland Sizilien – worunter neben der Insel auch die Festlandsregionen Kalabrien, Apulien, die Basilikata und Kampanien zu verstehen sind – zur Gänze widmen konnte.

Man wird dem seltsamen Charakter dieses Mannes wahrscheinlich nicht gerecht, wenn man verschweigen wollte, daß ihm dieses süditalienische Königreich unendlich viel mehr bedeutete als bloß Besitz und Voraussetzung zum Herrschen; und daß er eine merkwürdig innige Beziehung zu diesem Königreich hatte, wie man sie nur einem Menschen gegenüber empfindet, dem man sich gefühlsmäßig ganz ergibt. Und daß Friedrich dieses

Südland also mehr liebte als irgendeine Person. Der »Augapfel« war ihm das, was ihm zuerst durch Erbfolge und dann durch sein diplomatisches Geschick zweimal zugefallen war; »einen Hafen in den Fluten und unter Dornengestrüpp einen Lustgarten« nannte er es, etwas, »das er voller Sehnsucht aufsucht, wenn er in des Reiches Meer umherschifft«, und zu Versprechungen ließ er sich hinreißen, die erstaunlich anmuten angesichts seiner gewohnten Strenge: »Dann werden wir«, prophezeite er seinem Königreich, es wie eine Geliebte anredend, »der wechselseitigen Liebe froh, euch durch unseres Antlitzes Heiterkeit ständig verwöhnen, euch, die wir jetzt mit Unterbrechung in Briefen liebkosen.« Und einmal schrieb er: »Wenn auch die Vielheit der Völker, die unter unserer Herrschaft beseligt im Friedensstand atmen, uns ohne Unterlaß Grund zum Nachdenken gibt, so werden wir dennoch durch ein gewisses Vorrecht der Liebe veranlaßt und uns überlegen in beharrlichem Sinnen, wie unseres Sondereigens Siziliens Volk, dessen besondere Sorge uns wachhält und dessen Erbe uns glanzvoller ist als aller Besitz, so durch der Ruhe Zier sich auszeichne, daß es sich mehre in den Läuften des Caesar Augustus.«

Man hätte Ursache, über diese beinah unsinnige Leidenschaft nachzudenken, die ein vom Glück begünstigter, dem Glück jedoch auch manches schuldender Kaiser und König für dieses südliche Königreich empfand, er, von dem sich doch kaum behaupten läßt, daß er in seine politischen Geschäfte sonderlich viel Gefühl einbrachte oder überhaupt, wenn man von seinem Wissensdurst und seinem Ehrgeiz absieht, irgendeiner besonderen Emotion fähig gewesen sei. Es muß diese Leidenschaft für das Königreich mit seiner Kindheit zu tun gehabt haben; mit den Erinnerungen und Erfahrungen von Palermo; und auch mit der Naivität und fast ekstatischen Liebesfähigkeit dieser südlichen Menschen, die stets jener absoluten Hingabe fähig sind, welche die Herrscher brauchen, um ihre Herrschaft auch genießen zu können. Der Städter Siziliens, der Bauer Kalabriens und Apuliens, der Geschäftsmann Kampaniens war, und in dieser Hinsicht gänzlich andersgeartet als der Lombarde, Römer, Ligurer oder der Bürger der Toskana, zur bewundernden Hingabe zugunsten seines Herrschers imstande, auch wenn das nur ein Teil jenes Lebensspiels sein mochte, das die Menschen des Südens ebenso unbekümmert wie geschickt immerzu inszenieren. Der Südländer war – und ist – zu jenem beinah selbstzerstörerischen Gehorsam fähig, der es ihm erlaubt, den Herrscher – ob dieser nun ein Tyrann sei oder ein besonnener Charakter – wie einen Gott zu verehren. Und weil auch Herrscher Menschen sind, die von ganz banalen Gefühlen bewegt werden, war Friedrich, der Widerstand gegen seine Person niemals duldete, angesichts der willigen und bedenkenlosen Hingabe seiner Untertanen gerührt und entgegen seinem sonstigen Temperament auch glücklich.

Daß es sich dabei um ein grausames Mißverständnis handelte, ist eine andere Sache. Denn den Sizilianern, Kalabresen, Apuliern, Kampaniern war im Grunde dieser halbgermanische König so recht und so gleichgültig wie jeder andere Herrscher, der sie zur Anbetung in die Knie zwang. Sie würden ihn, wäre er erfolglos, ohnedies bedenkenlos verraten. Und ihn, den sie jetzt als Gott verehrten, mit Spott und Verachtung überhäufen, bliebe er ihnen schuldig, was sie sich unaufhörlich von ihm erwarteten: Erfolg. Die Geste des Triumphes. Und jene Erbarmungslosigkeit, die alle Liebe als das entlarvt, was sie in Wahrheit ist ... nämlich als Dekoration für das große Welttheater, dessen Inhalt immer und ausschließlich das Ringen um die Macht ist.

Und Friedrich war genau der Mann, der, eintauchend in die blumige Sprache der leidenschaftlichen Zuneigung, zugleich mit strengem Sinn das durchzusetzen wußte, was seinen Vorstellungen von absoluter Macht am vollkommensten entsprach. Ein wesentlicher Ausdruck dafür waren die sogenannten *Konstitutionen von Melfi*. Melfi ist eine kleine, düstere Festungsstadt am

Fuße des dunklen, einst vulkanischen Monte Vulture an der Grenze Apuliens zur gebirgigen Basilikata, heute eine verarmte und trostlose Bauerngemeinde, darin fast nichts mehr an die Bedeutung dieser Stadt im staufischen Zeitalter gemahnt; in Friedrichs großartigem, nunmehr allerdings desolatem Kastell logierten noch vor wenigen Jahren Landarbeiterfamilien, die einen ähnlich bedingungslosen und scheinbar verehrungsvollen Gehorsam gegenüber ihrer Herrschaft gewohnt waren, wie das vor Jahrhunderten ihren Vorfahren gegenüber Friedrich selbstverständlich gewesen war; und nur wenn dieser sklavische Gehorsam umschlägt in Rebellion, begreift man die Fragwürdigkeit solcher Gefühle gehorsamsgewohnter Untertanen. Die *Konstitutionen* aber, von Friedrich im August 1231 in Melfi verkündet, waren mehr als bloß eine Gesetzessammlung, die man später einmal als die Geburtsurkunde der modernen Bürokratie bezeichnet hat und die in Wahrheit als ein vollkommener Ausdruck der neuen Ordnung in einem absolutistischen Staat anzusehen sind, denn diese *Konstitutionen* waren, obgleich zahlreiche Juristen und an deren Spitze Friedrichs Großhofrichter Peter von Vinea daran mitgewirkt hatten, in der Hauptsache Friedrichs persönliches Bekenntnis zur Ordnung der Welt. »Es ist der autonome weltliche Staat, der hier seine metaphysische Begründung und Wesensbestimmung erhält: Frieden und Gerechtigkeit, pax et justitia. Quelle allen Rechts ist der Kaiser, der dazu von Gott und durch Naturnotwendigkeit bestimmt ist.« (Herbert Nette) Und Ernst Kantorowicz erläutert diese in der Geschichte des Abendlandes tatsächlich einmalige Situation, daß ein absolutistischer Herrscher als Rechtsschöpfer und Gesetzesgeber so nachhaltig in Erscheinung treten kann: »Daß Friedrich Lippen und Zunge gelöst waren, die Gesetze zu künden, ist fast eine persönliche Begnadung. In anderer Weise aber hat gerade er zur Gesetzgebung die besondere persönliche Eignung. Denn was ihn zu der Mittlerstellung zwischen dem göttlichen, dem Naturrecht, und dem positiven, dem Menschenrecht persönlich befähigt, das war sein ungeheures Wissen und unermüdliches Forschen um die ewigen Gesetze der Natur ... Der kaiserlichen Unfehlbarkeit war es durchaus gemäß, wenn Friedrich gleich den Normannen den Satz des römischen Rechtes aufnahm: ›Über Urteile, Entschlüsse und Satzungen des Kaisers zu diskutieren, ist Sakrileg‹ ...« Dieses überragende Selbstbewußtsein wird allerdings im Schlußwort der Gesetzessammlung etwas gemildert, wenn es heißt: »Nicht mag die Nachwelt ... von uns glauben, wir hätten dieser Gesetze Buch zusammengetragen, nur daß wir dem Ruhme dienten, sondern mehr um in unseren Tagen das Unrecht zu tilgen ...«

Unrecht aber gab es in diesem Zeitalter wie in jedem anderen in hinlänglichem Maße. Diesem weniger im Kleid des liberalen Menschenfreundes, sondern als strenger und gerechter Herrscher zu begegnen, der von der Sorge um die Ordnung im Staate nachhaltig bewegt wird, war Friedrichs selbstgewählte Aufgabe, die er fast als eine heilige Pflicht betrachtete: »Nichts entziehen wir dem Ansehen der alten Fürsten«, heißt es in den *Konstitutionen*, »wenn wir gemäß der Eigenheit der neuen Zeiten neue Gesetze ... hervorbringen und für neue Mißbräuche neue Arzneien finden ...«

Und Arzneien wurden buchstäblich für alles und jedes gefunden. So zum Beispiel sollten alle jene, die sich in der mittelalterlichen Kunst der Zubereitung von sogenannten Liebestränken übten, nicht bloß mit Kerkerhaft, sondern auch mit dem Verlust ihres Eigentums bestraft werden. Ebenso wurde die Bedeutung der schrecklichen und immer gegen die Natur der Menschen gerichteten Gottesurteile abgeschafft, was ein unerhörter Eingriff in die damals geltende Rechtspraxis vor allem der Kurie war, deren Ansichten Friedrich nicht nur verbessern, sondern »austilgen zu müssen« glaubte, denn es sei widersinnig, zu glauben, »des glühenden Eisens natürliche Hitze werde lau, ja kalt ohne Vorliegen einer gerechten Ursache«, oder »den eines Verbrechens Beschuldigten nehme das Element des kalten Wassers wegen seines versehrten Gewissens nicht auf«. In solchen Erlässen ist unschwer die »rationale Mentalität Friedrichs zu erkennen« (Herbert Nette), eine Mentalität, die sich des übersinnlichen Beiwerks mittelalterlichen Denkens zu entledigen sucht, die sich gegen allen abergläubischen Spuk wendet wie auch gegen das übertrieben düstere Zeremoniell mittelalterlicher Rechtsprechung. Manches von dem, was Friedrich in den *Konstitutionen* neu formulieren ließ oder was überhaupt erstmals in die offizielle Rechtsprechung aufgenommen wurde, mutet dabei erstaunlich modern an; so etwa jener Erlaß, der die Sauberkeit der Umwelt gleichsam von Amts wegen verordnet. Darin heißt es unter anderem: »Wir sind gewillt, die durch göttlichen Ratschluß gewährte Gesundheit der Luft durch unsere bemühte Vorsorge ... zu erhalten. Wir verfügen deshalb, daß es keinem erlaubt ist, in den einer Stadt oder Burg benachbarten Gewässern in einer Entfernung von einer Meile ... Flachs oder Hanf zu wässern, weil dadurch ... die Beschaffenheit der Luft verdorben wird. Kadaver und Abfälle, die Gestank verbreiten, gehören außerhalb der Behausungen in einer Entfernung von einer Viertelmeile ins Meer oder in den Fluß geworfen. Wir verbieten auch den Fischern, Kräuter, durch welche die Fische getötet werden oder sterben, in die Gewässer zu werfen. Denn dadurch werden sowohl die Fische selbst giftig, wie auch die Gewässer, aus denen Menschen und Tiere öfters trinken, eben dadurch schädlich werden. Wer das tut, soll zu einem Jahr Zwangsarbeit in Ketten verurteilt werden.«

Solche Gesetze also regelten die Beschaffenheit der Umwelt in Friedrichs Königreich vor rund einem Dreivierteljahrtausend! Selbst heute noch, da die Menschheit mit den Problemen der Umweltbelastung nicht wirklich fertig zu werden scheint, muten diese Paragraphen wie eine ungeheuere Herausforderung an; wie eine Herausforderung an die Vernunft übrigens, an die Friedrich auch in den Verordnungen über das Wesen und die

Pflichten von Ärzten und Apothekern appelliert: »Da man niemals die medizinische Wissenschaft verstehen kann, ohne vorher etwas von der Logik zu wissen, verfügen wir, daß keiner Medizinwissenschaft studiere ohne ein vorhergehendes Studium der Logik.« Und über den Aufwand an Zeit und Interesse, den ein Arzt seinem Patienten zur Verfügung zu stellen habe, heißt es: »Der Arzt soll seine Kranken mindestens zweimal am Tage besuchen und auf Verlangen des Kranken einmal nachts ...«

Allerdings war die Radikalität, mit der Friedrich hier weit über den juridischen Anlaß hinaus auch gesellschaftspolitisch zu wirken versuchte, gelegentlich eindeutig gegen die privaten Interessen der Menschen gerichtet. Man könnte in diesem Zusammenhang von Eingriffen in das Privatleben sprechen, wie sie nur totalitäre Systeme kennen. So etwa zogen Ehebruch, Kuppelei und Entführung strenge Bestrafung nach sich, was mit dem damals geltenden Rechtsempfinden durchaus in Übereinstimmung stand. Anders verhielt es sich da schon mit dem Verbot der freien Brautwahl für den Adel; und bedenklicher, gefährlicher noch war ein zusätzlicher Erlaß vom Dezember 1233, den man als Vorläufer aller zukünftigen Rassengesetze bezeichnen könnte. Denn in diesem Erlaß, den man zum besseren Verständnis etwas ausführlicher in Erinnerung rufen muß, heißt es mit Friedrichs Worten: »Da unser Erbreich Sizilien an löbliche Sitten seiner Einwohner gewöhnt ist und diese sich im Laufe der Zeit durch die Bewährung in Dienst und Treue in Notlagen ihrer Herren hervortaten, finden wir es verwerflich, daß es immer wieder vorgekommen ist, daß durch die Mischung verschiedener Volksstämme die Reinheit des Reiches durch fremde Sitten verderbt wurde. Da nämlich die Bewohner unseres Königreiches sich mit fremden Abkömmlingen vermischten, wurde die Unverdorbenheit der Menschen verdunkelt. Bei der ständig zunehmenden Schlechtigkeit und Verfälschung der Geister ging die durch den Umgang mit anderen bereits beeinträchtigte Wahrheit verloren, und durch ihren Sauerteig wurde die Schar der Getreuen beschmutzt. Deshalb haben wir durch einen feierlichen Erlaß allgemein anzuordnen beschlossen, daß es keinem der Söhne und Töchter unseres Reiches gestattet sein soll, die Ehe mit Ausländern und Fremden, die nicht aus dem Reiche stammen, ohne besondere Erlaubnis unseres Hofes einzugehen. Diejenigen, die zuwider handeln, bestrafen wir mit Beschlagnahme aller ihrer Güter.«

Hier wird ein unheimlich anmutender, uns Heutige ans Unfaßbare der Rassendiskriminierung, der schrecklichen Nürnberger Gesetze oder an die Apartheid Südafrikas gemahnender Tonfall angeschlagen, der jeden Bewunderer dieses Imperators zur zögernden Nachdenklichkeit verpflichten sollte; und diesen Bewunderer, der doch wahrlich manche begründete Ursache hätte, dieser Bewunderung immer neue Nahrung zu vermitteln, auch daran erinnern sollte, daß Friedrichs charakterliche Widersprüchlichkeit nicht nur dadurch, sondern auch durch das berüchtigte Kapitel über die Ketzerordnung (1232) oder durch einen ausführlichen Brief – aus dem Feldlager vor der norditalienischen Stadt Lodi – über die Tätigkeit der politischen Polizei zugunsten der Aufrechterhaltung des diktatorischen Systems unmißverständlich bloßgestellt wird. Man muß sich bei diesem ungewöhnlichen Manne stets vor Augen halten, daß er auf mehreren moralischen Ebenen zu agieren imstande war. Und daß er, der Toleranz nicht nur predigte, sondern auch selbst ungemein tolerant zu empfinden und zu handeln vermochte, gleichzeitig von grausamer Intoleranz sein konnte. Und daß er vor allem imstande war, in seinen Höflingen und Beamten nicht nur hochgemute Gefühle, sondern auch niedrige Instinkte zu erwecken, die dann, geformt zum Gesetzeswerk, die Menschen nicht bloß zu beflügeln, sondern auch zu vernichten vermochten.

Mancher Kommentator und Historiker hat die Erlässe

über das Verbot der Eheschließung mit Ausländern oder über die unnachsichtige Verfolgung sogenannter Ketzer als Ausdruck persönlicher Grausamkeit Friedrichs interpretiert. Immerhin gibt es im Edikt über die Ketzer eine Summierung des verachtungsvollen Hasses, wird hier eine unerhörte Rigorosität deutlich, die aus einer ursprünglich rein religiösen Frage eine solche der Majestätsbeleidigung werden läßt, während der Haß, der aus mancher Zeile spürbar wird, mit den Möglichkeiten der Vernunft nicht mehr erklärt werden kann. Von den »Schlangensöhnen des Unglaubens« wird hier gesprochen, und das von einem Manne, der mehr als einmal die Vorzüge der islamischen Religion gegenüber der christlichen gerühmt hatte; und der mit ebensolcher Heftigkeit imstande gewesen war – und es zukünftig noch des öfteren sein würde –, gegen die Repräsentanten dieser christlichen Religion die schärfsten Formulierungen zu finden. Friedrich spricht im Kapitel über die Ketzerordnung beispielsweise davon, daß er jene, »die den Herrn und die Kirche beleidigen wie Entweiher des eigenen Mutterleibes, mit gerechtem Urteil verfolgen« werde; und solche Worte aus einem Mund, der selbst oft Ketzerisches gesprochen hatte, wirken immerhin sonderbar. Aber daraus schon ein Beispiel für persönliche Grausamkeit, derer Friedrich im übrigen durchaus fähig war, ableiten zu wollen, erscheint doch etwas gewagt. Es scheint dies vielmehr ein Ausdruck des Instinktes gewesen zu sein, in sogenannten Ketzern auch Gegner des staatspolitischen Monopols des Kaisers erkennen zu müssen; es dürfte Friedrich in jedem Freidenker eine Gefahr für die absolutistische Monarchie gewittert haben; und es ist nicht abwegig, anzunehmen, daß für ihn der religiöse Rebell auch ein Rebell wider die vollkommene Autorität des Herrschers war, so daß daraus erst die ungestüme, barbarische Wut und der Fanatismus verständlich werden, mit welchen er die Ketzer verfolgte. »Der Fanatismus«, schreibt Herbert Nette, »mit dem Friedrich als höchster Richter und alleiniger Garant der Gerechtigkeit und Ordnung im Staat auftrat, zog ihm schon bei seinen Zeitgenossen den Ruf des Tyrannen zu; er selbst scheute sich nicht, sich in einem Erlaß aus späterer Zeit selbst so zu benennen.«

Tyrannen aber bedürfen der Polizei. Sie brauchen neben der gut ausgebildeten Bürokratie, neben blindlings ergebenen Soldaten – wie sie Friedrich in seinen Sarazenen besaß – und neben Untertanen, die der Tyrannei gleichsam mit den Händen an der Hosennaht stramm zu gehorchen bereit sind, auch noch eine Behörde, welche Bürokratie, Soldaten und Untertanen ständig beobachtet, welche den jeweiligen Grad des Gehorsams kontrolliert und gleichzeitig eine Art Barometer ist für die Seele des Volkes. Tyrannen müssen sich dieses Instruments der Infamie und des Spitzeltums glänzend zu bedienen wissen, wenn sie Erfolg haben und überleben wollen. Und wenn Friedrich seiner Beamtenschaft ein Äußerstes an Pflichterfüllung und Untertanengehorsam abverlangte, so forderte er von seiner politischen Polizei nichts anderes, als daß diese sein Aug' und sein Ohr zu sein hatte, daß sie im buchstäblichen Sinne des Wortes allgegenwärtig sein mußte und sich mit nichts anderem beschäftigen durfte als mit der strengen Überwachung der Monarchie bis in das privateste, intimste Detail.

Und auch hier mag man diesen sonderbaren, beunruhigenden Widerspruch in Friedrichs Charakter feststellen, einen Widerspruch, der das Gute immer etwas fragwürdig und das Böse stets ein wenig harmlos aussehen läßt. Denn während die Beamten, die sich zwar als offizielle Vertreter des Kaisers fühlen und dadurch der Einbildung erliegen durften, beinah allmächtig zu sein, tatsächlich in ihrer Autonomie außerordentlich beschränkt waren und »mit Leib und Vermögen für Übergriffe und Vergehen hafteten«, erfreute sich die politische Polizei einer verhältnismäßigen Unabhängigkeit, konnte sie im Gegensatz zur Bürokratie ihrer Allmacht in vielen Fällen tatsächlich sicher sein und war sie durchaus imstande, innerhalb der Monarchie eine eigene, gefährliche und den ohnedies gering entwickelten Stolz der Bürger zerbrechende Diktatur zu errichten. Diese von Friedrich ersonnene, mit vielen Vollmachten ausgestattete und insgesamt ungemein wirksam operierende Polizei war in mancher Hinsicht tatsächlich ein Staat im Staate; und es verschlägt jedem, der Friedrich als Wegbereiter moderner Ideen beschreiben will, die Stimme, wenn er sich das umfassende Spitzeltum in Erinnerung ruft, das dieser Kaiser zur Wahrung seiner tyrannischen Neigungen benötigte.

Widersprüche in fast jedem einzelnen Fall, den man am Beispiel dieser insgesamt rühmenswerten *Konstitutionen* zu rekonstruieren versucht: Selbstherrlichkeit und ökonomische Nützlichkeit gehen beim Ausbau der Finanz- und Wirtschaftspolitik Hand in Hand einher. Damit er den Reichtum des Staates – und gewiß auch dessen Einfluß – mehre, vernichtete Friedrich die private Wirtschaft. Staatsmonopole für den Export fast aller Erzeugnisse wurden zur Gewohnheit. Ein eigens dazu geschaffener Rechnungshof überprüfte alle diesbezüglichen Agenden. Das Münzwesen wurde einheitlich geordnet, wobei Friedrichs tiefe Sehnsucht, sich als wahrer Nachfolger römischer Caesaren fühlen zu dürfen, in der Prägung einer Goldmünze ihren Ausdruck fand, welche ein antikisiertes Porträt des Staufers mit einer an augusteische Verhältnisse erinnernden Unterschrift enthielt. Ein Caesar, der sich einbilden durfte, mit den Göttern selbstverständlichen Umgang zu haben, wollte Friedrich sein. Ein Caesar war er, der des Göttlichen freilich in vielem entraten mußte. Als man in Syrakus und Messina gegen die Auswirkungen der *Konstitutionen* rebellierte und der Aufstand nur mit Mühe niedergeschlagen werden konnte, sicherte Friedrich den Anführern dieses lokalen Krieges vollkommene Straffreiheit zu. Ein Gott, der sich als Kaiser verkleidet, vermag zu vergeben, weil er die Ursache der Verzweiflung begreift, welche die Menschen zum Äußersten treibt. Aber Friedrich war kein Gott. Denn als die Anführer des Aufstandes, seinem kaiserlichen Wort vertrauend, sich ihm ergaben, ließ er sie innerhalb weniger Tage als Ketzer aburteilen und verbrennen.

Ein Monarch, gleichviel, ob er sich nun als Tyrann aufführt oder als liberaler Menschenfreund, bedarf zur Durchsetzung seiner Pläne wie auch zur Mehrung seines Ruhmes der geeigneten Mitarbeiter. Und wäre Friedrich zum Beispiel lediglich imstande gewesen, außer den wohlgeschulten Bürokraten nur noch die berüchtigte politische Polizei aufzustellen, welche gleichsam mit hechelndem Atem ins private Schicksal der Menschen eingriff und Spitzeldienst selbst dort leistete, wo der Staat aufhört, bedeutsam zu sein, so hätte es zu des Kaisers Lebzeiten bereits gewiß heftigere und wirksamere Kritik an seiner Art des Regierens gegeben, als sie ohnedies in manchem aufsehenerregenden Einzelfall (Messina, Syrakus) zum Ausdruck kam. Aber es mag eben die Faszination dieses Imperators auch ausgemacht haben, daß er nicht bloß unberechenbar und tyrannisch mit dem Leben seiner Untertanen umging, sondern sich tatsächlich darum bemühte, der neuen Ordnung, die er haben wollte, stets die beste Unterstützung zu gewähren; und sich nach Möglichkeit der hervorragendsten Mitarbeiter zu versichern; und jene Intelligenz ganz für sich zu gewinnen, die ihm das gemäße Werkzeug schien zur Durchsetzung seiner Pläne. Friedrich scheint die besondere Begabung besessen zu haben, Außergewöhnliches auf eine ganz selbstverständliche Weise an sich zu binden. Er war, um es so auszudrücken, Gegner einiger der bedeutendsten Männer seines Zeitalters. Er durfte aber auch einige der klügsten Köpfe dieser Zeit als seine Freunde betrachten, was immerhin bedeutet, daß er über alles gewohnte Maß hinaus liebenswürdig, warmherzig und respektvoll gegenüber fremder Begabung sein konnte, sofern er diese Begabung für sich einzusetzen und auszunutzen bereit war. Und da war es dann gleichgültig, ob es sich um einen arabischen Emir, um einen Deutschordensmeister oder um einen berühmten Gelehrten und Literaten wie Peter von Vinea handelte, dessen Geschicklichkeit Friedrich es zu danken hatte, daß die *Konstitutionen* von Melfi nicht nur als Gesetzeswerk, sondern auch als Kunstwerk einen unverlierbaren Rang erhielten.

Man weiß, was das Biographische angeht, nicht viel von diesem Manne, der über eine lange Wegstrecke des Kaisers poetisch formulierender Mund und logisch denkender Kopf sein sollte. Der Schweizer Dichter Conrad Ferdinand Meyer vermeinte einst, ihn mit Thomas Becket vergleichen zu können. Andere wollen ihn als zweiten Cassiodor erkennen, als eine Art Wiedergeburt jenes genialen Kanzlers, der einst dem Ostgoten Theoderich in Ravenna gedient hatte. Kantorowicz meint, Peter von Vinea sei nicht nur der »ergänzende Geist eines Kriegsfürsten« gewesen, »sondern ein Werkzeug, das sich der spirituellste Kaiser für seine Zwecke ganz bewußt geschaffen hatte: Sprecher und Künder des herrscherlichen Geists.« Es bestätigt jedenfalls die Art, wie Friedrich Peter von Vinea eine außergewöhnliche Karriere ermöglichte, den Instinkt des Kaisers für das Ungewöhnliche, denn Peter von Vinea, den man wohl als bedeutendsten Stilisten des Lateinischen im Mittelalter bezeichnen muß, entstammte zwar einer angesehenen kampanischen Familie – als seine Heimatstadt dürfen wir uns Capua vorstellen, obgleich dies nicht mit Sicherheit erwiesen ist –, aber er selbst dürfte lange Zeit das eher unstete und armselige Dasein eines freien Intellektuellen geführt haben, ehe er durch ein formvollendet abgefaßtes Bittgesuch an den Hof des Königs von Sizilien gelangte. Ungefähr um das Jahr 1221 finden wir ihn als Notar der königlichen Kanzlei, wo er rasch Karriere macht und vor allem Friedrich immer wieder auf seine ungewöhnliche Begabung aufmerksam machen kann, so daß ihm dieser schließlich die Formulierung der *Konstitutionen* überantwortet, was wiederum den letzten Ausschlag dafür gegeben haben dürfte, daß Peter von Vinea schließlich die Leitung der kaiserlichen Kanzlei übertragen wurde. Es war also dem richtigen Mann das rechte Amt vermittelt worden, was letztlich beiden Parteien zugute kam. Neben und mit Hermann von Salza oder dem Erzbischof von Palermo zählte er jedenfalls zu den wesentlichen Stützen des Imperiums.

»Am Kaiserhof haben die Brüste der Rhetorik vielen hervorragenden Geistern Milch gegeben«, schrieb Peter von Vinea einmal an einen jungen Notar, den er protegierte, und nichts charakterisiert das geistige Klima an Friedrichs Hof besser als diese eher beiläufige Bemerkung. Denn so, wie der Kaiser die bedeutendsten christlichen, arabischen und jüdischen Gelehrten an die von ihm begründete und stets außerordentlich geförderte Universität von Neapel zu binden suchte, immer darauf bedacht, aus fremdem Wissen und fremder Klugheit einen größtmöglichen Nutzen für die Sache des Staates zu ziehen, so belebte Friedrich seinen Hof – den er bald von Palermo in das klimatisch günstigere und landschaftlich reizvollere Apulien verlegte – mit Intellektuellen und Künstlern, denen er nicht nur als ungemein großzügiger Mäzen diente, sondern an deren wissenschaftlichen und literarischen Unternehmungen er selbst den lebhaftesten Anteil nahm. Er, der sich unter anderem auch als Literat versuchte und dessen sprachliches Vermögen keinesfalls gering eingeschätzt werden darf, schien von einer fast manischen Begehrlichkeit nach allem, was ungewöhnlich oder neuartig war, befallen zu sein. Er war wißbegierig und realitätsbewußt, phantasievoll und doch stets auf den Nutzen bedacht, den eine Sache für ihn haben konnte. Er trat nicht nur als Mäzen in Erscheinung, sondern auch als großer Anreger, der auf diese Weise mancher wissenschaftlichen Disziplin überhaupt erst das Überleben ermöglichte. Michael Scotus, offiziell sein Hofastrologe, wurde mit der Abfassung eines Lehrbuches über Physiognomik beauftragt, weil Friedrich von den Gesichtern seiner Untertanen abzulesen wünschte, welcher Begabung oder Verbrechen sie fähig seien. Ebenso entstanden auf diese Weise die ersten Übersetzungen der Schriften des Aristoteles und deren genialer Kommentare von Averroës, der gewiß der bedeutendste arabische Philosoph jenes Zeitalters war, wobei alle diese Übertragungen bezeichnenderweise aus dem Arabischen ins Lateinische erfolgen mußten, weil durch das jahrhundertelange geistige Diktat der Kirche, aber auch durch Unwissenheit und Interesselosigkeit das Wissen um das Werk antiker Denker in Europa verlorengegangen war. Ein Mann wie Thomas von Aquin, mit dem staufischen Herrscherhaus verwandt und von Friedrich immer wieder nachhaltig gefördert, profitierte nicht zuletzt durch die Anstrengungen des Kaisers, den Orient mit dem Okzident auch und vor allem in geistiger Hinsicht zu verbinden. Das Schrifttum der Antike, das durch das antike Vorbild angereicherte Wissen der arabischen Intelligenz sowie die Ergebnisse jüdischer Gelehrsamkeit: Das wurde nun unter dem Schutze und durch die Förderung Friedrichs einem kleinen Kreis von christlichen Intellektuellen zugänglich gemacht, von denen mancher – und hier vor allem Thomas von Aquin – als Multiplikator wirkte. Es drang die kosmopolitische Ideologie der mediterranen Welt auf diese Weise langsam, schrittweise, jedoch unaufhaltsam in das mittelalterliche Denken des Abendlandes ein. Es weitete sich das Bewußtsein jener christlichen Intellektuellen, die zuerst am Hofe Friedrichs mit antiker, jüdischer und arabischer Gelehrsamkeit vertraut gemacht wurden und später an den Hohen Schulen Europas dieses Wissen weitergaben. Und es gehört zu den tragischen Begleiterscheinungen der Auseinandersetzung zwischen Friedrich und der Kirche, daß dieser Krieg – der in Wahrheit niemals wirklich beendet war – auch das geistige Leben erfaßte. Denn die Franziskaner, des Papstes unermüdlichste Missionare im langanhaltenden Kreuzzug gegen den Staufer, würden später an den Universitäten, die sie weitgehend beherrschten, diesem neuen Wissen von den alten Weisheiten einen erbarmungslosen Kampf ansagen. Antike und arabische Wissenschaften waren der Kirche nicht geheuer; sie waren es wohl vor allem deshalb nicht, weil Friedrich, der Erbfeind Roms, damit in einem ursächlichen Zusammenhang stand.

Friedrichs Hof haben wir uns in den Landschaften der Capitanata vorzustellen, in jenem Teil der adriatischen Küstenprovinz, welcher den Golf von Manfredonia halbkreisförmig umschließt, wobei wir vor allem an Foggia denken sollten, an diese volkreiche, lärmende, ungemein lebhafte Stadt, wo Friedrich bereits 1223 mit dem Bau jenes großen, weitläufigen Schlosses begonnen hatte, das neben und mit Lucera, Barletta, Melfi, Castel del Monte und anderen süditalienischen Städten und Jagdschlössern zum Mittelpunkt kaiserlicher Machtentfaltung werden sollte; dieser Hof also, wo immer er auch angesiedelt sein mochte, war stets ein Kulturzentrum allererster Ordnung. »Alle Arten festlicher Freuden einten sich da und man ward heiter gestimmt durch den Wechsel der Chöre und die purpurnen Aufzüge der Spielenden. Eine Anzahl wurde zu Rittern gemacht, andere geschmückt mit Zeichen besonderer Würden. Der ganze Tag wurde festlich begangen, und als er sich dem Ende neigte, wurde bei flammenden Fackeln, die hier und dort aufleuchteten, unter Wettkämpfen der Spielenden die Nacht zum Tage gewandelt.« So schilderte ein Chronist das turbulente Alltagsleben in einer Kulisse, die man sich als »marmorreichen Palast mit Statuen und Säulen, mit Marmorlöwen und Wasserbecken« vorstellen darf und die doch nur ungenügend Auskunft gibt über das geistige Klima, das unter Friedrichs wachsamem Blick und aufgrund seiner mäzenatischen Haltung vorzüglich gedieh. Hebräische Gelehrte aus Spanien und der Provence traten hier ebenso in Erscheinung wie arabische Wissenschaftler, italienische Minnesänger oder deutsche Rechtsgelehrte. Aus den alten Brunnen neues Wasser heraufzuholen ... so stellte ein Höfling dar, was Friedrichs bevorzugtes Bemühen war. Der Jude Salomon ben Cohen arbeitete hier an einer Enzyklopädie über die Werke des Aristoteles, Euklid und Ptolemäus; ein anderer Jude war Sekretär des Michael Scotus, der eine überragende Stellung am Hofe bekleidete und dessen Einfluß auf den Kaiser außerordentlich gewesen sein dürfte. Der provenzalische Jude Jakob ben Abbamari übersetzte die fünf Bücher der Logik des Aristoteles und sorgte zudem in Neapel für eine hebräische Ptolemäus-Ausgabe, während die wegweisenden Arbeiten des Maimonides, des wahrscheinlich bedeutendsten hebräischen Aristotelikers europäischer Herkunft, durch Moses ben Salomon aus Salerno vor dem Vergessenwerden gerettet werden konnten. Eine andere bedeutende Erscheinung in dieser »Gelehrtenrepublik« am Hofe eines absolutistischen Monarchen war ein gewisser Magister Theodor, der wie Scotus den Titel eines Hofphilosophen trug und wahrscheinlich dessen Nachfolger war, obgleich er im Gegensatz zu Scotus nicht den spanischen Stil, sondern den des arabischen Orient zu propagieren suchte. Magister Theodor, möglicherweise ein gebürtiger Levantiner, der wahrscheinlich in Bagdad und Mossul seinen Studien nachgegangen war, war eine Art Geschenk Al-Kamils an Friedrich; und er diente dann dem Staufer als Astrologe, als Kanzlist und auch als Gesandter, was genügend Hinweise sind für die geistige Vielseitigkeit dieses ebenso ungewöhnlichen wie geheimnisvollen Gelehrten, der unter anderem auch dazu imstande war, für den kaiserlichen Hof wohlschmeckendes Veilchenkonfekt herzustellen ...

Aber indem man die Personen zumindest oberflächlich darzustellen versucht, die diesen seltsamen, widersprüchlich anmutenden, zugleich faszinierenden und auch rätselhaften Hof belebten und prägten, gewinnt man auch immer wieder neue Einblicke in den Charakter Friedrichs. Und manchmal mag man sich dann des Eindrucks nicht erwehren, daß hier ein behender, ungemein gewitzter Schauspieler unentwegt in vielen Verkleidungen auftritt, der, indem er die Welt zum Narren hält, sich vortrefflich amüsiert. In diesem Zusammenhang muß man auch das System der sogenannten kaiserlichen Kammern erwähnen, von denen es etwa in Lucera, Melfi, Canosa di Puglia oder in Messina welche gab und über deren verschiedenartige Zwecke es immer wieder einander widersprechende Aussagen gibt. Wahrscheinlich handelte es sich dabei um nichts anderes als um Arsenale, Vorratslager, Werkstätten des kaiserlichen Hofes, wo Gebrauchsgegenstände des Alltags produziert und aufbewahrt wurden und eine beträchtliche Zahl von Sklaven damit befaßt war, die Voraussetzungen für den Prunk zu schaffen, der Friedrichs Hof auf eine aufsehenerregende Weise auszeichnete.

Zwei Dinge waren es vor allen anderen, welche diese Kammern zum Gegenstand eines gesteigerten Interesses von Friedrichs Zeitgenossen machten. Das war zuerst einmal die überdurchschnittlich große Zahl von Sklavinnen, die in diesen Kammern tätig waren, wobei man wohl annehmen darf, daß die Art ihrer Tätigkeit eine durchaus honette gewesen sein mag, was aber nichts daran zu ändern vermochte, daß man in den sarazenischen Sklavinnen sogleich Odalisken zu erkennen glaubte, willenlose Gefährtinnen kaiserlicher Zügellosigkeit, Mitglieder eines Harems, wie ihn nicht einmal ein orientalischer Potentat sich leisten konnte. Nun besteht wohl kein Zweifel daran, daß Friedrich sich einen solchen Harem gehalten hat, wobei man allerdings mit aller gebotenen Vorsicht daran erinnern muß, daß derlei nichts wirklich Ungewöhnliches war in den Ländern der damaligen mediterranen Welt. Dazu gehörten gewiß auch Tänzerinnen, Gauklerinnen, Wahrsagerinnen und Dienerinnen mancher adeligen Mätresse des Kaisers, was nichts anderes besagt, als daß die überwiegende Mehrzahl dieser Mädchen und Frauen das unerläßliche Personal bildete für eine Institution, welche die Phantasie der mittelalterlichen Welt in höchstem Maße beschäftigte, ohne daß man jemals eine genaue Auskunft darüber zu geben vermocht hätte, welche Art von Unterhaltung oder Ausschweifung hier eigentlich stattfand. Es hatte die Kirche selbstverständlich dem Kaiser immer wieder mehr oder minder diskrete Vorhaltungen dieses Harems wegen gemacht, Vorhaltungen, auf die der Kaiser in aller Unschuld zu erwidern pflegte, daß er sich diese Mädchen »gleich den Seiltänzern, Gauklern und Akrobaten« ihrer Geschicklichkeit wegen und zur Belustigung halte, während der Papst, der in seinen moralischen Vorwürfen mitunter auch recht massiv zu werden versuchte, grollend feststellte, daß sich Friedrich der Sarazeninnen »auch anderer Zwecke wegen bediente, hingerissen von ihren Verlockungen«, was dann an den europäischen Höfen sogleich wieder Anlaß bot für kühne Spekulationen.

Eine andere ungewöhnliche Bedeutung, welche diese kaiserlichen Kammern hatten, war die Haltung einer exotischen Menagerie; und hier wiederum rief der Umstand, daß Friedrichs ebenso großer wie attraktiver Tierpark ihn auf allen seinen Reisen begleitete, größtes Erstaunen hervor. Wir wissen, daß sich in dieser merkwürdigen Menagerie – betreut und bewacht von Sarazenen – nicht nur Jagdvögel und Kamele befanden, sondern auch Löwen, Panther, Bären, Leoparden, Affen und Luchse sowie zumindest jener eine Elefant, welcher einst ein Geschenk des ägyptischen Sultans Al-Kamil gewesen war und von dem man sich unter anderem erzählte, daß er eines Tages in Cremona einen Esel mit dem Rüssel gepackt und zu Boden geschmettert haben soll. Eine solche Tierkavalkade erregte die Phantasie der Zeitgenossen Friedrichs natürlich in einem noch höheren Maße als die Existenz eines Harems, und so war es kein Wunder, daß sich gerade um diesen Elefanten die sonderbarsten Legenden rankten; so wurde von ihm auch behauptet, daß er zur Steigerung seiner sexuellen Potenz die Wurzeln der Mandragorafrucht fresse und daß seine Intelligenz so außerordentlich sei, daß sie die eines durchschnittlich begabten Menschen ohne weiteres übertreffe ...

Friedrich mag auf alle solche Anekdoten und Gerüchte befriedigt reagiert haben. Er, der einem Abgesandten seines Zeitgenossen Dschingis-Khan, der ihm für den Fall seiner Unterwerfung ein respektables Amt am Hofe des asiatischen Despoten angeboten hatte, schlagfertig geantwortet haben soll, für ihn käme nur eine Beschäftigung als Falkner in Frage, er also scheint ein weniger naives als ätzendes Vergnügen daran gehabt zu haben, die Menschen nicht bloß in Erstaunen zu versetzen, sondern auch verwirren zu können. Des Staufers ganzer Hof sei seines Geistes gewesen, meint Kantorowicz, und wenn man diese durchaus überzeugende Bemerkung mit den tatsächlichen Verhältnissen vergleicht, dann entsteht daraus ein merkwürdiges Ergebnis. Etwas Menschenverachtendes, eine ungezügelte Neigung zum Hochmut glaubt man feststellen zu müssen. So ist beispielsweise ein Ausspruch Friedrichs überliefert, mit welchem er die Bitte eines zum Tode verurteilten Anhängers des Papstes um einen Beichtvater abschlug: Der Mann brauche sich keine überflüssigen Sorgen zu machen, denn als Freund Gregors sei ihm der Einzug ins Paradies gewiß sicher ...

In einer solchen Umgebung und in einer solchen Atmosphäre wird der ehrgeizige Mensch herausgefordert, alle seine Instinkte und Fähigkeiten einzusetzen, um sich zu bewähren. Die Vorurteilslosigkeit, mit der Friedrich die Welt betrachtete, wird gewiß auch den Umgang mit seinen Höflingen geprägt haben, die insgesamt zu verachten er zwar nicht zu unterdrücken vermochte, von denen er aber nicht wie andere Herrscher seines Zeitalters forderte, mit irgendeiner respektablen Herkunft aufwarten zu müssen, um Karriere zu machen. Ein überzeugendes Beispiel für die beinah demokratische Gesinnung, der er begabten Menschen gegenüber fähig war, ist die Biographie eines Negers oder besonders dunkelhäutigen Sarazenen, der unter dem Namen Johannes Morus bekannt wurde. Ihm nämlich, Sohn einer Sklavin, ermöglichte diese kaiserliche Vorurteilslosigkeit einen raschen, fast himmelstürmenden Aufstieg vom Sklavenkind zum Kommandanten der sarazenischen Garnison Lucera und weiter zum einflußreichen Großkämmerer des Königreiches Sizilien, was einen Hinweis liefert sowohl auf die ungewöhnlichen Fähigkeiten dieses Menschen als auch auf die Begabung Friedrichs, noch im unscheinbarsten seiner Untertanen das Nützliche zu entdecken und zu fördern. Es darf in diesem Zusammenhang freilich nicht verschwiegen werden, daß Johannes Morus alle Förderung, die ihm durch Friedrich zuteil geworden war, schlecht dankte, indem er, endlich aufgestiegen zu den höchsten Ämtern und Ehren des Reiches, von Rom sich hatte kaufen und zum Verrat am Kaiser überreden lassen; ein sarazenisches Mordkommando rächte diesen Abfall. Und Friedrich wird gewiß einmal mehr in seiner Überzeugung bestärkt gewesen sein, daß der menschliche Charakter ein recht zerbrechliches Ding sei ...

Stupor mundi, das Staunen der Welt, haben die Zeitgenossen den staufischen Kaiser genannt, und es war diese Bezeichnung, die heute nur noch als Ausdruck uneingeschränkter Bewunderung begriffen wird, damals nicht gänzlich frei von einem schaudernden Beigeschmack. Denn zu rücksichtslos, zu grausam schien manchem Beobachter die unersättliche Wißbegier Friedrichs; und zu bedenkenlos verstieß er gegen manche sittliche Notwendigkeit, gegen manches religiöse Tabu, als daß man ihn, den man zweifellos bestaunte, nicht auch gefürchtet haben würde. Dabei hatte er, dessen Jagdleidenschaft beispielsweise legendär war, seinen Zeitgenossen manche verschlossene Tür geöffnet, gerade weil er sich nicht damit begnügen wollte, lediglich ein Jäger zu sein, der sich nicht darum kümmert, was sich hinter der Beute verbirgt, der er unermüdlich nachstellt. Jenes literarische Werk etwa, das Friedrich über die Jahrhunderte hinweg in weiten Kreisen populär gemacht hat, also sein berühmtes Buch über die Vogeljagd *De arte venandi cum avibus*, welches gemeinhin und nicht ganz richtig als *Das Falkenbuch* bekannt ist, enthält im Grunde nichts anderes als den immer wiederkehrenden Versuch, »Die Dinge, die sind, so wie sie sind, darzulegen«, wie das Friedrich selbst in einem Vorspruch ausdrückte. Zwei besonders prägnante Beispiele mögen das verdeutlichen. Da heißt es einmal in einer Abhandlung über den Geruchssinn der Raubvögel: »Man darf nicht daran festhalten, daß die Raubvögel ein Aas mit dem Geruchssinn spüren, wie manche behaupten. Das ist von uns mehrfach erprobt worden. Denn wenn die Falken ganz geblendet (die Augenlider vernäht) sind, so spüren sie selbst das ihnen vorgeworfene Fleisch nicht, obschon sie im Geruche nicht behindert sind. Wir haben auch festgestellt, daß die Vögel nicht schlagen (das heißt, Beute machen), wenn sie nicht hungrig sind. Wir warfen ihnen, so daß sie es sehen konnten, ein Küken vor, und sie schlugen es weder noch töteten sie es.« Und einem anderen bemerkenswerten Versuch ist der folgende Absatz gewidmet: »Einmal wurde uns ein Nest jenes Vogels gebracht, der Zeisig genannt wird. In diesem Nest waren Junge, und eines der Vögelchen war auffallend mißgestaltet; mit großem Schnabel, ohne Federn und mit vielen langen Haaren über dem ganzen Kopf bis zu den Augen und zum Schnabel. Um also zu erfahren, was für ein Vogel das sei, zogen wir diese Jungen nebst jenem anderen Vogel unter sorgfältiger Obhut auf und nachdem sie größer geworden waren, sahen wir, daß es sich um einen Kuckuck handelte. Daraus entnahmen wir, daß der Kuckuck kein Nest baut, sondern seine Eier in fremde Nester legt.«

Die Dinge, die sind, so wie sie sind, darzulegen: Diese nüchterne Feststellung war ein Programm, das auf jenes Zeitalter, welches Friedrich kraft seiner Persönlichkeit beherrschte, zumindest so revolutionär wirken mußte wie seine staatspolitischen Absichten und Neuerungen. Wir dürfen nicht übersehen, daß jenes 13. Jahrhundert eher darin schwelgte, sich mit der Beschaffenheit von Engeln und Teufeln auseinanderzusetzen oder aufs genaueste zu erkunden, welcher speziellen Art die Ketzer seien, die man auf die rasch errichteten Scheiterhaufen schleppte, als sich mit zweckmäßiger Sorgfalt den Dingen des Alltags zuzuwenden. Man war auf eine etwas verschrobene Weise zugunsten der Metaphysik und nicht zugunsten der Realität engagiert. Niemand, der damals eines Papstes Stimme als stellvertretend für jene Gottes ansah – und das war gewiß wohl die Mehrheit der Christen –, mochte der einfachen Formel zugänglich sein, daß jedes Ding zunächst einmal es selbst sei. Und justament das machte Friedrichs philosophisches Programm aus. Ihn interessierte nicht so sehr die makellose Schönheit des Engelfluges – obgleich er mit seinen Intellektuellen und Philosophen durchaus über die Ästhetik dieser Wesen zu diskutieren imstande war –, sondern er wollte wissen, wie sich die verschiedenen Vögel über die Erde verteilten, was es mit den Wanderungen der Zugvögel auf sich hatte, wie der Knochenbau dieser Tiere beschaffen sei oder »in welchem Verhältnis die Härte der Schwungfedern zur Häufigkeit des Flügelschlages« stehe.

Wer die verschiedenen Abhandlungen in diesem sogenannten *Falkenbuch* studiert, das freilich erst im zweiten Teil speziell dieser einen Raubvogelart gewidmet ist, sollte sich vielleicht daran erinnern, was Friedrich über die Bedeutung der beiden Begriffe »Sehen« und »Wissen« in den *Konstitutionen* von Melfi ausgesagt hatte. Oder daß dem arabischen Gelehrten Schihab-ad-Din, der sich einst ausführlich mit dem Kaiser unterhalten hatte, einige Fragen Friedrichs so sehr im Gedächtnis geblieben waren, daß er sie in seiner Schrift über die *Aufmerksame Beobachtung des vom Auge Erfaßten* noch einmal abhandelte; darunter jene, die sich mit optischen Täuschungen befaßten, weil gerade dieses Phänomen den ständig wißbegierigen Kaiser außerordentlich interessierte. So zum Beispiel begehrte er mit allem Nachdruck zu erfahren, weshalb eine ins Wasser getauchte Lanze oder sonst irgendein dem Wasser überantworteter Gegenstand gebrochen erscheine. Sinnestäuschungen mußten ihm, der sich einer absoluten Hingabe zur Realität verschworen hatte, unheimlich erscheinen.

Aus einer solchen Haltung, die sich der Logik und nicht irgendeiner geheimnisvollen Absurdität hinzugeben wünscht, resultiert auch die Strenge, die Friedrich allen medizinischen Fragen gegenüber an den Tag gelegt hat. Davon, daß er in den *Konstitutionen* von den angehenden Ärzten forderte, daß sie sich für drei Jahre dem Studium der Logik hinzugeben hätten, ist an anderer Stelle schon gesprochen worden. Den Studenten an der berühmten medizinischen Fakultät der uralten Universität Salernos gebot er, daß sie, um an den chirurgischen und anatomischen Übungen teilnehmen zu dürfen, die Schriften eines Hippokrates und Galen eingehend zu studieren hätten; und das mindestens über einen Zeitraum von fünf Jahren hinweg. Erst dann, und nachdem sie noch einmal mindestens ein Jahr lang einem bereits ausgebildeten Arzt als Gehilfen gedient hatten, durften sie damit rechnen, vom Kaiser ihr Anstellungsdekret als Arzt zu erhalten. Denn sie waren wie die Apotheker oder die Juristen Staatsbeamte, verpflichtet, dem Königreich unter Einsatz ihres ganzen Wissens zu dienen, und im übrigen stets vom kritischen Wohlwollen des Kaisers abhängig, der mit ungewöhnlicher Schärfe gegen das, was wir heute einen ärztlichen Kunstfehler nennen, vorzugehen pflegte.

Friedrichs Wissen müsse ungeheuerlich gewesen sein, schreibt Kantorowicz einmal in seiner Biographie; und indem er den Ausdruck »ungeheuerlich« verwendet, drückt er auch schon das Gefühl aus, das einen durchschnittlich begabten und gebildeten Menschen überkommen muß, der den Umfang dieses Wissens zumindest ansatzweise nachzuvollziehen versucht. Und niemals dürfen wir vergessen, daß Friedrich ein Geschöpf des 12. und 13. Jahrhunderts war, herangewachsen und für das Leben ausgebildet in den Straßen Palermos, geformt auch durch die Intrigen päpstlicher Diplomatie, wie sie sein Vormund Innocenz beherrscht hatte, und dann sein halbes bisheriges Leben im Sattel verbringend, unterwegs zwischen Sizilien und Deutschland, zwischen Palästina und der Lombardei, ein von der Jagdleidenschaft Besessener und dem starken sexuellen Trieb unbedenklich Gehorchender, der nicht eigentlich das Bild eines universell gebildeten Intellektuellen in unsere Phantasie projiziert. Friedrich also war durchaus imstande, aus eigener Anschauung und aufgrund erworbenen Wissens über die Fähigkeiten nicht nur seiner Militärs und Diplomaten, sondern auch der Ärzte und Juristen zu urteilen. Er war, unterrichtet von arabischen, spanisch-jüdischen und christlichen Gelehrten, wohlbewandert in allen praktischen Fragen der Medizin, hatte sich Zugang verschafft zum Wissen der bedeutenden antiken Ärzte – des Hippokrates gedachte er nachdrücklich in seinem *Falkenbuch* – und war sogar darauf bedacht, Fragen der Diät neu formulieren zu lassen. Aus einem Schreiben des Magister Theodor wissen wir, daß er, als er eine Abhandlung über Diätetik ausarbeitete, lediglich einem Befehl des Kaisers gehorchte. »Eure Erhabenheit«, schrieb er an Friedrich, »befahl mir, Euch zur Erhaltung der Gesundheit gewisse Regeln aufzuschreiben. Aber längst ist in Euren Händen jener uralte Brief aus den ›Geheimnissen‹ des Aristoteles, welchen dieser an den Kaiser Alexander geschickt, als der ihn durch einen Brief bat, ihn über die Gesundheit des Körpers zu unterrichten.«

Man überschüttete einander an Friedrichs Hof mit klassischen Zitaten und bemerkenswerten Hinweisen auf das Werk jener großen Philosophen, Ärzte, Mathematiker und Wissenschaftler, die bis dahin entweder vollkommen in Vergessenheit geraten oder der geistigen Tyrannei der Kirche zum Opfer gefallen waren. Und stets war Friedrich die Ursache für diese Wiederbelebung antiken Wissens, was sich manchmal auf die sonderbarste Weise ausdrückte. Ihn interessierten zum Beispiel die Anfänge der menschlichen Sprache. Also ließ er einige Sklavenkinder von Ammen aufziehen, denen streng verboten war, mit diesen unglücklichen Geschöpfen zu sprechen. Friedrich wollte dadurch in Erfahrung bringen, ob tatsächlich das Hebräische oder vielleicht doch das Griechische, wie vielfach angenommen wurde, die älteste Sprache der Menschheit sei. Allerdings mißglückte dieser Versuch; und zwar, wie berichtet wird, aus dem tragischen Grund, daß die für dieses Experiment ausgesuchten Sklavenkinder vorzeitig starben.

Friedrich befaßte sich mit Dingen, die jedermann geläufig waren, weil jedermann sie sehen konnte, jedoch »ohne den Trieb, die Erscheinung auch zu ergründen«. So wollte er beispielsweise alles über die heißen Quellen von Montepulciano und Pozzuoli wissen und richtete dementsprechend eine Fülle von beinah inquisitorisch anmutenden Fragen an Michael Scotus, deren eigentlicher Sinn darin bestand, zu erfahren: »Hat die Erde Hohlräume oder ist sie ein fester Körper wie ein lebender Stein?« Es beschäftigte ihn aber auch die Frage, welche Ursache sich hinter den regelmäßigen Windströmungen des Mittelmeeres verberge oder: »Woher kommt das Feuer, welches die Erde ausspeit sowohl aus der Ebene wie aus den Bergen?« Er begnügte sich also nicht allein damit, die Vulkane Siziliens und Süditaliens zu sehen, sondern er wollte auch wissen, aufgrund welcher mechanischer, physikalischer oder allgemein geologischer Ereignisse es möglich war, daß mancher Berg Feuer ausspie und daß es immer wieder – etwa beim Vesuv oder dem Ätna – zu gewaltigen Eruptionen kam; interessant ist in diesem Zusammenhang Friedrichs kategorische Abneigung, sich der weitverbreiteten abergläubischen Meinung seiner Zeitgenossen anzuschließen und in diesem Phänomen etwas Übernatürliches zu erkennen.

Berichtenswert erscheint auch seine Vorliebe für edle Steine, »die er kaufte, selbst wenn der Staatsschatz gänzlich erschöpft war«, sowie sein Interesse für alle Arten von Pflanzen und die Kräfte, die diesen innewohnen. Das legendäre Pflanzenbuch des Griechen Dioskorides war ihm dafür ein wichtiger Anhaltspunkt. Andererseits war er imstande, eine eigene Botschaft in das ferne Norwegen zu entsenden, nur um über Art und Beschaffenheit einer sogenannten versteinerten Quelle informiert zu werden. Möglicherweise handelte es sich dabei um einen gefrorenen Wasserfall... Buchstäblich alles, was mit eines Menschen Leben in irgendeinem Zusammenhang stand, ging durch Friedrichs Kopf, beschäftigte, bewegte ihn, wobei es gleichgültig war, ob es sich dabei um Fragen der Musik oder um solche des Kalenders und der Zeitmessung handelte oder ob er sich einfach davon überzeugen wollte, daß ins Ohr geträufeltes Quecksilber zur Ertaubung führe – zahlreich und freilich nicht immer historisch beglaubigt sind in diesem Zusammenhang die Fälle jener unglücklichen Opfer, die unter Einsatz ihrer Gesundheit des Kaisers Wissensdurst befriedigen mußten, was häufig ein Martyrium gewesen sein muß und gelegentlich sogar zum Tod der davon Betroffenen geführt haben mag –; Friedrich wollte alles wissen und wollte über alles informiert sein und beschritt so den mühsamen, langwierigen Weg »vom geistigen Geblinzel zum körperlich-dinglichen Sehen«. (E. Kantorowicz) Der »Stupor mundi«, den die mittelalterliche Welt angesichts dieses ganz und gar ungewöhnlichen Mannes teils voll Ehrerbietung und teils mit schauderndem Staunen empfand, war also hinlänglich gerechtfertigt.

Friedrich verkehrte, dabei eine ungewöhnliche Souveränität an den Tag legend, mit den Großen seiner Zeit, die ihm ebenbürtig waren, und mit den großen Geistern der Antike, denen er sich nicht ohne Grund ebenbürtig fühlen durfte. Zwei willkürlich ausgewählte Beispiele von vielen mögen das verdeutlichen. Mit Al-Kamil, dem arabischen Imperator, betrieb er das, was man gemeinhin einen ständigen Austausch interessanter Dinge und Erfahrungen nennen möchte, wie er unter Sammlern, Liebhabern, Besessenen üblich ist. Der ägyptische Sultan überließ dem Kaiser, dem er sich über den direkten politischen Anlaß hinweg in jahrelanger Freundschaft verbunden fühlte, Straußeneier und dazu auch das unerläßliche Personal, welches für das von Friedrich angeordnete Experiment notwendig war: ob nämlich im heißen apulischen Sommer ein Ausbrüten dieser Eier möglich sei. Ebenso langten aus dem Orient Kakadus, Pelikane und immer wieder neben Berberpferden und arabischem Vollblut auch Kamelhengste und Kamelstuten ein, so daß Friedrich ohne Schwierigkeiten in die Lage versetzt war, nicht nur die Pferde-, sondern auch die Kamelzucht zu hoher Vollendung voranzutreiben. Er wiederum revanchierte sich dem Sultan gegenüber mit der Übersendung von weißen Pfauen, die als kostbare Rarität galten, und von Eisbären, die in der arabischen Welt für ein nicht geringes Aufsehen gesorgt haben dürften. Und ebenso, wie Friedrich mit Al-Kamil als ein Gleicher unter Gleichen verkehrte, verhielt er sich auch einem Aristoteles gegenüber, nachdem er dessen Werk gründlich studiert hatte. In seinem *Falkenbuch* schreibt Friedrich zum Beispiel einmal: »Da, wo es angezeigt war, sind wir dem Aristoteles gefolgt. In vielen Fällen aber ist er, wie uns die Erfahrung gelehrt hat, von der Wahrheit abgewichen. Deshalb folgen wir dem Fürsten der Philosophen nicht in allem, denn selten oder niemals zog er zur Beize. Wir aber liebten und übten sie von Jugend auf.« Zu vielem, wovon er in seinem Tierbuche handelt, fügt er hinzu, daß es ihm so berichtet worden sei. Aber was einige so gesagt haben, hat wohl weder er selbst gesehen, noch jene, die es behaupteten. Eine Gewißheit erhält man jedoch nicht durch das Ohr und vom Hörensagen. Und genau das ist es, was Friedrichs großartige Entwicklung vom »geistigen Geblinzel zum körperlich-dinglichen Sehen« charakterisiert. Er, der ein beispielhafter Intellektueller zu sein imstande ist, und zwar einer, der alle Mängel und Vorzüge dieser Spezies aufs schönste und zugleich aufs widersprüchlichste in sich zu vereinigen weiß, er verläßt sich in der letzten Konsequenz stets nur auf das, was ihm das eigene Aug' und die eigene Erfahrung beibringen. Und so widerspricht er auch einem Aristoteles, den er glühend verehrt, nicht ohne triftigen Grund, weil er diesem den Eindruck persönlicher Erfahrung voraus hat. »Man erkennt des Nachts an der

Stimme, ob Kraniche, Reiher, Gänse oder Enten ziehen, welche sich nicht, wie Aristoteles sagt, wegen der Anstrengung des Fliegens hören lassen, sondern deren Stimmen oben erschallen, um andere Vögel zu sich heranzurufen. Einer jedoch ist immer voran, und zwar nicht deswegen, weil er das Ziel kennt, wohin es geht – und andere nicht –, sondern weil er die Gefahren erkennen und die anderen durch Rufen und Ausweichen warnen soll.«

In Verbindung mit solchen keinesfalls bloß theoretischen Überlegungen, welche der Kaiser in seinem *Falkenbuch* immer wieder anstellt, muß man sich das große Vivarium vorstellen, das Friedrich nahe bei Foggia, seiner bevorzugten Residenz, anlegen ließ. Das war ursprünglich ein sumpfiges Gelände, welches durch kunstvolle Teichanlagen in eine scheinbar natürliche Ordnung gebracht wurde. »Welch phantastisches Bild«, schreibt Kantorowicz dazu. »Der mit Marmor- und Verde-antico-Säulen, mit Bronze- und Marmorstatuen geschmückte Palast und inmitten der deutsche Kaiser, der von Mohrensklaven und Edelknaben begleitet seinen Weiher aufsucht, um die Pelikane, Kraniche, Reiher, Wildgänse und fremdartigen Sumpfvögel zu beobachten!«

Was nun das berühmte *Falkenbuch* angeht, von dem auch noch ergänzend mitzuteilen wäre, daß die vielen Hundert Vogelzeichnungen, die das Werk illustrieren, mit großer Wahrscheinlichkeit aus der zeichnerisch begabten Hand des Kaisers stammen, so ist die Bedeutung dieser Arbeit auf mehreren Ebenen anzusiedeln. Einmal festigte es den Nachruhm Friedrichs auch bei jenen, denen Geschichte nicht sonderlich viel bedeutet. Zum anderen übte das *Falkenbuch* noch im Mittelalter einen tiefen Eindruck auf alle jene aus, denen die Jagd nicht nur eine oberflächliche Unterhaltung, sondern eine echte Passion war; und das war die überwältigende Mehrzahl des Adels. Schließlich wurde es bald zum bewunderten Vorbild für zahlreiche ähnliche Arbeiten, erlebte es mehrfache Übersetzungen »und drängte alle ähnlichen Schriften zurück«. Und endlich darf man auch die Wirkung nicht gering einschätzen, die das Buch auf die unmittelbare Umgebung des Kaisers ausübte, darunter selbstverständlich auf seine Söhne, auf die legitimen wie die illegitimen, die durch dieses mustergültige Beispiel einer lebensnahen und umfassenden wissenschaftlichen Dokumentation über die Jagd und die Beobachtung der Vögel und ihrer Gewohnheiten zweifellos dazu angeregt wurden, ihre eigene Fähigkeit, die Dinge so zu sehen, wie sie sind, noch erheblich zu schärfen. Das *Falkenbuch* ist demnach auch eine Herausforderung an den mittelalterlichen Menschen, ein Gefühl für die Realität des Lebens zu bekommen. Man mag sich vielleicht nur zögernd – oder nur in manchen Details – dazu versteigen, das *Falkenbuch* als einen Wendepunkt im abendländischen Denken zu bezeichnen, wie das manche bewundernde Biographen Friedrichs in der Tat getan haben; an der Bedeutung dieses Werkes für das Denken und Empfinden des abendländischen Menschen ändert solche Vorsicht nichts. Und jenen Kritikern Friedrichs, die das Naturgefühl eines großen Zeitgenossen des Kaisers als Schmälerung der Leistung Friedrichs ins Spiel bringen wollen, sei in Erinnerung gebracht, daß dieser Zeitgenosse, nämlich Franz von Assisi, alles andere als ein Realist, als ein Bewunderer und Befürworter ungeschminkter Wahrheiten war. Wenn Franz von Assisi mit Vögeln oder anderem Getier umging, spielte stets ein frommer Mythos mit, verdunkelte immer das Licht Gottes, den dieser Heilige in aller Kreatur sah, den nüchternen Blick auf die Realität. »Wenn Friedrich als der erste gesichtige Geist überall das ewig gleiche Gesetz der Natur und des Lebens aufsuchte in Stufung, Gattung und Art, so war Franz von Assisi vielleicht die erste gesichtige Seele, die ganz ursprünglich Natur und Leben als Zauber empfand und in allem Lebendigen das gleiche göttliche Pneuma verspürte.« (E. Kantorowicz)

Der Mitt- und Enddreißiger Friedrich, dem wir in seinen apulischen Residenzen begegnen, befaßt mit wissenschaftlichen Studien ebenso wie mit der Organisation seines Königreiches, umgeben von orientalisch anmutenden Dingen wie einer riesigen Menagerie und einem geheimnisumwitterten Harem: Er mochte sich jetzt zu Beginn der dreißiger Jahre des 13. Jahrhunderts vielleicht noch nicht auf dem Höhepunkt seiner politischen Macht, jedoch wohl auf dem Zenit seines physischen und psychischen Behagens gefühlt haben. Die *Konstitutionen* von Melfi waren formuliert und verkündet; die verschiedenen Nachträge dazu wurden laufend den Untertanen mitgeteilt; der Aufbau der ersten wirklich absolutistischen Monarchie war so gut wie abgeschlossen. Der Kaiser selbst, von Höflingen wie Untertanen eher verehrt als geliebt – und gewiß auch gefürchtet –, war in das eingetreten, was man die Blütezeit eines Menschen nennt. Jeder ungewöhnlichen Leistung mußte man ihn jetzt, da er soviel Ungewöhnliches geleistet hatte, für fähig erachten; und jeder Schritt, den er als nächsten planen würde, mußte auf eine Veränderung der vorgegebenen Verhältnisse und auf die Erweiterung der bereits erreichten Macht ausgerichtet sein. Diesem Mann standen – und bei kaum einer anderen zeitgenössischen Figur besitzt dieser banale Ausspruch solche Gültigkeit – tatsächlich alle Möglichkeiten offen. Abzuwarten war bloß, welchem Dämon seines Charakters er gehorchen würde. Und ob das Schicksal, das ihn bisher mit Glück überhäuft hatte, sich seiner auch künftighin so wohlwollend erweisen würde.

Den Papst darf man bei alledem, was Friedrich groß und glücklich machte, allerdings nicht aus dem Aug' verlieren. Und zugleich sollte man, um die jeweilige Situation, in welcher sich diese beiden Charaktere befanden, besser zu begreifen, daran erinnern, was Gregor in jenem Augenblick unternahm, da der Kaiser die *Konstitutionen* herausgab und sein sizilisches Königreich reorganisierte: Er, Gregor, gerade erst aus der Verbannung in Perugia, wohin ihn die Wut der römischen Aristokratie getrieben hatte, nach Rom zurückgekehrt, machte nämlich ab dem Jahre 1230 die Aufdeckung und Vernichtung von sogenannten Ketzern zur Pflicht aller Christen; und gehorchte hierin dem geistigen Vermächtnis seines großen Vorgängers Innocenz. »Wir schrecken vor einer Zeit zurück, deren Ausdruck jene Edikte Gregors waren, welche die Ketzeraufspürung zur obersten Pflicht des Bürgers machten und selbst jedes öffentliche oder Privatgespräch über Glaubensartikel mit dem Bann bestraften«, klagt Ferdinand Gregorovius, um dann fortzufahren: »In jener rohen Zeit neuer Qualen und eines neuen Fanatismus ... eiferten selbst Fürsten und Häupter von Republiken dem Klerus nach. Schuldbelastete Könige schenkten kaum noch Güter an die Kirche; sie fanden es bequemer, zu ihrem Seelenheil Ketzer zu verbrennen, deren Habe sie konfiszierten. Der Flammenschein von Scheiterhaufen wurde bei einigen Königen zur Glorie der Frömmigkeit, während andere aus Furcht oder Berechnung ihre Rechtgläubigkeit durch die wütendsten Ketzerverfolgungen zu beweisen suchten.« Und Gregorovius verwies in diesem Zusammenhang auf Friedrich, den er gewiß mehr als die meisten Biographen dieses Kaisers verehrte, und hielt ihm jene Gesetze vor, die dieser in den Jahren 1220 und 1223 gegen die Ketzer erlassen hatte. »Er erließ solche Gesetze«, schrieb Gregorovius bekümmert, »sooft er mit dem Papst Frieden geschlossen hatte oder seiner bedurfte, und diese politischen Motive der Ketzerverfolgung schändeten ihn mehr, als es ein blinder, aber aufrichtiger Glaubensfanatismus würde getan haben. Seine Ketzergesetze stehen im grellsten Widerspruch zu der weisen, seinem Zeitalter vorauseilenden Gesetzgebung, welche er 1231 dem Königreich Sizilien gab.«

Wer war ein Ketzer? Jeder, möchte man auf diese Frage antworten, der dem Übermut der Geistlichkeit oder dem Hochmut einer absolutistisch regierten Monarchie ein eigenes Selbstbewußtsein entgegensetzte. Jeder, der selbständig zu denken wagte. Jeder, der einen Zweifel äußerte an der herrschenden Ordnung. Jeder, der, wie wir heute sagen würden, in einem urchristlichen Sinne zu leben versuchte. Und jeder, der verwundbar war durch das übelste Denunziantentum, dessen Kirche und Staat bedurften, um ihrer Macht sicher zu sein. Gregor freilich, der ungeachtet des Friedensschlusses von 1230 immer noch der grimmigste Gegner Friedrichs war und es auch bleiben würde bis zu seinem letzten Atemzug, weil er den Kaiser als die eigentliche, hauptsächliche Gefahr im niemals wirklich verlöschenden Kampf zwischen weltlicher und geistlicher Macht begriff, Gregor freilich war im Gegensatz zu Friedrich in diesen Jahren nicht sonderlich vom Glück begünstigt. Denn ungeachtet des Eifers, mit welchem er sich des Instruments der Inquisition bediente, und ungeachtet auch der schaurigen Szenen, die er den Römern bot, wenn die abgeurteilten Ketzer zu Dutzenden und Hunderten auf den öffentlichen Plätzen vor den berühmten Kirchen – Santa Maria Maggiore etwa oder Santa Martina – verdammt und hingerichtet wurden, liebten ihn die Römer so wenig, daß er schon im Juni 1231 die Stadt wieder verlassen und sich nach Rieti begeben mußte, wo er bis zum Sommer des darauffolgenden Jahres blieb. An seiner Macht, an seinen bemerkenswerten Fähigkeiten, als politischer Intrigant höchsten Grades aufzutreten, änderten diese Verhältnisse nur wenig. Friedrich sollte der Erste sein, der das zu spüren bekam. Denn es waren in einem nicht geringen Maße die Versprechungen des Papstes, die ihn, den Kaiser, eher leichtsinnig sein ließen, als er das nächste politische Ziel zu verfolgen begann.

Dieses hatte vordergründig mit den Lombarden und mit Friedrichs Sohn Heinrich, der als wenig beliebter und minder erfolgreicher König in Deutschland residierte, und im Grunde aber mit nichts anderem zu tun als mit der, wie Friedrich es begriff, längst fälligen Restaurierung des kaiserlichen Ansehens im ganzen Reich. Das südliche Königreich war in Ordnung gebracht. Das Verhältnis zu Rom war, so schien es im Augenblick, zumindest befriedigend. Nun ging es um die vollkommene Ordnung im Reich, denn »ein mit dem Papste in äußerer Freundschaft gemeinsam wirkender christlicher Imperator« (E. Kantorowicz) mußte dem entsprechen, was Friedrichs Ehrgeiz plante. Und da fehlte noch manches, was er nicht in den Griff bekommen hatte. Vor allem die unbotmäßigen Lombarden widersetzten sich seinem Machtanspruch, weigerten sich nach wie vor hartnäckig, Angehörige jenes größeren Reiches zu sein, das den »rechten Verhältnissen der Welt« entsprach, wie sie ein Imperator wie Friedrich begriff.

Im Spätsommer oder im Herbst des Jahres 1231 brach Friedrich von Foggia auf, um nach Norden zu ziehen. Für den November hatte er nach Ravenna zu einem Hoftag geladen. Den Fürsten Deutschlands war dieser Termin frühzeitig schon bekannt gemacht worden; und eine der Fragen, die in der ehemaligen byzantinischen Kaiserstadt und Residenz der Ostgoten hätte behandelt werden sollen, war natürlich die lombardische Affäre, der Friedrich ursprünglich mit Waffengewalt zu begegnen beabsichtigte, wozu er sich nun durchaus in der Lage fühlte. Mit starkem Heerbann in Norditalien einzufallen und die aufsässigen, hochmütigen Städte endgültig so zu demütigen, daß sie nie wieder in die Lage versetzt sein würden, sich dem Kaiser zu widersetzen: Das war Friedrichs eigentlicher Plan gewesen. Dem hatte er dann freilich entsagt, weil Gregor ihm gewisse Zusicherungen gemacht hatte. Die Lombarden, so des Papstes offizielle Nachricht an den Kaiser, würden ihre Ergebenheit zu zeigen wissen. Die Gefahr einer Rebellion war dennoch gegeben. Andererseits würde ein allzu betontes militärisches Vorgehen die an sich entspannte Lage im Norden nur über Gebühr wieder verschärfen.

Also verzichtete Friedrich auf militärisches Geleit. Nur mit geringem Gefolge, darunter vor allem Berard von Palermo und Thomas von Aquin – nicht der Gelehrte, sondern dessen Vater –, begleiteten ihn nach Ravenna, wo Friedrich allerdings sogleich feststellen mußte, daß des Papstes Zusicherungen, die Botmäßigkeit der Lombarden und die Harmlosigkeit ihrer Liga betreffend, nichts weiter als eine Chimäre waren, vielleicht sogar eine bewußte Täuschung. Denn die Städte der Lombardei, an ihrer Spitze das mächtige Mailand, dachten nicht daran, Botschaften nach Ravenna zu entsenden; und sich so aufzuführen, als fügten sie sich widerspruchslos, widerstandslos des Kaisers diktatorischen Plänen. Vielmehr versperrten sie erneut, wie schon einmal im Jahre 1226, alle Wege aus dem Norden, um den deutschen Fürsten den Weg nach Ravenna zu erschweren. Das wiederum zwang den Kaiser, den Hoftag um einige Wochen zu vertagen und sich in Ravenna vorerst anders als politisch zu betätigen, was zur Folge hatte, daß er, der ewig Neugierige und an allen Dingen Interessierte, Auftrag gab, das völlig verschüttete Grabmal der Galla Placidia freizulegen, jener bemerkenswerten Frau, die des letzten römischen Kaisers Gemahlin, aber auch die Gefährtin des legendären Westgotenkönigs Alarich und überhaupt eine ungewöhnliche Frau gewesen war, deren Leben ein einziges unglaubliches Abenteuer gewesen und deren sozusagen historische Wirkung auf einen phantasiebegabten Charakter wie Friedrich gewiß ungewöhnlich war. Jedenfalls wurde jetzt im regenverhangenen, naßkalten ravennatischen Spätherbst und Winter 1231 ihr Grabmal mit den prachtvollen Mosaiken freigelegt, während Friedrich ungeduldig auf das allmähliche Eintreffen jener deutschen Fürsten wartete, die unter langwieriger Umgehung der lombardischen Sperren nach und nach in Ravenna eintrafen.

Es war demütigend für den Kaiser, in einem solchen Ausmaß von der Aufsässigkeit der lombardischen Liga abhängig zu sein; und wieder einmal begreifen zu müssen, was päpstliche Zusicherungen in Wahrheit taugten. Besonders demütigend und sogleich den heftigen Zorn des Kaisers weckend war der Umstand, daß jener Mann, der nach Friedrich der wichtigste dieses Hoftages gewesen wäre, überhaupt nicht kam. Und das war Heinrich, König von Deutschland und des staufischen Kaisers ältester Sohn.

Nun hatte es Differenzen oder eigentlich Unterschiede in der Auffassung, wie zu regieren oder welchen politischen Notwendigkeiten zu gehorchen sei, zwischen diesen beiden ungleichen Charakteren seit längerem schon gegeben, ohne daß Friedrich bisher eine Veranlassung gesehen oder während seiner politischen Affären in Palästina und mit Rom eine Möglichkeit gehabt hätte, den Sohn zur Ordnung zu rufen. Dieser, jetzt gerade zwanzigjährig und in manchem dem Temperament des Vaters gewiß ähnlich, empfand das, was jeder andere junge Mensch in seiner Situation wohl auch empfunden haben würde: nämlich Unbehagen angesichts der manchmal erdrückenden Bevormundung durch den Vater, der zugleich auch Kaiser des Imperiums war. Und von solcher Bevormundung sich freizumachen, war Heinrichs natürlicher Instinkt. Tragisch daran war bloß, daß er nicht über die Begabungen seines Vaters verfügte. Auch war er, dem man Flatterhaftigkeit und Planlosigkeit nachsagte, ohne daß man ihn deshalb schon einen gänzlich unfähigen politischen Charakter nennen dürfte, von bemerkenswerter Ungeschicklichkeit ausgerechnet in jenen Augenblicken, in denen er die eigene Position zu stärken und die der immer mächtiger werdenden Fürsten Deutschlands zu schwächen suchte. Er suchte Hilfe beim aufstrebenden Bürgertum; er buhlte um die Gunst des niederen Adels; und er erreichte dadurch – und weil es ihm am notwendigen diplomatischen Geschick mangelte, seine an sich vernünftigen und dem königlichen Egoismus nützlichen Ansichten zu verwirklichen – das genaue Gegenteil. Auf einem Hoftag zu Worms, das war im Mai 1231, unterlag er auf fast beschämende Weise dem vereinigten Widerstand der mächtigen Fürsten und mußte, um seinen Thron zu retten, dem sogenannten »Statutum in favorem principum« zustimmen, einer Neuordnung geltenden Rechts, das den Fürsten vermehrte Macht gestattete.

Derlei mußte Friedrich, der aller Macht, die nicht von ihm ausging oder durch ihn manipuliert werden konnte, mißtrauisch und feindselig begegnete, alarmieren. Dazu kamen die Verhältnisse in der Lombardei, die undurchsichtig und bedrohlich schienen. In Genua beispielsweise, wo es stets eine starke Kaiserpartei gegeben hatte, war eben erst ein Mailänder zum Podestà gewählt worden, was Friedrich als unerhörten Affront empfinden mußte. Und selbst des Papstes diplomatische Geschicklichkeit – oder vielleicht sollte man für die Art seines Auftretens eher den Ausdruck »Geschmeidigkeit« wählen – vermochte die wiederum ausgebrochenen Spannungen nicht zu lösen, wobei man nicht genau entscheiden mag, ob dies auch wirklich seine Absicht gewesen ist; oder ob sich Gregor nicht wesentlich mehr davon versprochen haben mochte, diesen Konflikt sozusagen auf kleiner Flamme zu halten, weil alles, was Friedrich irritierte und schwächte, letztlich der Kurie nützte.

Die Lage war jedenfalls unerfreulich. In Ravenna noch, in Verhandlungen mit den deutschen Fürsten und einigen italienischen Bischöfen, hatte Friedrich die Liga der Lombarden wieder der Reichsacht unterworfen, was eine interessante rhetorische, jedoch gar keine praktische Wirkung hatte. Eine Abordnung päpstlicher Unterhändler – von denen man annehmen kann oder von denen man sogar mit einiger Sicherheit weiß, daß es sich dabei um erklärte Gegner des Kaisers handelte und die im

Grunde nichts anderes zu überbringen hatten als die Forderungen der rebellischen Lombarden, was einer schamlosen Schmähung des Kaisers gleichkam – wurde von Friedrich erst gar nicht mehr empfangen. Er hätte, wäre er sich selbst treu geblieben, diese Kardinäle in Ketten legen oder davonjagen müssen. Aber er konnte und durfte mit Gregor keinen offenen Konflikt riskieren. Also verließ er Ravenna – das war im März 1232 –, ohne sich auf irgendeine Diskussion oder diplomatische Verhandlung einzulassen, und eilte vorerst einmal nach Venedig. Für das Osterfest 1232 hatte er einen weiteren Hoftag nach Aquileja anberaumt; und auch Heinrich dahin befohlen.

Charakteristisch für Friedrich war dabei wieder einmal seine gänzlich unkonventionelle Handlungsweise, die freilich nicht nur seiner Abneigung, ein berechenbarer Mensch und Politiker zu sein, entsprochen haben dürfte, sondern diesmal gewiß auch mit der besonderen politischen Situation zusammenhing, in der er sich befand. Denn jene Kardinäle, die aus den Städten der lombardischen Liga herbeigeeilt waren, um ihn mit den Bedingungen seiner Gegner zu konfrontieren, durfte er nicht empfangen, wenn er dem Papste gegenüber weiterhin unbefangen auftreten wollte. Zu ärgerlich war die geschickt inszenierte Taktlosigkeit dieser von Gregor ausgewählten Abordnung, als daß der Kaiser sich ihr, hätte er sein Gesicht nicht verlieren wollen, hätte stellen dürfen. Ähnlich verhielt es sich mit Heinrich. Ihn noch einmal nach Ravenna einzuladen und dabei eher tatenlos zuzuwarten, bis zu welchem Zeitpunkt der ungehorsame Sohn und ungeschickt agierende König tatsächlich an der Adria erscheinen würde, wäre ein Zeichen liebevoller Schwäche gewesen und hätte dem leidenschaftlichen Temperament des Kaisers nicht entsprochen. Ebensowenig aber wäre es zweckmäßig gewesen, alle diese diffizilen Fragen in aller Öffentlichkeit abzuhandeln, denn derlei Diskussion hätte möglicherweise Anlaß zu Gerüchten gegeben, hätte den Gegnern Friedrichs einen indiskreten Blick auf seine Empfindungen erlaubt. Also verschwand er, wie berichtet wird, an einem Märznachmittag, begleitet von einigen wenigen Höflingen, aus der Stadt und ritt, wie er das des öfteren zu tun pflegte, an die Küste. Dort lag an diesem Nachmittag allerdings eine Galeere, die er, ohne daß man in Ravenna etwas davon geahnt haben würde, jetzt bestieg. Der Anker wurde gelichtet, die Ruder in Bewegung gebracht, die Segel dem Wind anvertraut ... und da war Thomas von Aquin, eingeweiht in den Plan des Kaisers, als dessen Stellvertreter bereits unterwegs in den Süden, bewegte sich die Karawane der Kardinäle gerade erst auf Ravenna zu und waren die Botschafter mit dem strengen Befehl Friedrichs an Heinrich, sich unverzüglich nach Aquileja zu begeben, längst auf den Straßen hinauf nach Deutschland.

Aquileja, von den Römern gegründet, von den Hunnen verheert, von den Byzantinern mit neuem Glanz versehen, von Philosophen, Händlern und Patriarchen immer wieder als prachtvolles Zentrum ihrer geistigen und materiellen Existenz begehrt und von der Natur dieses amphibischen Landstrichs hartnäckig bedrängt, Aquileja war auch das Ziel Friedrichs. Allerdings unterbrach er die Fahrt dorthin für kurze Zeit in Venedig, um mit dem damals amtierenden Dogen Tiepolo die Möglichkeit zu sondieren, die mächtige und vollkommen unabhängige Seerepublik, die zu jener Zeit auf dem Höhepunkt ihres Reichtums und ihres politischen Einflusses angelangt war, als Verbündeten zu gewinnen. Es sind zwar alle näheren Details über dieses Gespräch unbekannt geblieben, aber soviel mag man doch behaupten: daß Friedrichs Versuch eher kläglich scheiterte. Ein Bündnis mit Venedig konnte sich nur leisten, wer bereit war, an San Marco jeden geforderten Tribut zu leisten. Andererseits dürfte auch den Venezianern des Kaisers Macht als so gefährlich erschienen sein, daß sie nicht im mindesten daran dachten, diese Macht noch zu unterstützen. Also nahmen sie nun die kostbaren Geschenke Friedrichs zugunsten ihres Schutzheiligen mit artigem Dank entgegen, beantworteten sie ihrerseits mit einem Holzsplitter vom Kreuz Christi, welches sie dem König von Jerusalem als bemerkenswertes Symbol überreichten, und komplimentierten ihn mit glatter, kalter Höflichkeit aus der Lagune wieder hinaus.

Friedrich dürfte im Grunde auch gar nichts anderes erwartet haben und seinen Auftritt in Venedig auch nicht als diplomatische Niederlage empfunden haben. Zu Ostern 1232 sehen wir ihn jedenfalls unbeeindruckt von diesem Zwischenspiel in Aquileja, wo sich Deutschlands Fürsten »in außergewöhnlich großer Zahl« eingefunden hatten, während König Heinrich, diesmal dem Befehl seines Vaters gehorchend, im nahen Cividale Aufenthalt nehmen mußte, in der ehemaligen Fürstenstadt der Langobarden, was eine erste Demütigung des jungen, unvernünftigen Königs war, der noch weitere folgen sollten.

Friedrich zeigte sich jetzt unversöhnlich und unerbittlich. Das hatte seine Gründe nicht nur in der psychologisch wohl begreiflichen, politisch jedoch schwer verständlichen Renitenz des Sohnes, gegen die sich die väterliche Autorität nun stark zeigen mußte, sondern auch in den möglichen politischen Konsequenzen dieses Ungehorsams. Denn als Hauptgegner mußte der Kaiser nach wie vor den Papst ansehen. Die Verhältnisse in Deutschland, der lombardische Aufruhr: Das waren letztlich mehr oder minder bedeutungsvolle Begleiterscheinungen eines Kampfes zwischen zwei Todfeinden, »die an wilder Leidenschaft einander nichts nachgaben, sich jedoch brauchten und aus dem gegenwärtigen Frieden nur Nutzen zogen – mehr als der Papst noch der Kaiser, dessen Wunsch nach Eintracht und Frieden mit Gregor zweifellos ehrlicher, ja allzu ehrlich war, obwohl er den Greis in Rom haßte« (E. Kantorowicz). Den Rükken sich frei zu halten für den zu erwartenden Angriff des Papstes, mit welchem Friedrich allzeit rechnen mußte; alle Kräfte auf das eine wesentliche Ziel zu konzentrieren, nämlich die Erlangung der vollkommenen Vormachtstellung in Reichsitalien und damit die ungeschmälerte Herrschaft über das Imperium, ohne daß des Papstes gefährliche Intrigen noch zu fürchten wären; bedingungslose Unterwerfung unter den Willen des Monarchen auch und gerade dort, wo versteckte Aufsässigkeit und offene Rebellion durch die subtile Kunst der päpstlichen Diplomatie am Leben erhalten wurden: Darauf mußte sich Friedrichs Aufmerksamkeit richten, das waren seine vordringlichsten Ziele, die zu erreichen nicht nur sein Ehrgeiz, sondern auch seine Würde gebot. Ein unausgeglichener Charakter wie der zwanzigjährige König von Deutschland konnte da durch seinen Trotz, durch seinen auf Unmögliches gerichteten Ehrgeiz unermeßlichen Schaden anrichten; und war unter Umständen sogar imstande, das kunstvolle Gebäude der Macht, das der Kaiser seit seiner Rückkehr aus Palästina geplant und jetzt auch schon fast zur Hälfte errichtet hatte, ernsthaft zu gefährden.

Also mußte Heinrich auf eine Weise gedemütigt werden, die ihm vor Augen führte, daß es widersinnig sei, gegen die Interessen des Kaisers zu handeln. Und Heinrich, der in diesen Tagen und Wochen im einstmals langobardischen Cividale zumindest ansatzweise begriffen haben mochte, welchen lebensgefährlichen Weg er eingeschlagen hatte, als er in Deutschland auf eigene Faust Politik zu machen versuchte, gehorchte vorerst einmal allen Befehlen und nahm alle ihm auferlegten Demütigungen scheinbar widerspruchslos hin. Er wiederholte und verstärkte seinen Treueschwur gegenüber dem Kaiser und versicherte auch den Fürsten, die in Wahrheit seine Todfeinde waren, die ehrerbietigste Achtung. An den Papst sandte er auf Geheiß Friedrichs ein Schreiben, darin er den abgelegten Treueschwur auf den Kaiser nachdrücklich bestätigte und darum bat, sogleich exkommuniziert zu werden, sollte er diesen Schwur jemals brechen. Heinrich tat alles, was von ihm gefordert wurde. Bedingungslos der väterlichen Macht sich beugend und den Anschein erweckend, als ob er nicht bloß den Gehorsam gegenüber dem Kaiser, sondern auch die Achtung den Fürsten gegenüber nunmehr als seine schönste Pflicht zu begreifen geneigt sei, müssen sich freilich in ihm bereits in Cividale jene fanatische Aufsässigkeit, jener zu allem entschlossene Widerstand herangebildet haben, muß er, ohne sich die Folgen seines Tuns vorzustellen, schon die ersten rebellischen Pläne geschmiedet haben, die dann seinen tragischen Untergang herbeiführen sollten. Denn, um diese Geschichte vorwegzunehmen, im Spätherbst des Jahres 1234, als Friedrichs zweite Reise nach Deutschland, die aus verschiedenen Anlässen notwendig geworden war, eine beschlossene Sache schien, wobei auch er selbst, nämlich Heinrich, eine der Ursachen für diesen Deutschlandzug des Kaisers darstellen sollte, verbündete sich der junge König, blind vor ungezügelter Wut und wohl auch verbittert durch die Erinnerung an die schmachvollen Tage von Cividale, mit des Kaisers Todfeinden, mit den Lombarden, ohne daß er deshalb den folgerichtigen Ablauf der Geschichte auch nur im mindesten hätte beeinflussen können. Er beging Hochverrat nicht nur am Kaiser, sondern auch an sich selbst. Aber es ist fraglich, ob dieser junge, noch gänzlich unausgereifte Mensch das jemals wirklich begriffen hat.

Friedrichs zweite Deutschlandfahrt war zweifellos durch die Unvernunft seines ältesten Sohnes verursacht worden. Aber während man das ausspricht, zögert man schon, weil die Dinge so einfach auch wieder nicht lagen. Zumindest in groben Umrissen müßte man nämlich von einem geistigen Aufbruch der Menschen in jenen Jahren berichten, von ihrer neuerwachten Leidenschaft fürs Spirituelle, was wiederum bemerkenswerte Rückwirkungen auf die Politik hatte. Denn es waren jene Jahrzehnte in der ersten Hälfte des 13. Jahrhunderts nicht bloß eine Epoche glanzvoller Caesarenherrlichkeit, wie sie durch Friedrich II. repräsentiert wurde, sondern auch von dem geprägt, was wir heute eher ungenau die »franziskanische Idee« nennen. Und neben Franz von Assisi und nach den einschüchternden Untergangsvisionen eines Joachim von Fiore beeinflußte auch der Spanier Dominikus das Gemüt der Menschen, traten selbsternannte Propheten und fanatische Prediger in Erscheinung, entdeckte ein portugiesischer Franziskaner namens Antonius, der sich später in Padua endgültig niederlassen sollte, in beinah jeder menschlichen Regung einen Beweis für Häresie und ketzerisches Tun. In Parma fanatisierte ein gewisser Fra Gerardo die Menge derart, daß sie ihm nicht nur ihre Seele, sondern auch alle politische Macht übertrug, während ein anderer Wanderprediger namens Johann von Vicenza, den schon die Bologneser als Heiligen verehrt hatten, zuerst in der Trevisaner Mark und dann in Verona die Menschen verzückte und mitriß, bis jedermann – auch die Repräsentanten der weltlichen Macht – fürchten mußte, als Ketzer entlarvt und zerfleischt zu werden, sofern er es wagte, sich diesem schönen und gefährlichen Wahn zu widersetzen. Wunder ereigneten sich, die keine vernünftige Erklärung fanden. Den Predigern, die oftmals in der sonderbarsten und schaurigsten Verkleidung auftraten, bewachten bewaffnete Engel die feurigen Zungen. Und selbst das Getier, die Fische im Meer und die Vögel in der Luft, lauschten begierig, wie übereinstimmend berichtet wird, dem eifernden Gekreisch dieser Propagandisten einer neuen Frömmigkeit. Und während sie von himmlischer Liebe und neuer sozialer Gerechtigkeit redeten, vibrierte der allzeit gedemütigte und jetzt plötzlich maßlos gereizte Verstand oder Instinkt des Volkes und suchte sich seine Opfer dort, wo er sich ihrer am leichtesten zu bemächtigen vermochte. Also unter seinesgleichen. Und seltener schon unter den kleinen Potentaten und großen Fürsten. Und gar nicht, was man auch nicht zu erwähnen vergessen sollte, im sizilischen Königreich Friedrichs, denn dort faßte keiner dieser wortgewaltigen Prediger und keiner, den man für einen Heiligen hätte halten können, Fuß, um die Menschen, indem er ihnen die Verdorbenheit der Welt und die Gefährlichkeit der Ketzer erklärte, in fromme Raserei zu versetzen.

Das alles fand sozusagen im Parkett statt, während oben auf der hellerleuchteten Bühne König Heinrich in Cividale den Nacken beugte vor der kaiserlichen Allmacht. Mitte oder Ende Mai 1233 war aber auch dieses Schauspiel beendet. Deutschlands Fürsten zogen sich über die Alpen zurück nach Norden, in ihrer Mitte, aber doch einsam wie nie zuvor in seiner jungen Existenz, König Heinrich, jetzt ein machtloser Monarch, der nur eines winzigen Anstoßes bedurfte, um endgültig zu fallen. Der Kaiser wiederum war bereits wieder unterwegs in den Süden, wobei ihm noch, während seine Galeeren die Küsten Apuliens ansteuerten, ein Erfolg über die damals gefürchteten dalmatinischen Seeräuber gelang, »derer er viele gefangennahm und in Ketten legte«.

Und Gregor, der andere Hauptakteur auf dieser Bühne, welcher das rebellisch gewordene Volk immer mehr den Rücken kehrte? Er war in Schwierigkeiten, lag in offenem Kampf mit den Römern, die sich alter republikanischer Freiheit entsannen. Die Saat des Franz von Assisi und seiner Adepten und heiligen Zeitgenossen war überall aufgegangen. Aber die Früchte schmeckten den Mächtigen jetzt bitter. Und manches merkwürdige Bündnis mußten sie eingehen, um sich der bedrohlichen Unruhe ihrer Untertanen zu erwehren, wobei auch das freilich einem ständig wechselnden Rhythmus unterworfen war. Die große Linie in der Politik, durch die Geschichte überhaupt erst begreifbar und darstellbar wird, verfolgten eigentlich nur die beiden Todfeinde Gregor und Friedrich, die aus immer wieder neuem Anlaß untrennbar miteinander verbunden waren.

Ein solcher Anlaß war Gregors lästige und langwierige Auseinandersetzung mit den unruhigen Römern gewesen, die es Friedrich erlaubt hatte, sich als wertvoller Verbündeter des Papstes in Szene zu setzen und seine Soldaten in den Kirchenstaat zu entsenden, um dort dem Papst, der wie ein heimatloser Exilant Rom immer wieder meiden mußte, Schutz gegen dessen rebellische Untertanen zu gewähren. Und ein solcher Anlaß war auch des nach Deutschland zurückgekehrten Heinrich dilettantische Art, Politik zu betreiben. Denn er forderte des Papstes Zorn dadurch heraus, daß er den Inquisitor Konrad von Marburg, der in Gregors Auftrag die Häresie in Deutschland vernichten sollte, der Maßlosigkeit verdächtigte und seine Absetzung verlangte, was freilich, wenn man einmal alles politische Taktieren vergißt, gewiß begründet war, denn dieser Konrad von Marburg, berüchtigt unter anderem auch durch seine unrühmliche Rolle, welche er in der Biographie der unglücklichen, jedoch heldenhaften Elisabeth von Thüringen spielte, gebärdete sich in der Tat wie jemand, dem der Haß jede Vernunft verdorben hat. Er, der in Deutschland nichts anderes als ein strenger, jedoch gerechter Richter über vermeintliche oder tatsächliche Ketzer hätte sein dürfen, war in Wahrheit ein fanatischer und wahllos wütender Henker, so daß man seine Ermordung durch Verzweifelte und Erbitterte, die befürchten mußten, seine nächsten Opfer zu sein, wohl verstehen kann. Und es ehrte auch Heinrichs Charakter, daß er überhaupt gegen die Art der Ketzerverfolgung, wie sie üblich geworden war diesseits und jenseits der Alpen, energisch auftrat. Aber es beschleunigte eben das, was ihn menschlich auszeichnete, seinen Untergang.

Denn Gregor, Heinrichs Anklagebrief gegen Konrad in Händen, intrigierte jetzt gegen den König der Deutschen. Friedrich, durch Treueschwur und Vertrag dazu verpflichtet, des Papstes weltlicher Schutzarm zu sein, würde den erneut unbotmäßig gewordenen Sohn zur Ordnung zu rufen haben. Vorerst einmal beantragte er selbst die Exkommunikation des Erstgeborenen. Und reagierte dann ebenso rasch wie entschlossen, als ihn die ersten Nachrichten vom Verrat Heinrichs erreichten. Denn dieser hatte sich nun mit den Lombarden zusammengetan, den erklärten Feinden der kaiserlichen Macht und heimlichen Verbündeten des Papstes, was über

Nacht eine ebenso merkwürdige wie widerspruchsvolle Verschiebung der politischen Verhältnisse bewirkte. Gregor, der sich nunmehr nicht ohne begründeten Anlaß hätte einbilden dürfen, mit Hilfe nicht bloß der Lombarden, sondern auch des deutschen Königs die Macht Friedrichs zu brechen, war plötzlich außerstande, die dramatisch veränderte Situation zu seinem Nutzen zu verwenden. Er hatte Heinrich auf Anraten des Kaisers gebannt. Und er war, wollte er sein Gesicht nicht vollends verlieren, auch außerstande, die Lombarden zu unterstützen. Denn diese waren von Stund an Verbündete eines exkommunizierten Monarchen und daher zwangsläufig Gegner der römischen Kirche. Friedrich aber, der wieder einmal einen glänzenden Beweis für seine außerordentliche politische Begabung geliefert hatte, konnte nicht nur den deutschen Fürsten mitteilen lassen, daß »an unserem glücklichen Kommen kein Zweifel« sei, sondern er durfte und mußte den völlig überraschten Papst auch dazu auffordern, die strenge Bestrafung der Hochverräter vorzunehmen. Er, der Kaiser, würde die Ordnung in Deutschland wiederherstellen. Und Gregor würde endgültig zu entscheiden haben, welcher Stimme er zu gehorchen beabsichtigte: der, welche ihm politische Vernunft predigte; oder jener, die seine Leidenschaft anstachelte, den verhaßten Kaiser zu vernichten.

Friedrich, wiederum nur von einigen wenigen Edlen des Reiches begleitet, darunter sich auch sein damals gerade siebenjähriger Sohn Konrad befand, brach im Frühjahr 1235 nach Norden auf, zuerst zu Schiff entlang der adriatischen Küste, dann über das Friaul und die steirische Mark nach Regensburg, wo er sich wieder einmal jenes unvergleichlichen Stils bediente, der ihm schon so oft zum ebenso überzeugenden wie unblutigen Erfolg verholfen hatte. Ein zeitgenössischer Chronist berichtete: »Wie es der kaiserlichen Erhabenheit ansteht, so zog er daher in großer Glorie, und es folgten ihm die vielen Quadrigen mit Gold und mit Silber beladen, mit Byssus und Purpur, mit Gemmen und köstlichem Gerät.

Er führte mit sich Kamele, Maultiere und Dromedare, Affen und Leoparden, auch viele Sarazenen und dunkle Äthiopier, die sich auf mancherlei Künste verstanden und als Wachen dienten für Gelder und Schätze.«

Regensburg, dann das schwäbische Wimpfen, wohin Heinrich erschrocken über den ungestümen Jubel, den Friedrichs Erscheinen in Deutschland ausgelöst hatte, geeilt war, ohne daß er ihm jetzt schon hätte gegenübertreten dürfen, und schließlich Worms, wo der Kaiser längere Zeit zu verweilen und unter anderem auch Gericht zu halten beabsichtigte über seinen Sohn, waren mit Mainz, wohin Friedrich sich später begeben sollte, die wesentlichen Stationen dieser zweiten Reise nach Deutschland. Was Heinrich angeht, so war er schon in Wimpfen, wo er noch gehofft hatte, durch bedingungslose Unterwerfung das Äußerste zu verhindern, verhaftet worden. Den Zug nach Worms durch das Neckartal hatte er bereits als Gefangener mitgemacht. Und jetzt, allen Glanzes endgültig entkleidet, in Ketten geworfen wie ein gewöhnlicher Verbrecher und vom düsteren Schweigen der Fürsten und kaiserlichen Höflinge empfangen, mußte er, langhingestreckt bäuchlings auf dem Boden liegend, eine letzte, bittere Demütigung hinnehmen. Er wurde nicht bloß des Landes verwiesen, sondern auch zu Kerkerhaft verurteilt, wobei Friedrich das strengste Maß anlegte und den königlichen Sohn wegen Hochverrates zu lebenslanger Haft verdammte. Heinrich wurde unmittelbar nach diesem Urteil zuerst nach Heidelberg und dann nach Apulien gebracht, wo er jahrelang in der starkbefestigten Burg Rocca San Felice in der Nähe von Venosa zubrachte, um dann nach der Festung von Nicastro, welches in Kalabrien liegt, überstellt zu werden, wo er nach Jahren des Elends ein weiteres Mal den Kerker wechseln sollte oder aber auch, wie es gerüchteweise hieß, in Freiheit hätte gesetzt werden dürfen ... jedenfalls beging Heinrich, unmittelbar nachdem er unter starker Bedeckung Nicastro verlassen hatte, dadurch Selbstmord, daß er seinem Reittier in dem Augenblick einen derben Stoß versetzte, als man gerade am Abgrund einer Schlucht entlangritt. Tier und Reiter stürzten in die Tiefe und zerschellten.

Friedrichs ältester Sohn war im Augenblick seines tragischen Todes, der ein tragisches Leben konsequent beendet hatte, dreißigjährig. Jetzt wurde der verstümmelte Leichnam in den Dom von Cosenza gebracht, der nördlichsten Stadt Kalabriens, wo bereits Jahrhunderte zuvor der Westgotenkönig Alarich sein geheimnisumwittertes, bis auf den heutigen Tag nicht entdecktes Grab gefunden hatte. Hier also wurde Heinrich, dem ein frommer Franziskaner die Leichenpredigt hielt, in einem eher schlichten Marmorsarkophag bestattet. Friedrich aber schrieb damals in einem Brief: »Mitleid des zärtlichen Vaters hat das Urteil des strengen Richters überwunden: Heinrichs Verhängnis müssen wir betrauern, und aus dem Innersten heraus trieb die Natur der Tränen Flut, die drinnen verschlossen hielt der Schmerz der Beleidigung und die Starre der Gerechtigkeit. Vielleicht werden sich harte Väter wundern, daß der von öffentlichen Feinden unbesiegte Caesar von häuslichem Schmerz hat besiegt werden können. Aber eines jeden Fürsten Gemüt, sei es noch so starr, ist der Gewalt der allmächtigen Natur untertan, sie, die ihre Macht über jeden ausübt, anerkennt weder Könige noch Kaiser. Wir gestehen, daß wir, die wir durch des lebenden Königs Übermut nicht gebeugt werden konnten, durch den Sturz dieses unseres Sohnes erschüttert sind.«

Derlei klingt überzeugend bei jedem anderen Charakter, nur nicht bei jenem, den man an diesem scheinbar leidenschaftlichen und in Wahrheit doch kühl taktierenden Manne zu erkennen glaubt. Es mag zutreffen, daß dieser eine Satz, den Friedrich II. einmal niederschrieb – »Des Reiches Kraft geht über den einzelnen Menschen!« –, so etwas wie ein Motto darstellt für das Gemüt dieses unerbittlichen Monarchen. Aber ein solches Motto kann wiederum nur für jene Menschen Gültigkeit haben, deren Gesinnung eine letztlich so unmenschliche

Art der Pflichterfüllung widerspruchslos akzeptiert. Ein um Jahrhunderte vorweggenommenes Preußentum enthüllt sich hier, dem man möglicherweise Bewunderung, jedoch niemals Mitgefühl zu zollen vermag.

Des Berichtens wert und für die Biographie des Kaisers charakteristisch ist gewiß der Umstand, daß Friedrich in jenem Jahr 1235, da er seinen ältesten Sohn zu Worms verdammte, in Worms auch Hochzeit feierte. Und zwar mit Isabella, Tochter des englischen Königs Johann, einer Plantagenet, kaum einundzwanzigjährig in jenem Augenblick, als des Kaisers Abgesandter und Brautwerber Peter von Vinea in London den Ehevertrag aufsetzte. Eingefädelt hatte diese Vermählung, die wohl nicht zuletzt auch aus Gründen der dynastischen Nachfolge notwendig geworden war, wieder einmal der Papst. Und diesmal war, wie alle zeitgenössischen Berichte übereinstimmend erklären, die Wahl des Papstes eine vortreffliche, denn diese englische Königstochter scheint von bemerkenswerter Schönheit gewesen zu sein. Das sowie der jubelnde Empfang, welcher der zukünftigen Kaiserin vor allem in Köln und auch in anderen deutschen Städten zuteil wurde, konnte freilich nicht verhindern, daß sie, die am 15. Juli 1235 in Worms ihre prunkvolle Hochzeit feiern durfte, alsbald wie alle ihre Vorgängerinnen und Nebenbuhlerinnen auch im Harem des Kaisers verschwand, der strengen Obhut sarazenischer Eunuchen überantwortet und wahrscheinlich überrascht oder eigentlich mehr noch befremdet von jener Marotte des Kaisers, die darin bestand, daß er die Ehe mit ihr nicht, wie sie es wohl erwartet haben dürfte, am Beginn der sogenannten Hochzeitsnacht vollzog, sondern mit der Kopulation bis zu jenem Augenblick am frühen Morgen wartete, den die Astrologen des Hofes als günstig errechnet hatten. Mit allem anderen wird die junge und schöne Frau gerechnet haben als mit einem kaiserlichen Gatten und Liebhaber, der seine Leidenschaft dem Diktat der Wissenschaft und mathematischer Berechnungen unterwarf. Und es mag für Isabella nur ein schwacher Trost gewesen sein, daß der Kaiser sie keinesfalls, wie die Wahrsager es vorhergesagt hatten und wie Friedrich es selbst blindlings glaubte, in dieser ersten und gewiß enttäuschenden Nacht schon mit einem Knaben geschwängert hätte. Erst nach zwei Jahren würde sie einer Tochter namens Margarethe das Leben schenken dürfen und wohl auch längst schon keiner Illusion mehr fähig sein, was ihre Existenz als Frau dieses sonderbaren Mannes betraf. »Um Friedrich II. gab es keinen Boden, in dem eine Frau wurzeln konnte«, schreibt Ernst Kantorowicz, denn »alle seine Gemahlinnen starben nach wenigen Jahren der Ehe und selbst seine Geliebten, so weit wir sie kennen, teilten dieses Los ... In der dünnen Luft dieser glanzerfüllten, spannungsgeladenen Höhen konnte eben kein Wesen als er, auf die Dauer auch keiner der Freunde, am wenigsten aber eine Frau mehr atmen ...«

Vorweggenommenes Preußentum also auch hier, wo es um das menschlichste aller Lebensprobleme ging! Oder vielleicht auch nur ein Ausdruck jenes schrankenlosen Hochmuts, den ein Mächtiger für die Menschen empfindet? Oder einmal mehr das Ergebnis jener ungewöhnlichen Art der Erziehung, die der Knabe Friedrich einst durch das heftige Leben in Palermo erfahren hatte? Alle Biographen Friedrichs – und sie alle erweisen sich letztlich stets als Bewunderer dieses Mannes und Monarchen – haben ihre Aufmerksamkeit immer nur auf seine politische Begabung, auf das Wachsen seines Ruhmes oder auf seine politischen Niederlagen gerichtet. Und haben, wenn sie das Menschliche an Friedrich analysierten, seine wissenschaftlichen Neigungen, seinen Ehrgeiz, seinen Weitblick, seine Großmut dargestellt. Über sein Verhältnis zum anderen Geschlecht oder über seine manchmal brutale, menschenverachtende Art im Umgang mit Höflingen, Untertanen und Sklaven gibt es nur beiläufige, ausweichende und letztlich unbefriedigende Erklärungen. Es ist, als ob man diesem Manne, dessen politisches Genie unbestritten bleibt, mit menschlichem Maß nicht wirklich gerecht werden könnte.

Dem Urteil über den Sohn Heinrich, der Hochzeit mit Isabella und manchen privaten Vergnügungen, von denen man freilich nicht sagen kann, ob der Kaiser sie nicht eher als lästige Verzögerung seiner stets aufs Politische ausgerichteten Absichten begriffen hat, folgte nur wenige Wochen später im nahen Mainz jener große Hoftag, auf welchem unter anderem das Rechtswesen neu geordnet und ein eigener Reichshofjustitiar für Deutschland eingesetzt wurde. Auch die lang anhaltende und das Schicksal des Königreiches wie des Imperiums nachhaltig beeinflussende Fehde zwischen Staufern und Welfen wurde jetzt endgültig bereinigt. Bedeutender noch und für das nationale Selbstbewußtsein der Deutschen der erste wesentliche Beitrag eines Monarchen war der Umstand, daß mit dem sogenannten »Mainzer Landfrieden« erstmals ein Gesetz in deutscher Sprache verkündet und auch schriftlich formuliert wurde; und daß erst anschließend auch die Übersetzung ins Lateinische erfolgte, also in die offizielle Amtssprache der damaligen Zeit. »Die Wichtigkeit dessen, daß damit die deutsche Sprache auch für Hoheitsakte des römischen Kaisers dem Latein ebenbürtig verwendbar wurde, bedarf kaum der Erörterung: es zeigt, daß der römische Kaiser notwendig auch der deutscheste war – ein beginnendes Schaffen der deutschen Eigenform auch im Staate, nicht nur im Einzelwesen, ein erstes Festhalten des Deutschen im Deutschen selbst und das erste Niederlegen des zumindest für die Sprache schon überflüssig oder entbehrlich gewordenen römischen Gerüstes.« (E. Kantorowicz)

Solche Leistungen haben das Bild Friedrichs natürlich in den Augen jener verklärt, deren anteilnehmende Beschreibung dieses Mannes immer dann ein wenig ungenau oder beiläufig wird, wenn sie sich seiner mediterranen Wurzeln, seiner die Italianità zukünftiger Jahrhunderte vorwegnehmenden Lebensart oder eigentlich Lebensauffassung entsinnen sollte. Ein Beweis dafür ist die Haltung, die Friedrich gegenüber den Juden einnahm. Dazu muß man sich in Erinnerung rufen, daß die

Verfolgung von Juden, die seit den hektischen Tagen des Ersten Kreuzzuges von den Christen als die wahren Mörder Christi gebrandmarkt waren, im Deutschland des 13. Jahrhunderts schon eine traurige Tradition besaß; ebenso wie die unmäßigen Vorurteile, die man dieser Minderheit gegenüber damals längst schon an den Tag legte. Auch jetzt, da Friedrich nach den schönen Tagen von Worms und Mainz in der elsässischen Reichspfalz Hagenau weilte, wurden diese Vorurteile dadurch wieder ruchbar, daß man den Kaiser mit Leichen von Kindern konfrontierte, die viele Monate zuvor angeblich rituellen Perversionen der jüdischen Gemeinde von Fulda zum Opfer gefallen sein sollten. Friedrichs Reaktion war allerdings völlig anders, als man das wohl erwartet haben mochte. Man möge die Kindsleichen begraben, soll er gesagt haben, denn »zu etwas anderem taugen sie doch nicht«. Und die angeklagten Juden sprach er vom Makel des Ritualmordes frei, nicht ohne sie freilich zur Bezahlung einer beträchtlichen Geldsumme zu verurteilen, weil sie, wie er erklärte, die Ursache wären für Unruhen, die dem Königreich erheblichen Schaden zufügen könnten ...

Man muß nun wohl davon ausgehen, daß jeder Fürst und jeder Monarch zumindest nördlich der Alpen in einem ähnlichen Fall sich die Sache insofern leicht gemacht hätte, als er dem Drängen aufgebrachter Antisemiten nachgegeben und die angeklagten Juden tatsächlich zum Tode verurteilt haben würde. Friedrich beließ es bei der scharfen Verwarnung, daß er, sollte es tatsächlich zu Ritualmorden kommen, unnachsichtig sein würde. Und er ordnete in diesem Zusammenhang eine weitläufige Untersuchung an, deren Ergebnis ebenso überraschend wie kühn anmutet, wenn man die damaligen Verhältnisse und vor allem die Neigung der Christen, die Juden für alles Schreckliche zur Verantwortung zu ziehen, sich in Erinnerung ruft. Es wurde nämlich den Juden, gestützt auf wissenschaftliche Gutachten, vom Kaiser zugesichert, daß sie künftighin vor infamen Anschuldigungen, ihre angeblichen Ritualmorde betreffend, sicher sein sollten. Friedrich ging sogar noch einen Schritt weiter. Wer, so ordnete er an, in Zukunft solche Schuld den Juden antäte, habe mit strenger Bestrafung zu rechnen.

Man wird sich, den jetzt heftiger werdenden Lebensrhythmus Friedrichs verfolgend, doch gelegentlich fragen müssen, was in ihm vorgegangen sein mag. Er vernichtete seinen erstgeborenen Sohn, vermittelte einem ihm in der letzten Konsequenz fremden und vielleicht sogar unheimlichen Land eine neue Rechtsgrundlage. Er saß über angeklagte Juden zu Gericht und bereitete einer thüringischen Landgräfin, nämlich Elisabeth, die den Umweg über die Armut gewählt hatte, um eine Heilige zu werden, ein wahrhaft fürstliches Grabmal. Während er allen diesen und anderen Unternehmungen seine Zeit und seine Nachdenklichkeit opferte, durfte er niemals aufhören, Gregor, seinem großen Rivalen, zu mißtrauen. Und noch in einem Augenblick, da er sich mit den Schriften des Talmud, mit spanischen oder russischen Gesandten, mit juridischen Formulierungen oder mit einer thüringischen Heiligen beschäftigte, bedrängte ihn die nach wie vor ungelöste lombardische Frage, eine Causa, die, je länger sie unerledigt blieb, um so belästigender und auch bedrohlicher wurde. War Friedrich, während er in Worms, Mainz und Hagenau residierte, umgeben von Fürsten, deren Sprache er nur unzulänglich beherrschte, in Wahrheit nicht wie ein Wanderer zwischen verschiedenen Fronten, der einen mühsamen Umweg einschlagen muß, um wieder an seinen Ausgangspunkt zurückzukehren? Er habe, meinen seine Biographen, für das ganze Imperium Verantwortung gefühlt; und weil er sich als Nachfolger und Erbe römischer Caesaren begriff, habe er diese Verantwortung auch für die Länder und Menschen nördlich der Alpen auf sich genommen.

Aber war in dieser Verantwortung nicht wesentlich mehr enthalten, als eines römischen Kaisers Pflicht ausmacht? Zu wenig wird stets mitgeteilt und dargestellt, wie Friedrich wirklich auftrat in den deutschen Städten und kaiserlichen Pfalzen. Beiläufig nur und fast unwillig erwähnt man sein Interesse für die Juden aus Fulda, an deren Verbrechen er nicht glauben wollte und denen (oder sich selbst) zuliebe er einen Untersuchungshof einsetzte, der weniger nach gewohntem Christenrecht als vielmehr nach mediterranen Prinzipien vorging; das heißt, Friedrich beschäftigte nicht bloß Juristen, sondern auch Gelehrte mit der Frage, ob eine rituelle Bluttat an Christenkindern überhaupt in Übereinstimmung zu bringen sei mit den moralischen Grundsätzen, wie sie im Talmud festgehalten sind. Er hatte sich einst, als er die Ordnung wiederhergestellt hatte in seinem süditalienischen Königreich, nicht davor gescheut, dem sogenannten Zeitgeist zu gehorchen und den Juden Apuliens und Siziliens eine Kennzeichnung anzutun, die man ohne jede gehässige Übertreibung als eine Vorwegnahme des späteren Judensterns empfinden könnte. Aber er hätte – was in den mediterranen Ländern ohnedies nur schwer vorstellbar gewesen wäre – niemals eine so perfide und rachsüchtige Verleumdung der Juden geduldet, wie sie in Deutschland schon seit Generationen immer wieder die Ursache war für die schrecklichsten Ausschreitungen der Christen gegenüber den Juden.

Beiläufig auch und immer ein wenig irritiert, als berichte man von etwas, das nur deshalb nicht ungehörig sei, weil es eines Kaisers Lebensart umfaßt, die Berichterstattung über jene Art, wie Friedrich hofhielt in Deutschland ... als habe er ein kaum eingestandenes Heimweh nach südlichen Landschaften und Gewohnheiten zu bekämpfen oder als müsse er sich stets in Erinnerung rufen, wessen Geistes Geschöpf und welchem Kulturraum er tatsächlich verpflichtet sei: Sarazenen und überhaupt dunkelhäutige Menschen umgeben ihn; Sprachen, die in Worms, Mainz oder Hagenau niemand versteht, beherrschen den Hof; Wissenschaften, denen man furchtsam, mißtrauisch, feindselig gegenübersteht, beeinflussen das geistige Klima; und ein Prunk, den man, weil man ihn nicht im mindesten gewohnt ist, bald als orientalisch bezeichnet, entfaltet sich, der manchen den Atem verschlägt, manche begeistert und viele nachdenklich macht. Und tatsächlich hat Friedrich stets die Anwendung materiellen Reichtums als probates Mittel zur Durchsetzung seiner Politik verstanden. Und hat mit sizilischem Geld – eigentlich mit dem legendären Reichtum der Normannen – nicht nur Fürsten und Könige bestochen, sondern auch immer wieder die Zuneigung seiner Untertanen diesseits und jenseits der Alpen erworben.

Geld spielte auch eine nicht unerhebliche Rolle für die nunmehr energisch in Angriff genommenen Vorbereitungen gegen die Lombarden. Auf dem Hoftag zu Mainz bereits hatten die deutschen Fürsten, von Friedrich gewiß musterhaft eingestimmt auf dieses schwierige Thema, den Feldzug gegen Mailand und dessen Verbündete einstimmig beschlossen. Es mag dahingestellt bleiben, was an großzügigen Geschenken und klug dosierten Darlehen diese Einstimmigkeit unterstützt hat. Im schweizerischen Uri wiederum hatte Friedrich gewisse Rechte für das Reich käuflich erworben, die ihm den Alpenübergang nach Süden erheblich erleichtern sollten. Und Geld spielte natürlich auch eine Rolle bei der Aufstellung zweier Armeen, die, wie der Plan des Kaisers es vorsah, gleichzeitig von verschiedenen Standorten aus, nämlich von Basel, wo sich rheinländische und niederländische Ritter versammeln sollten, und von Augsburg, das dem süddeutschen Heerbann als Ausgangspunkt diente, über schweizerische Alpenpässe und über den Brenner in die Lombardei einfallen sollten.

Denn daß dieser Krieg, der in einem überhöhten Sinne auch als eine Art moralischer Operation gegen den Papst angesehen werden kann, unabwendbar schien, lag nicht nur an den politischen Ereignissen, sondern war auch im Charakter Friedrichs begründet. »Seine Geduld war erschöpft«, berichtete Gregorovius. »Langwierige Unterhandlungen, in denen sich der Papst stets parteiisch für die Lombarden bewies, hatten den Trotz der lombardischen Städte nur vermehrt. Diese kühnen Bürger sperrten die Verbindung zwischen Italien und Deutschland, hinderten die Beschickung der Reichstage in oberitalienischen Städten und ließen keine deutschen Truppen mehr durch die Alpenpässe. Das war zu viel für den Stolz des großen Kaisers.« Nur war das nicht alles, darf das, was gehässige oder beleidigte Empfindungen auslöste bei Friedrich, nicht für sich allein betrachtet werden als die Ursache für ein aufwendiges militärisches Unternehmen, das der Kaiser zwar eine »Exekution des Rechts« nennen würde, das aber nicht darüber hinwegtäuschen konnte, daß selbst dieser Herrscher, in dessen Politik die Gewalt der Waffen bislang keine wesentliche Rolle gespielt hatte, nicht auf den Krieg als die Fortsetzung aller Diplomatie verzichten konnte.

Die Ursache für vieles, was jetzt einer gewaltsamen Lösung entgegendrängte, war Gregor, war dessen mißtrauische Feindseligkeit gegenüber einem übermäßig erfolgreichen und durch diese Erfolge die Vormachtstellung der Kirche beeinträchtigenden Kaiser. Immer wieder und gleichsam an allen Fronten hatte der Papst die Kunst der Intrige gegen Friedrich eingesetzt, stets das eine Ziel verfolgend, die Macht des Kaisers zu schwächen. Jetzt, genau unterrichtet über die Ereignisse in Deutschland, wo nach der Entscheidung des Hoftages zu Mainz alle notwendigen Vorbereitungen getroffen wurden für den Feldzug gegen die Lombarden, sah sich Gregor in eine wenig erfreuliche oder vielleicht sogar aussichtslose Position gedrängt. Ein Sieg des Kaisers über die Lombarden würde bedeuten, daß die päpstliche Monarchie ringsum umklammert wäre von kaiserlicher Macht. Und daß dadurch der langwierige und hartnäkkige Kampf zwischen weltlicher und geistlicher Hierarchie unmißverständlich entschieden wäre. Andererseits konnte und durfte Gregor sich nicht offenkundig zugunsten der Lombarden einsetzen. Denn durch deren Bündnis mit dem inzwischen als Hochverräter abgeurteilten König Heinrich hatten sie die Reichshoheit verletzt, was übrigens in der politischen Realität weniger zählte als ihre stolze Aufsässigkeit, welche sie sogar daran hinderte, Befehle oder Ratschläge des Papstes, den sie als ihren heimlichen Bundesgenossen in ihrem Kampf gegen den Kaiser betrachteten, zu akzeptieren oder gar zu respektieren.

In dieser schwierigen Situation versuchte Gregor, indem er sozusagen aufs Ganze ging und nicht nur seinen Ruf als Staatsmann, sondern auch seine Glaubwürdigkeit als Mensch aufs Spiel setzte, durch eine kühne Volte den Rückzug ans rettende Ufer einer vermeintlichen Neutralität anzutreten. Er bildete sich hartnäckig ein, so tun zu können, als wäre die lombardische Frage minder bedeutend. Denn buchstäblich von einem Tag auf den anderen und ohne daß es dafür einen anderen Anlaß gegeben hätte als die heillose Uneinigkeit der europäischen Christen in Palästina – die allerdings auch dem Kaiser, der zugleich auch König von Jerusalem war, schon manchen Verdruß bereitet hatte –, drängte Gregor plötzlich darauf, einen neuen Kreuzzug ins Heilige Land zu unternehmen, um dort für jene Ordnung zu sorgen, die doch nur von den verschiedenen Interessengruppen der Christen immer wieder empfindlich gestört wurde. Der tiefere politische Sinn dieses überraschenden päpstlichen Appells an die Fürsten Deutschlands und an den Kaiser war zumindest diesem natürlich sogleich vertraut. Gregor wollte Zeit gewinnen, wollte »die drohende Züchtigung seiner lombardischen Freunde noch hinauszögern«, und für einige Monate schien es in der Tat so, als ob des Papstes schlauer Plan Erfolg haben sollte, denn Friedrich, der freilich nicht im mindesten daran dachte, den mit dem ägyptischen Sultan Al-Kamil vereinbarten Waffenstillstand, welcher bis zum Jahre 1239 andauern sollte, aus nichtigem Anlaß zu brechen, ging vorerst einmal auf die kluge Intrige des Papstes ein und erklärte sich bereit, einen Schiedsrichter einzusetzen, welcher den Konflikt mit den Lombarden vorurteilsfrei beurteilen sollte. Und der auch, so forderte es der Kaiser mit gutem Recht, von den Aufsässigen jene Genugtuung zu fordern hätte, die einen Feldzug gegen sie überflüssig machte. Vom Kreuzzug, den der Papst gerade erst nahezu gebieterisch gefordert hatte, war nunmehr überhaupt nicht mehr die Rede.

Aber Gregor, der wohl begriffen haben mochte, daß Friedrich selbst vor dem letzten gewichtigen Schritt zurückschreckte und nur im äußersten Falle Krieg gegen die starken Lombarden zu führen wünschte, Gregor reagierte gänzlich unvermutet auf des Kaisers Angebot. Einem Schiedsgericht wolle er, ließ er dem Kaiser übermitteln, schon zustimmen; jedoch mit der bindenden Auflage, daß der endgültige Spruch dieses Schiedsgerichtes aus seinem, des Papstes, Munde zu kommen habe; und daß sich der Kaiser dieser Aussage bedingungslos unterwerfen müsse. Und das wiederum lehnte Friedrich empört ab. Wieder war etwas Zeit gewonnen. Die Dinge waren freilich auch komplizierter als je zuvor geworden. Und schließlich entsandte Friedrich seinen engsten politischen Vertrauten, den Deutschordensmeister Hermann von Salza, nach Rom, wo bereits seit längerer Zeit Peter von Vinea vergeblich versucht hatte, mäßigend auf den Papst einzuwirken.

Gregor war jedoch, so schien es, keinem vernünftigen Argument mehr zugänglich. Er sah bloß Roms oder eigentlich der Kirche Vormachtstellung dadurch gefährdet, daß der Kaiser, würde er erst einmal mit seinem Heerbann in die Lombardei einfallen, der weltlichen Macht endgültig zum Triumphe verhelfen könnte. Und daß er, Gregor, gerade deshalb alles zu unternehmen hatte, um die Sache der lombardischen Partei, die auch die Belange der Kurie vertrat, zu unterstützen, ohne daß man ihn deshalb der Genossenschaft mit Hochverrätern bezichtigen könnte. Es war also das, was der Papst mit unermüdlichem Eifer inszenierte, ein diplomatischer Spitzentanz. Er verhandelte auf mehreren Ebenen, intrigierte allenthalben und brach jedesmal von neuem sein gegebenes Wort, ohne daß man ihm einen Wortbruch wirklich hätte nachweisen können. Die Lombarden weigerten sich selbstverständlich, dem Kaiser in irgendeiner

Form Genugtuung zu geben. Sie wähnten sich, nicht zuletzt durch die fast schrankenlose Zuneigung des Papstes verführt, stark genug, um der kaiserlichen Gewalt erfolgreichen Widerstand leisten zu können. Und Gregor wiederum begann nun damit, den Schwerpunkt seiner diplomatischen Attacken nach Süden zu verlegen, das heißt, er beklagte sich jetzt plötzlich wegen der angeblichen Übergriffe kaiserlicher Beamter im Königreich Sizilien, Übergriffe, die, wie der Papst es formulierte, ausnahmslos die Kurie betrafen. Auch wandte er sich mit ebenso frommen wie scharfen Worten gegen die Existenz der sarazenischen Kolonie von Lucera, nannte sie eine Herausforderung für jeden gläubigen Christen, bezeichnete als gefährlich und schamlos, was in Wahrheit gar nichts anderes war als eine Garnison, wo eben anstatt päpstlicher Schlüsselsoldaten dunkelhäutige Sarazenen aus Sizilien lebten.

Nun war dieser Kampf, der von Gregor unermüdlich auf viele Fronten aufgeteilt und der Gewichtung nach verlagert wurde, in der Tat ein grundsätzlicher; und ganz Italien wurde, wie Ferdinand Gregorovius das bereits im vergangenen Jahrhundert dargelegt hatte, in diesen neuen Kampf des Reiches mit der Kirche hineingerissen. Der starrsinnige Stolz lombardischer Bürger war zunächst bloß ein gravierender Anlaß; doch zugleich auch, wenn man die zukünftige Entwicklung berücksichtigt, ein erster Schritt in die Unabhängigkeit der Bürger gegenüber allen weltlichen und geistlichen Diktaturen. Denn in der Tat beruhte damals längst schon die Zukunft aller abendländischen Kultur in den Kommunen und nicht mehr in einem übergeordneten Reich. Es war daher der Sieg des Bürgertums durchaus zeitgemäß. Und der gleichsam programmierte Sieg des Papsttums wurde es gleichfalls, »weil sich die Kirche wie im 12. Jahrhundert sofort zur Beschützerin des Bürgertums und seiner Freiheit aufwarf und aus diesen Machtquellen der Zeit verjüngende Kräfte an sich zog. In dem großen Prinzipienkampf, der jetzt neu beginnen sollte, war das nächste und praktische Objekt das Investiturverhältnis der Städte zum Reich, das höhere endlich die Selbständigkeit der italienischen Nation, welche den Anspruch der deutschen Kaiser, daß Italien ihr Erbland sei, nicht mehr anerkannte.« (F. Gregorovius)

Aber solche Überlegungen, wie sie die Historiker des 19. und 20. Jahrhunderts anstellen würden, bewegten damals gewiß noch nicht die Gemüter der Akteure in diesem gefahrvollen Spiel um die Macht. Vorerst einmal provozierte Gregor die Geduld des Kaisers, warf immer wieder neue Fragen auf, die mit der Lombardensache nichts zu tun hatten, außer daß sie dem durchsichtigen Zwecke dienten, diese Angelegenheit sozusagen zu neutralisieren und ihre Erledigung hinauszuzögern. Zwei Briefe vor allem diktierte der Papst an Friedrich, deren Tonfall eher unverschämt und deren Inhalte reichlich kurios waren und die doch eine Wirkung hervorriefen, wie sie Gregor vielleicht nicht erwartet hatte, obgleich er, Gott als Zeugen für sein politisches Handeln anrufend, diese beiden Schreiben zwischen unverhüllter Drohung und beleidigender Spiegelfechterei angesiedelt hatte, so daß eine andere als eine heftige Reaktion Friedrichs wohl kaum zu erwarten gewesen war. Dieser nämlich antwortete in einem »von ungeheurer Erbitterung getragenen Brief« auf alle Vorwürfe des Papstes, daß er, erst einmal eingetroffen in Italien, wohl bereit sei, alle offenen Fragen zu diskutieren; aber eine Voraussetzung dafür sei eben die Exekution des Rechts, das es durchzusetzen gelte in der Lombardei, »damit jene Mitte Italiens, die von unseren Kräften rings umgeben ist, zu den Diensten unserer Erlauchtheit und zur Einheit des Kaisertums zurückkehre. Den liebsten Dienst glauben wir also dem lebendigen Gotte zu leisten, wenn wir mit löblichem Eifer und festem Vorsatz den friedlichen Zustand des ganzen Imperiums erstreben ...«

Das war unmißverständlich. Das war eine Kriegserklärung, ohne daß vom Krieg die Rede war. Das war zumindest ebenso geschickt inszeniert, wie es des Papstes vorerst noch vergebliche Versuche gewesen waren, den Vormarsch der kaiserlichen Macht in Italien zu sabotieren. Ein gänzlich anderes Licht auf diese Exekution des Rechts, wie Friedrich die Expedition gegen die Lombarden bezeichnete, warf freilich ein Schreiben an den König von Frankreich, in welchem der Kaiser wohl auch die sogenannte Weltfriedensidee zitierte, der er mit der Niederwerfung der Lombarden zu dienen vermeinte, daneben aber die persönliche Rachsucht nicht verleugnete, die ihn zu diesem Feldzug trieb, um »die am Vater und Großvater begangene Beleidigung zu bestrafen und den schon anderen Ortes ausgerotteten Keim verruchter Freiheit zu zertreten«.

In solchen Worten entdeckt man freilich einen anderen Charakterzug Friedrichs als jenen gleichsam offiziellen, welcher die geplante Strafexpedition gegen die Lombarden nahezu als »eine Erfüllung des göttlichen Weltenlaufes« oder gar als einen »Gottesdienst« in den Augen jener erscheinen läßt, die alles Recht auf der Seite des Kaisers und alles Unrecht im Lager seiner Gegner erkennen wollen. Damals freilich begeisterten sich, nicht zuletzt auch durch eine geschickte Propaganda dazu animiert, Europas weniger fromme als aus politischen Gründen einem militanten Christentum verpflichtete Monarchen für die Idee, gegen unbotmäßige Bürger einen Kreuzzug zu inszenieren. Friedrich, getrieben von des Papstes raffinierter Diplomatie, steigerte die ganze Angelegenheit, der zweifellos neben den politischen auch persönliche Motive zugrunde lagen, zu einer existentiellen Frage der Christenheit überhaupt. Leidenschaftlich verwahrte er sich dagegen, daß man ihm unterstelle, eines eigenen Vorteiles wegen, der freilich offenkundig auf der Hand lag, diesen Feldzug unternehmen zu wollen. Und in Anspielung auf die immer wieder vorgebrachten Wünsche des Papstes, einen erneuten Kreuzzug gegen die Araber zu unternehmen, schrieb er: »Wenn erst der Zwist im Busen dieses Italien zu Ehren Gottes und des Kaisertums durch ein rühmliches Ende beruhigt ist, dann hoffen wir, für das Heilige Land eine mächtige Hilfe herauszuführen.« Und er hatte mit solchen Hinweisen, mit solcher Propaganda Erfolg, wie später und endgültig auch das Papsttum vermittels der geistlichen Diplomatie Erfolg haben sollte. Jetzt ereiferten sich Europas Könige, um des Kaisers Kreuzzug gegen die Lombarden nicht bloß gutzuheißen, sondern auch tatkräftig zu unterstützen, wie etwa der englische König, der ganz im Sinne der kaiserlichen Agitation an den Papst und an einige wichtige Kardinäle Briefe absandte, in denen er die Anmaßung der rebellischen Lombarden mit kräftigen Worten verurteilte. Auch Frankreichs überaus frommer König Ludwig, der später einmal heiliggesprochen werden sollte, befleißigte sich dieser Tonart, ganz zu schweigen vom magyarischen Monarchen Bela, der, sich dabei gleichfalls an den Papst wendend, vor dem »unauslöschlichen Feuer der Zwietracht zwischen Kirche und Imperium« warnte, welches gewiß die Folge sein würde für den unglaublichen Fall, daß der Kurie die Sache der Rebellen inniger am Herzen läge als das gerechte Anliegen des Kaisers, die Lombarden zu züchtigen.

Davon, daß Friedrich, indem er gegen Mailand und dessen Verbündete wütete, auch der verletzten Eitelkeit gehorchte, auch bösen Erinnerungen an jene Tage, als er von den Lombarden empfindlich gedemütigt wurde anläßlich seiner ersten Reise nach Deutschland, da er, die Spottlieder der Rebellen im Ohr, sich wie ein Dieb eines ungesattelten Pferdes bemächtigen und »mit nassen Hosen«, wie das dann die spöttischen Verse beschrieben, einen Fluß überqueren mußte ... davon kein Wort! Nur dieser eine briefliche Hinweis auf Vater und Großvater und auf die Beleidigungen, die sie durch die Lombarden hatten erdulden müssen. Und nur dieser eine halbe Satz, der die verruchte Freiheit, die es zu zertreten gilt, anspricht! Friedrich wirkt in allen diesen Vorbereitungen auf den Feldzug gegen die Lombarden wie jemand, der sich der wahren Ursache seines Hasses zwar wohl bewußt ist, aber alles unternimmt, um diese Ursache zu verbergen. Er wirkt, um es so deutlich auszusprechen, wie ein Falschspieler des Gefühls.

Philipp Melanchthon, Luthers gelehrter Freund, wird Jahrhunderte nach des Kaisers Tod zusammenfassend aussprechen, was zuvor schon Gegner und Anhänger Friedrichs begriffen hatten; daß er »ein Mann von großen Gaben, wacker im Krieg, umsichtig in den Geschäften, an Seelengröße unbeugsam, in seinem Privatleben ohne feste Grundsätze, von Ruhmesbegier durchdrungen, großmütig und freigebig« sei; so beschrieb es der im 14. Jahrhundert lebende Historiker Johann von Victring; »ein Mann der großen Tat, strahlend im Ruhm der Waffen, ausgezeichnet durch Freigebigkeit, hervorragend durch Leutseligkeit und Seelengröße«, wie ihn Enea Silvio de'Piccolomini, der nachmalige Papst Pius II. charakterisierte; und also auch, um Melanchthons Urteil zu zitieren, Deutschlands nützlichster Regent, »wenn die römischen Bischöfe nicht seine herrlichsten Pläne zu Schanden gemacht hätten«. Das zieht sich wie ein roter Faden durch die Biographie Friedrichs, daß er, den Rom bald schon als Antichrist verdammen sollte, die Freundschaft der Päpste niemals gewinnen konnte, obgleich alles, was er nicht aus dem Zwang heraus unternahm, die Macht zu erobern und zu behalten, das Wohlgefallen der Kirche hätte hervorrufen müssen.

Ein Beispiel dafür waren die Feierlichkeiten zu Marburg an der Lahn, welche der Kaiser zugunsten Elisabeths inszenierte, Deutschlands jüngster Heiliger, die der franziskanischen Idee mit soviel besessener Hingabe gedient hatte, daß sie selbst daran auf eine eher erbarmungswürdige Art zugrunde gegangen war. Im Mai des Jahres 1236, und da waren die wesentlichen Vorbereitungen zum Einmarsch in die Lombardei längst schon getroffen, kam Friedrich nach Marburg, um vor einer »unermeßlichen Menge Volkes« die pompöse Grablege der Heiligen zu feiern. Ein Wunder soll sich dabei übrigens auch ereignet haben, als Friedrich den Grundstein für die prachtvolle Grabkirche legte. Denn während man den Leichnam Elisabeths umbettete in einen kostbaren Eichenschrein, der mit Gold beschlagen und mit Silberfiguren und Gemmen geschmückt war, soll dem entseelten Leib Öl entflossen sein, welches die anwesenden Deutschordensritter sogleich auffingen, um es später an bevorzugte Äbte und Bischöfe zu verteilen. Und das Volk, dem Kaiser zujubelnd, würde einmal mehr in Friedrich eine Art Erlöser erkennen, würde mit ihm, der inmitten der frömmsten und feierlichsten Zeremonien wahrscheinlich schon ungeduldig der Entscheidung in Norditalien entgegenfieberte, einen Mythos verbinden, der noch lange nach des Kaisers Tod eine meinungsbildende Wirkung haben sollte.

Ein Mann von großen Gaben, dessen »herrlichste Pläne die römischen Bischöfe zu Schanden« gemacht haben: Manches von dem, was Friedrich jetzt unternahm, bleibt allerdings fragwürdig, läßt uns fast daran zweifeln, daß er auch als Feldherr jener außerordentlichen Begabung teilhaftig gewesen sei, derer er sich als Politiker in einem so überreichen Maße erfreuen durfte. Denn als er nach den schönen Tagen von Marburg im Spätsommer dieses Jahres 1236 entgegen den ursprünglichen Plänen, die eine erfolgversprechende Doppelstrategie und das Einsetzen zweier Heere vorgesehen hatten, welche in einer Art Zangenbewegung die lombardischen Truppen hätten aufsplittern und vernichten sollen, nunmehr nur mit einer kleinen und zudem bunt zusammengewürfelten Armee, die diesen Namen eigentlich gar nicht verdiente, in die Lombardei vordrang, da war der Erfolg des ganzen Unternehmens allein schon aus gleichsam quantitativen Gründen in Frage gestellt. »Der ganze Feldzug des Jahres 1236, der wenige Monate dauerte, war daher nur ein Vorfühlen und sollte vor allem in der Lombardei Luft machen und die Lage klären«, verteidigt Friedrichs Biograph Kantorowicz die fast dilettantisch anmutende Operation. Denn tatsächlich waren es bloß ein paar Tausend Mann, welche Friedrich gegen die stark befestigten Städte des lombardischen Bundes und deren Milizen anführte, wobei der Kaiser außer seiner kampferprobten sarazenischen Garde und einem eher geringen Aufgebot von Lehensrittern nur noch über qualitativ doch zweitklassige – um nicht zu sagen: minderwertige – Soldtruppen verfügte, mit denen er äußerstenfalls ein Scharmützel im offenen Feld gewinnen, jedoch niemals eine der lombardischen Städte erstürmen konnte. Er habe, meint Kantorowicz, sich auch über das Verhalten des Papstes Gewißheit verschaffen wollen ... Und folgte man dieser Annahme, die freilich eine recht fragwürdige Hypothese zu sein scheint, weil Friedrich zu klug war, um des Papstes doppelbödiges Spiel nicht längst durchschaut zu haben, dann kommt diesem ersten Feldzug gegen die Lombarden in der Tat nicht mehr Bedeutung zu als einem beliebigen Spähtrupp, der die Stärke des Feindes und die politische Strategie eines wankelmütigen Verbündeten auskundschaften soll. Vom militärischen Genie des Kaisers vermag das alles nicht recht zu überzeugen.

Allerdings muß man Friedrich wohl auch zugute halten, daß er einigen Ablenkungen ausgesetzt war, die sein Zaudern als Feldherr begreiflich machen. Friedrich II. – ein Herzog aus Österreich, den schon die Zeitgenossen den »Streitbaren« nannten, weil er ein händelsüchtiger Charakter war, der nicht nur unfähig schien, mit benachbarten Fürsten Frieden zu halten, sondern der auch dem Willen des Kaisers hartnäckig trotzte, bis es keine andere Möglichkeit mehr gab als die Unterwerfung dieses sonderbaren Herzogs – zwang den Kaiser dazu, sein Heer aufzusplittern und, unterstützt von den Truppen des böhmischen Königs und des Herzogs von Bayern, einen Feldzug gegen den unbotmäßigen Herzog zu unternehmen, bis dieser, des öfteren besiegt, ohne freilich gänzlich vernichtet zu werden, zur politisch bedeutungslosen Figur degradiert war. Derlei scheinbar nebensächliche Aktivitäten kosteten Friedrich dennoch viel an Aufwand und Zeit. Im Winter 1236 zum Beispiel verlegte er seinen

Hof nach Wien, das er bei dieser Gelegenheit zur freien Reichsstadt erklärte, und ließ dort auch, ohne jedoch eine Krönung vorzunehmen, seinen damals gerade neunjährigen Sohn Konrad zum deutschen König und zukünftigen Kaiser des Imperiums wählen. Und erst im darauffolgenden Sommer, also 1237, zog er erneut von Augsburg aus und über den Brenner nach Oberitalien, um, wie er hoffte, die lombardische Frage jetzt mit einem Schlag zu erledigen.

Eine beiläufige Bemerkung ist an dieser Stelle zu machen: Gewisse Anfangserfolge Friedrichs und vor allem wohl auch die überraschend einmütige Haltung der deutschen Fürsten – denen alles Verhandeln und Taktieren mit dem Papst und dessen Legaten nur noch suspekt erschien, weil sie davon überzeugt waren, daß des Kaisers einzige Antwort auf den Hochverrat der Lombarden und auf die undurchsichtige Politik der Kurie im Losschlagen bestünde, in der Züchtigung der Verräter – hatte den Gegner nachdenklich gemacht. Den Lombarden mochte der neuerliche Vorstoß der kaiserlichen Truppen, denen von Süden her toskanische und süditalienische Soldaten, die so etwas wie eine zweite Front errichteten, Unterstützung gewährten, den tatsächlichen Ernst der Lage bewußt gemacht haben. Und auch der Papst schien in diesem Augenblick schwankend zu werden, ob es wirklich opportun sei, sich noch länger gegen Friedrich zu stellen. Es wurde die Möglichkeit von Friedensverhandlungen erwogen. Man eröffnete einander die Voraussetzungen, die notwendig wären, um einen weiteren Waffengang zu vermeiden. Die Möglichkeit eines Vergleichs, der Friedrich zwar nicht volle Genugtuung, aber doch einen sichtbaren Erfolg gebracht hätte, lag in der Luft. Aber da bewies die Markusrepublik, bewiesen Venedigs Diplomaten, daß ihre Geschicklichkeit im Umgang mit der Macht nicht grundlos gefürchtet war in ganz Europa. Die Serenissima hatte in der Tat auch manche Ursache, einen überzeugenden Sieg des Kaisers verhindern zu müssen. Denn wie Gregor es ablehnte, von kaiserlichem Territorium gleichsam eingeschnürt zu werden, so fürchteten auch die Venezianer den vollkommenen Erfolg Friedrichs in Norditalien. Und mit der ihnen eigenen Gerissenheit und Rücksichtslosigkeit hintertrieben sie geschickt alle Ansätze zu einer Friedenspolitik, wobei sie sich in der Hauptsache der ehemals kaisertreuen Stadt Piacenza bedienten, wo nunmehr ein Venezianer als Podestà eingesetzt war. Dieser ließ die Bürger der Stadt einen heiligen Eid leisten, niemals den Kaiserlichen die Tore zu öffnen. Gerade das aber wäre eine der hauptsächlichen Bedingungen Friedrichs für einen Friedensschluß gewesen.

Der Krieg wurde also fortgesetzt. Es war freilich ein seltsamer Krieg. Zwischen den reichstreuen und den lombardischen Städten bewegten sich die einzelnen Heere ohne erkennbaren Plan, eher dem Instinkt gehorchend als einer einleuchtenden Strategie. Allerdings war jetzt die Truppenstärke Friedrichs achtenswerter geworden, ohne wirklich furchteinflößend zu sein: Chronisten sprechen von zwölf- bis fünfzehntausend Soldaten, die nunmehr dem Kaiser zur Verfügung standen, wobei nicht genau feststellbar ist, ob in dieser nach wie vor bescheidenen Zahl auch jene toskanischen und süditalienischen Kontingente enthalten sind, die von der Romagna und der Toskana aus nach Norden marschierten. Großes im Sinne spektakulärer Kriegführung war von allen diesen Armeen, also weder von den kaiserlichen noch von den lombardischen, ohnedies nicht zu erwarten.

Und dennoch glückte dem Kaiser ein Sieg, der in die Annalen der Kriegsgeschichte eingehen sollte. Die Entwicklung dazu war freilich eine eher sonderbare oder zufällige, denn von jenem Augenblick an, da Friedrich mit etwa zweitausend deutschen Rittern Mitte September 1237 in Verona eintraf, bis zum Tag des großen Sieges von Cortenuova, der auf den 27. November fallen sollte, bewegten sich Kaiserliche und Lombarden, als befänden sie sich auf einer etwas verwirrenden Fuchsjagd, durch die fruchtbare Lombardei, deren herbstliche

Üppigkeit nur wenig Eindruck gemacht haben dürfte auf die Reiter und Fußsoldaten, die von einer Stadt zur nächsten marschierten, des Feindes fast niemals ansichtig wurden und dennoch Erfolge erzielten, die, ohne daß dies die Chronisten vermelden würden, Freund und Feind gleichermaßen überrascht haben dürften. Irgendwann im September, müssen wir annehmen, gelang die Vereinigung des deutschen Heeres mit den sizilischen Truppen; ebenso vermehrten jetzt rund siebentausend sarazenische Bogenschützen, die man nicht mit der sarazenischen Garde des Kaisers verwechseln darf, dessen Armee. Auch das reichstreue Cremona entsandte ein Aufgebot, über dessen militärische Stärke wir allerdings nichts wissen. Jedenfalls war Friedrich jetzt wohl in die Lage versetzt, während seiner eher planlosen Märsche südlich Veronas einige Fortune zu haben, wobei man nicht genau weiß, ob die Festungen – wie etwa Redondesco im Westen Mantuas – und kleinen Kastelle, die ihm zufielen, mühsam erobert oder bloß besetzt werden mußten. Dem Fall Mantuas gingen jedenfalls Verhandlungen voraus. Und als am 1. Oktober 1237 kaiserliche Truppen in die an sich stark befestigte Stadt einmarschierten, war kein einziger Tropfen Blut vergossen worden. Auch Montechiaro im Gebiet von Brescia fiel Friedrich nicht nach schwerem Kampf, sondern vermittels Verrat und List in die Hände. Brescia selbst, wo ein lombardisches Heer in der Stärke von rund zehntausend Mann lagerte, mied er vorsichtig und wich nach Süden aus, wo er mehrere Kastelle überrannte, ohne daß uns irgendwelche Nachrichten von Kampfhandlungen überliefert wären. Die Kaiserlichen verwüsteten das offene Land und bedrohten lombardische Städte, die nicht wie Brescia das Glück hatten, vom Heer des lombardischen Bundes geschützt zu werden. Und das wiederum zwang dieses Heer, der Armee Friedrichs gleichsam in Sichtweite auf der Spur zu bleiben, ohne daß es jedoch zu einer Auseinandersetzung gekommen wäre. In gewisser Hinsicht hat es den Anschein, als würden beide Armeen es sorgfältig vermieden haben, einander auf so nahe Distanz zu kommen, daß eine Feldschlacht die einzige logische Konsequenz dieses unbeabsichtigten Zusammenpralls gewesen wäre.

Übrigens kam es zwischendurch immer wieder zu Verhandlungen. Die Lombarden hatten wohl eingesehen, daß sie auf Dauer dem belästigenden Druck der kaiserlichen Armee nichts Gleichwertiges entgegenzusetzen hatten. Und Friedrich dürfte begriffen haben, daß der eine entscheidende und vernichtende Schlag, mit welchem er die lombardische Frage aus der Welt zu schaffen wünschte, nicht so ohne weiteres gelingen würde. Aber die Zugeständnisse der mailändischen Unterhändler waren ihm zu dürftig. Und den Lombarden schienen Friedrichs Forderungen unannehmbar.

In dieser Situation bediente sich Friedrich einer List, die, sofern sie tatsächlich allein seiner Nachdenklichkeit zu verdanken war, manches Vorurteil gegen seine strategischen Fähigkeiten als Feldherr ausräumen sollte. Etwa drei oder vier Marschstunden nördlich von Cremona in einem sumpfigen Gelände lagernd, durch das ein schmaler Fluß namens Oglio fließt – man schrieb schon Mitte oder Ende November, die ersten Nebeltage verdunkelten das flache, jetzt trostlos werdende Land –, inszenierte Friedrich plötzlich einen Abmarsch ins Winterquartier, was im übrigen jedermann einleuchtend schien: In solcher Jahreszeit mit schwindendem Licht, Nebel und kälter werdenden Nächten führte man damals keinen Feldzug; die Soldaten verlangte es nach Erholung; und den lombardischen Bürgersoldaten war dieser ganze Krieg überhaupt schon lästig geworden.

Friedrich also täuschte den Abmarsch seiner Streitmacht ins Winterquartier vor. Die Lombarden, gut verschanzt und unangreifbar hinter den Sümpfen des Oglio, verfolgten wachsam und gewiß auch befriedigt über den Verlauf dieser Operation die Bewegungen der Kaiserlichen, die in geordneter Formation sich absetzten in Richtung Cremona. Provisorische Brücken, rasch geschlagen über den Oglio, wurden sogleich nach dem vermeintlichen Rückzug wieder abgebrochen. Und einiges Fußvolk sowie der ganze Troß marschierten auch tatsächlich, beobachtet von lombardischen Spähern, nach Cremona. Den Rest des kaiserlichen Heeres aber, und das war neben den kampfkräftigen Sarazenen vor allem die bewegliche Reiterei, beorderte Friedrich jetzt am anderen Ufer des Oglio in Richtung Norden, das heißt, die Truppen marschierten, nur durch den Fluß vom Gegner getrennt, in jene Richtung, welche auch die Lombarden einschlagen mußten, wenn sie in ihre Winterquartiere oder, was noch wahrscheinlicher war, zurück in ihre Städte zogen. An irgendeiner Stelle, so Friedrichs Überlegung, würden sie den Fluß überqueren müssen. Und dort gedachte er, den strategischen und psychologischen Vorteil des überraschenden Angriffs ausnutzend, zuzuschlagen.

Der Plan war gut. Aber er benötigte Zeit und Ausdauer. Die Lombarden, die sich völlig sicher wähnten, setzten sich nur langsam, zögernd ab. In der Nähe eines Ortes namens Soncino errichtete Friedrich einen Hinterhalt, der, nachdem einige Tage lang gar nichts geschah, wieder aufgegeben werden mußte. Es wehte der Nebel über die lombardische Tiefebene. Es verblaßten allmählich die Farben der sonnendurchglühten Landschaft, die nun im November langsam zurücksank in einen düsteren Herbst. Und wollte man poetisch sein, könnte man wohl sagen, daß in jenen Augenblicken sogar die Natur den Atem anhielt angesichts des kommenden Unheils, dem die ahnungslosen Bürgermilizen aus Mailand, Brescia, Faenza, Alessandria, Bologna, Piacenza und anderen rebellischen Städten entgegenzogen.

Denn wenn auch der Hinterhalt von Soncino vergeblich errichtet worden war; wenngleich es noch Tage dauern sollte, bis Friedrichs Späher das Näherkommen der Lombarden und ihre Vorbereitungen zur Überquerung des Oglio melden konnten: Irgendwann in der Nacht vom 26. auf den 27. November traf beim Kaiser doch die ungeduldig erwartete Nachricht vom Übergang der Lombarden ein; und daß ein Teil der lombardischen Armee unweit eines Dorfes namens Pontoglio lagere und ein anderer, der sich um das sogenannte Carrocium, also um den Fahnenwagen der Mailänder versammelt habe, in der Nähe von Cortenuova ein Lager aufgeschlagen habe; ahnungslos natürlich und vollkommen unvorbereitet für eine Schlacht. Und Friedrich schlug jetzt los. Am frühen Morgen des 27. November brach er von Soncino aus auf und überfiel mit einer dem Zentrum voraneilenden Abteilung deutscher Reiter jene Lombarden, die den Fahnenwagen der Mailänder begleiteten. Wenig später traf die kaiserliche Hauptmacht ein, also vor allem die sarazenischen Bogenschützen, die ihrer tödlichen Treffsicherheit und auch ihres unbändigen Kampfeswillen wegen allgemein gefürchtet waren. Aus der ersten Attacke heraus entwickelte sich alsbald ein mörderisches Treiben, ein Abschlachten der hoffnungslos verwirrten Lombarden, die hier bei Cortenuova die grausamste und demütigendste Niederlage ihrer ganzen Geschichte erlitten. Den ganzen Tag über wehrten sie sich zwar mit dem Mute der Verzweiflung gegen die Kaiserlichen; sie brachten auch einige Verstärkungen heran, was aber im Grunde nichts anderes bedeutete, als daß die Zahl ihrer Verluste nur noch größer wurde. Und bis zum späten Nachmittag, als es bereits zu dunkeln begann, waren diese Verluste so groß, daß die Lombarden schließlich nur noch ihr Heil in der Flucht suchen konnten. Und gerade das ließ die Niederlage zur Katastrophe ausarten.

Denn Friedrich stieß gnadenlos nach, ließ der eigenen Reiterei keine Ruhe, um dem Gegner keine Schonung zu gewähren, trieb seine Sarazenen erbarmungslos voran, bis diesen, wie ein Chronist das vermeldet, die Arme schmerzten vom mörderischen Umgang mit Pfeil und Bogen ... Ein kurzes Atemholen nur erlaubte oder erzwang die Nacht. Bereits im Morgengrauen des nächsten Tages setzte das wüste Treiben von neuem ein, und die Lombarden – längst gesprengt und zerschlagen, längst auch von panischer Furcht ergriffen angesichts des Ausmaßes der Niederlage, welches sie an der Zahl ihrer Toten ermessen konnten – waren nicht mehr imstande, sich zu wehren, sondern ließen sich nahezu willenlos gefangennehmen oder niedermetzeln: Tausende starben, Tausende retteten sich in die Gefangenschaft, darunter zahllose Adelige und Männer von hohem Rang wie etwa jener Pietro Tiepolo, welcher der Sohn des venezianischen Dogen und zugleich auch der Podestà von Mailand war.

Am beeindruckendsten aber dünkte den Kaiserlichen die Eroberung des mailändischen Carrocium, des Fahnenwagens, an dessen zersplitterten Fahnenmast sie im Überschwang ihres Triumphes jetzt den Dogensohn und mailändischen Bürgermeister Tiepolo fesselten, um dann diese besondere Beute, indem sie einen Elefanten davorspannten, nach Cortenuova und weiter nach Süden zu schaffen. In Cremona, wohin sich die Sieger nach dem ersten Jubel – und nach erfolgter Plünderung des gedemütigten Feindes und seiner Lagerbestände – begaben, soll es sogar ein weißer Elefant gewesen sein, welcher den Fahnenwagen zog; und hier, so wird berichtet, soll auch die schändliche Demütigung Tiepolos erfolgt sein – daß man ihn an den Mastbaum fesselte und dem Hohn der kaisertreuen Bürger Cremonas aussetzte. Aber um zu verstehen, weshalb gerade die Eroberung des Fahnenwagens solchen Eindruck machte, muß man wohl erklären, was seine Bedeutung ausmachte. »Das Carrocium galt nämlich als Palladium der Städte«, schreibt Gregorovius in seiner Schilderung der Ereignisse von Cortenuova. »Ein reich gezierter, von Stieren gezogener Wagen, auf welchem sich die Fahnenstange mit dem goldenen Kreuzbild und einer Glocke erhob, wurde als heiliges Symbol der Republik in den Schlachten aufgefahren und von einer auserlesenen Schar todesentschlossener Streiter bewacht. Seinen Verlust betrachtete man als das tiefste Unglück oder die größte Schmach, welche die Ehre einer Stadt betreffen konnte.«

Die Ehre Mailands und des lombardischen Bundes war nun allerdings nicht bloß gekränkt, sondern durch den Tag von Cortenuova buchstäblich geschändet worden. Friedrich, der sich gerade erst als kluger Feldherr ausgewiesen hatte, bestätigte jetzt auch nachdrücklich seine psychologischen Fähigkeiten, indem er in Cremona den Sieg von Cortenuova auf besondere Weise feiern ließ. Denn nicht nur eine Siegesparade ließ er ausrichten; nicht nur den mailändischen Fahnenwagen mit dem gefesselten Dogensohn bot er seinen jubelnden Untertanen als Anschauungsunterricht dafür an, wie es den Gegnern des Kaisers letztlich ergehe ... er ließ auch die Kulisse zu dieser Parade pompös dekorieren; er war auch auf Eindruck bedacht, wollte, die Gunst der Stunde nützend, der Welt beweisen, daß er in der Tat ein Imperator sei, der die Erde wohl zu beherrschen wisse und den selbst der Papst in Rom zu fürchten oder zumindest zu respektieren habe. Immerhin ließ er nach dieser gewiß eindrucksvollen und auch furchteinflößenden Siegesfeier von Cremona den Fahnenwagen mit anderen erbeuteten Feldzeichen nach Rom schicken, wo das alles »auf seinen Wunsch und zum Ärger des Papstes auf dem Kapitol aufgestellt wurde«.

Cortenuova war ein Höhepunkt im Leben Friedrichs. »Der Triumph von Jerusalem hatte den Staufer zum Sohn des Gottes erhöht ... der blutigere von Cortenuova machte ihn zum Sohn auch der Erde.« (E. Kantorowicz) Derlei mag, wenn man die gleichsam materiellen Voraussetzungen dieser Schlacht betrachtet, erstaunlich klingen. Denn in Wahrheit war der Tag von Cortenuova, welcher den Ruhm des Kaisers nicht bloß bei seinen Zeitgenossen ins Unermeßliche steigern sollte, eine militärisch minder bedeutende und in den politischen Folgen eher banale Angelegenheit. Eigentlich waren es überhaupt erst die von Friedrich mit ungemein geschickter Hand inszenierten Begleiterscheinungen, die diesem Gemetzel eine Glorie schenkten, deren Leuchtkraft die Jahrhunderte überdauerte. Denn Friedrich war zweifellos ein vorzüglicher Arrangeur und Propagandist selbst der kleinsten Dinge. Und kein Anlaß mochte ihm so gering erscheinen, daß er daraus nicht einen Vorteil zu schlagen verstanden hätte. So begnügte er sich beispielsweise nicht bloß damit, die erbeuteten Spolien Mailands auf dem römischen Kapitol über antiken Säulen aufzustellen, sondern er unterstützte diese Trophäenschau noch mit einem Schreiben, darin er sich unter anderem den Römern als Triumphator anpries, wohl wissend, daß den stolzen und in der jüngsten Vergangenheit so oft gedemütigten Römern ein solcher Caesar, der ihnen den Glanz ihrer Geschichte wiedergab, hochwillkommen wäre. Und Friedrich, der nicht vergeblich ein gelehriger Schüler des listenreichen Innocenz gewesen war, schürte die Hoffnung der Römer auf ein neues Caesarentum und auf eine Erhöhung ihrer Position durch unermüdliche Hinweise auf Cortenuova als Stätte eines römischen Sieges; er versagte es sich auch nicht, den Römern in Erinnerung zu rufen, daß Rom die eines erneuerten römischen Imperiums einzig denkbare Hauptstadt sei. Daß Gregor, der greise Papst und in Wahrheit des Kaisers Todfeind, einer solchen Propaganda, einer solchen Politik nur wachsendes Unbehagen und Zorn entgegenzubringen vermochte, kümmerte den Kaiser in diesen Augenblicken des Triumphes wenig. Er schmeichelte dem römischen Senat und dem römischen Volk; und er spekulierte damit, daß beide der Tyrannei durch die päpstliche Monarchie überdrüssig waren; und im übrigen schien er, der wie jeder Sterbliche gegen die Verblendung durch Eitelkeit nicht gefeit war, zutiefst davon überzeugt, daß die Römer, die er jetzt mit solchen Gunstbeweisen überhäufte, ihn mit offenen Armen empfangen und sein Despotentum freudig begrüßen würden.

Aber weder wurde in und mit Cortenuova die lombardische Frage erledigt, noch ergaben sich aus dem Sieg am Oglio jene erwarteten Konsequenzen, die des Kaisers imperiale Pläne hätten endgültig verwirklichen können. Und was die großartige Geste angeht, mit der Friedrich den Römern seine mailändische Beute überantwortete, so schrieb schon Gregorovius, auf Friedrichs Caesareneitelkeit anspielend, daß »die Räder eines Fahnenwagens das laute Gelächter der antiken Welteroberer erregt haben« würden. Und man wird kaum falsches Zeugnis ablegen über die damaligen Verhältnisse in Rom, wenn man sagt, daß nicht wenige von den römischen Adeligen, die nicht der staufischen Partei anzugehören wünschten, in dieses Gelächter eingestimmt haben, wenn sie die selbstgefällige Inschrift, welche Friedrich dort hatte anbringen lassen, auf dem Kapitol studierten; oder wenn sie die kläglichen Überreste des Fahnenwagens aus Mailand betrachteten, aus denen nach des Kaisers Wunsch jetzt ein neues Imperium entstehen sollte.

Dabei hatte der Erfolg von Cortenuova Friedrich rundum Applaus eingebracht; zumindest so lange, als die Fürsten Europas annehmen durften, daß dadurch der Widerstand der Lombarden endgültig gebrochen sei. Aber das Gegenteil war der Fall. Denn nicht nur Mailand selbst, sondern mindestens noch fünf andere Städte, nämlich Faenza, Piacenza, Brescia, Bologna und Alessandria, setzten den Kampf mit unverminderter Erbitterung fort, was den Kaiser, der schon mit begehrlichem Blick Rom betrachtete, wiederum dazu zwang, den Untertanen seines süditalienischen Königreiches erhebliche Sondersteuern zuzumuten. Ein Krieg kostet Geld. Und je langwieriger die Auseinandersetzung mit den Lombarden wurde, um so kostspieliger wurde sie auch.

Aber auch hier bewies Friedrich, dem schon Zeitgenossen nachsagten, daß sein Haß gegen die lombardischen Rebellen stärker war als die Vernunft, einen feinen Instinkt dafür, wie man mit Untertanen umgehen muß, wenn man sie, ohne ihre Zuneigung zu verlieren, rücksichtslos ausbeuten will. Denn in jenem Dokument, mit welchem er den Süditalienern die neu zu entrichtenden Sondersteuern diktierte, vergaß er eingangs nicht auf ein beredtes Lob der Landschaften und Menschen, die er zu plündern beabsichtigte. Von der ungemeinen Lieblichkeit der Landschaft war da die Rede, vom Glanz menschlicher Treue und daß er, der sich mit dem Caesarentitel schmücken dürfe, es dennoch nicht für unrühmlich erachte, »einer aus Apulien zu heißen«. Der Schmeicheleien scheint kein Ende zu sein ... bis dann endlich die entscheidende Passage kommt, darin es unmißverständlich heißt: »Das alles gewährt uns billige und zwingende Anrechte darauf, daß wir nun – um einen gewaltigen Sieg über unsere Rebellen zu erringen in einem Feldzug, dessen Beendigung uns den Lorbeer der Schlacht und euch und euren Nachkommen für euer Mühen die Ruhe bringt – nicht ohne großes Bedauern die Unterstützung durch eure Steuern verlangen.«

Das große Bedauern, von dem hier die Rede ist, mag sogar echt empfunden gewesen sein, denn immerhin hatte der Kaiser es verabsäumt, Friedensangebote der Lombarden rechtzeitig zu akzeptieren, das heißt, er bestand selbst dort auf Unterwerfung, wo er sie nicht erwarten durfte. Cortenuova hatte einige Städte schwankend gemacht, hatte einigen lombardischen Clans eine Nachgiebigkeit diktiert, die zum Beispiel in Mailand die

Stimmung dergestalt beeinflußte, daß man sich nunmehr bereit erklärte, sowohl Geiseln zu stellen als auch einen kaiserlichen Beamten als höchsten Richter zu erdulden. Aber Friedrich wollte mehr. Er beanspruchte alles! Darunter verstand er eben die vollkommene und bedingungslose Unterwerfung, was die Mailänder zur Antwort herausforderte, daß sie, seine unberechenbare Wildheit wohl kennend, »lieber durch Lanzen, Pfeil und Schwert fallen wollten als durch Henkershand«. Und Friedrich – das Übermaß seines Glückes, das ihm bisher ein treuer Begleiter gewesen war, nicht erkennend oder nicht begreifend, auch eitel genug, um den Sieg von Cortenuova als eine Selbstverständlichkeit mißzuverstehen, die er jetzt nur fortzusetzen brauchte, um die ganze Lombardei in die Knie zu zwingen – mißachtete die vernünftigen Angebote des geschlagenen, jedoch nicht gänzlich besiegten Gegners. »Was den Kaiser zu solcher Schroffheit gegen Mailand veranlaßte, weshalb er sich mit einer Demütigung der Stadt nicht begnügte, zumal er den weitaus gefährlichsten Gegner in Rom wußte, ist mit sachlich-politischen Gründen nicht zu erklären«, schreibt dazu E. Kantorowicz.

Der weitaus gefährlichste Gegner saß in Rom! Im Sommer des Jahres 1238 sollte Gregor IX. noch einmal den Versuch unternehmen, Frieden zu stiften zwischen den streitenden Parteien, wobei ungewiß bleiben muß, wie ernsthaft diese Anstrengungen tatsächlich waren. Friedrich lehnte jedenfalls das Angebot ab. Und der Tonfall dieser Ablehnung war so, daß auch ein minder empfindsamer Charakter als jener Gregors dadurch aufs schwerste beleidigt sein mußte. ». . . während durch euren Boten die Friedensbedingungen nur höchst ungenau erklärt wurden«, ließ Friedrich an den Papst schreiben, »konnten wir trotz eifrigem Nachdenken nicht herausfinden, was diese Botschaft eigentlich wollte, die weder eine Form noch einen Plan enthielt.« Das war nun freilich fast schon unverschämt, mußte auf den Papst so herausfordernd wirken wie Friedrichs intrigante Bemühungen um den römischen Stadtadel, dem er, der Kaiser, immer wieder verbindliche Versicherungen darüber abgab, aus Rom, das schließlich das Zentrum der päpstlichen Monarchie war, die neue Hauptstadt des Imperiums zu machen.

Aber die tatsächlichen Entscheidungen fielen nicht in Rom, sondern vor der damals noch kleinen, allerdings stark befestigten Bergstadt Brescia, gegen die Friedrich jetzt im Sommer des Jahres 1238 den ersten Stoß seines neuerlichen Feldzuges gegen die Lombarden richtete. Die Vorbereitungen dazu waren außerordentliche gewesen, was gewiß auch dadurch erleichtert wurde, daß das christliche Europa wie Friedrich selbst auf eine etwas übertriebene Weise vom Erfolg bei Cortenuova zuerst überrascht, dann beeindruckt war und sich nun beeilte, seinen Anteil beim Endsieg über die rebellischen Bürger, von dem man zwischen England und Ungarn fest überzeugt war, nicht zu verabsäumen. Und so langten ab dem Frühjahr 1238 unablässig neue Truppenkontingente in Norditalien ein, zuerst die Deutschen unter ihrem jugendlichen König Konrad, dem Sohn Friedrichs, dann ein burgundisches Ritterheer, das unter der Führung eines provenzalischen Grafen zur Entscheidungsschlacht gegen die Lombarden antrat, ferner Soldaten aus dem Königreich England, französische Ritter, kastilische Edle und Reiterei aus den ungarischen Tiefebenen; und dazu natürlich die Sarazenen Friedrichs, Süditaliener, Sizilianer, Truppen aus der kaisertreuen Toskana, aber auch Griechen, welche der damals regierende Kaiser von Nikäa, und Araber, die der Sultan Al-Kamil auf den europäischen Kriegsschauplatz entsandt hatte. Es war ein gewaltiges Heer, über dessen genaue Stärke es widersprüchliche Angaben gibt, das aber zahlenmäßig zweifellos das größte gewesen sein mag, das von Friedrich jemals befehligt werden konnte. Selbstverständlich fehlte dabei auch nicht der exotisch anmutende Troß des Kaisers mit seinem Harem, dem pittoresken Zoo und den unvermeidlichen Gauklern – das alles »dem persischen

Großkönig wohl vergleichbar, der einst seine Völker gegen die Griechenstädte führte, wie Friedrich II. mit seinen Scharen gegen das kleine hochgelegene Brescia zog« (E. Kantorowicz), wobei der Kaiser wie alle Welt nichts anderes sich vorzustellen imstande war, als daß dieses erste anvisierte Widerstandsnest der Lombarden entweder durch kühnen Handstreich oder durch kurze Belagerung erobert werden mußte.

Und Europa, möchte man sich vorstellen, lehnte sich sozusagen behaglich zurück, um das Schauspiel der raschen, gründlichen Rebellenausrottung zu genießen. Sogar der Papst, über dessen Sympathien es längst schon keinen Zweifel mehr gab, duckte sich nun und preßte die stets redseligen und zu jeder Intrige gegen den Kaiser bereiten Lippen nahezu furchtsam oder doch vorsichtig zusammen. Der endgültige Triumph Friedrichs über seine hartnäckigsten und gefährlichsten Gegner schien jedenfalls nur noch eine Frage von Tagen oder Wochen.

Aber die Tage und Wochen vergingen, ohne daß das kaiserliche Heer auch nur annähernd jenen Erfolg zu erzielen vermochte, der eine Voraussetzung gewesen wäre für die rasche Eroberung Brescias und den unaufhaltsamen Vormarsch gegen Mailand. Alle Angriffe wurden abgeschlagen. Das kaiserliche Belagerungsgerät mit Wurfmaschinen und Sturmbrücken und fahrbaren Mannschaftstürmen, von denen aus, nachdem sie nahe genug an die Mauern herangeführt waren, die kühnsten Soldaten die Zinnen hätten buchstäblich erspringen, erstürmen sollen, erlitt schwere Verwüstungen durch die technisch moderne und taktisch hervorragend organisierte Abwehr der Belagerten, bei denen ein gewisser Calamandrinus, ein Spanier, der sich als Konstrukteur von Kriegsgerät einen berühmten Namen gemacht hatte, auf hervorragende Weise mitwirkte. Dabei hätte er ursprünglich auf Friedrichs Seite seine Talente zur Anwendung bringen sollen. Aber durch einen geschickten Schachzug war er den Lombarden in die Hände geraten, hatte in Brescia neben Anerkennung und hohem Sold auch ein Eheweib gefunden und diente nun, selbst zum Bürger der belagerten Stadt geworden, mit besonderem Eifer gegen die Kaiserlichen.

Schreckliches tat sich im Verlaufe dieser Belagerung. So ließ Friedrich, um die Angriffstürme dicht an die Mauern heranführen zu können, gefangene Lombarden an die hölzernen Außenwände binden, was den Pfeilhagel der Verteidiger hätte verhindern sollen. Aber diese kümmerten sich nicht um das Elend ihrer Freunde und schleuderten nach wie vor ihre Speere und Pfeile gegen den vorrückenden Feind, gegen die wehrlosen und verzweifelten Gefangenen, von denen, wie die Chronisten nüchtern melden, alle zugrunde gingen ... und im übrigen rächte man sich in der Stadt bald auf gleiche Weise an den gefangengenommenen Kaiserlichen. Das gegenseitige Gemetzel muß grausam gewesen sein; und brachte dennoch den Soldaten Friedrichs keinen zählbaren Erfolg. Denn im Oktober – nach einer mehr als zweimonatigen Belagerung der Stadt Brescia und nachdem auch Verhandlungen, die ein gewisser Bernardo Orlando di Rossi aus Parma im Auftrag des Kaisers mit den Bürgern der Stadt geführt hatte, ergebnislos geblieben waren, wobei es nicht an Gerüchten fehlte, die diesen kaiserlichen Parlamentär in Wahrheit einen Freund der Lombarden nannten – zog sich das Belagerungsheer von Brescia zurück. An der Niederlage gab es nichts zu beschönigen. Friedrich war schon beim ersten Ansturm gegen die lombardischen Bastionen kläglich gescheitert. Jetzt entließ er die fremden Truppen, die Engländer, Franzosen, Kastilier, Burgunder, Araber und Griechen, schickte auch die Süditaliener und die Toskaner zurück in ihre Heimat und beorderte lediglich die deutschen Ritter und deren Gefolge in die Winterquartiere. »Und bald sah der Kaiser«, schreibt Gregorovius, »der den Italienern nun als maßloser Despot erschien, das Glück sich von ihm abwenden.«

Diese Niederlage hatte naturgemäß folgenschwere Konsequenzen. Denn nun, »durch den kaiserlichen Mißerfolg aus der peinlichsten Lage befreit«, konnte Gregor energischer, rücksichtsloser als jemals zuvor in seiner Strategie fortfahren, die selbstverständlich gegen die vitalsten Interessen Friedrichs gerichtet war. Er ernannte beispielsweise des Kaisers entschiedenen Gegner, Gregor von Montelongo, einen ehemaligen Notar der römischen Kurie, der später einmal als Patriarch von Aquileja einen großartigen Höhepunkt seiner Karriere erreichen sollte, zum päpstlichen Legaten für die Lombarden, was eine maßlose Herausforderung Friedrichs war, gegen die sich dieser nur mit Worten, aber nicht mit Taten zu wehren vermochte. Dieser Gregor von Montelongo war unendlich viel mehr als nur ein willfähriges Werkzeug in den Händen des Papstes. Er unternahm von sich aus alles, um den Widerstand der Lombarden gegen den Kaiser zu stärken; und nicht zuletzt seinen Bemühungen war es zu danken, daß sich alsbald die zersplitterten Kräfte, die einst den lombardischen Bund ausgemacht hatten und die nach der Schlacht von Cortenuova in schwere Bedrängnis geraten waren, nunmehr von neuem sammelten; und daß die Bürger der kaiserfeindlichen Städte Norditaliens sich nicht mehr länger als verbrecherische Rebellen oder gar als Ketzer begreifen mußten, sondern jetzt voll Stolz von sich sagen durften, Fackelträger der Freiheit zu sein. Und zudem flößte ihnen dieser päpstliche Legat soviel politisches Selbstbewußtsein ein, daß sie sich auch als Verteidiger der bedrängten Kirche und des Papsttums schlechthin begriffen, so daß alsbald tatsächlich ein unheilvoller Riß quer durch das Imperium ging, eine Kluft sich aufzutun begann, die alle Lager betraf: »Guelfen« nannten sich die Gegner der ghibellinischen, also der kaiserlichen Herrschaft; und guelfisch wurde nun manche Partei, auch wenn sie ursprünglich nicht dem lombardischen Bund nahegestanden war.

Und Gregor intrigierte und organisierte die Front gegen den Kaiser noch weiter. Es gelang ihm, die beiden heftigen Konkurrenten um den Levantehandel, Genua und Venedig, in einem Pakt zu vereinigen, der die maritimen Interessen Friedrichs empfindlich treffen sollte. Denn beider Handelsstädte Kriegsflotten waren durchaus imstande, eine unheilvolle Blockade der apulischen und sizilianischen Küsten herbeizuführen, was des Kaisers Nachschub für den lombardischen Kriegsschauplatz fast gänzlich zum Erliegen brachte. Auch hier ist des Papstes Klugheit zu rühmen, mit welcher er die Intrige gegen Friedrich führte, denn die Venezianer, die anfangs eher zögerten, eine eindeutige Stellung gegen den Kaiser zu beziehen, erinnerte er nachdrücklich an die Schmach, die dem bei Cortenuova in die Hände der Kaiserlichen gefallenen Dogensohn Tiepolo angetan worden war ... Und im Falle Genuas hatte er ohnedies leichtes Spiel, weil dort ein mailändischer Podestà regierte.

Friedrich, dem Anschein nach wirklich vom Glück verlassen, das ihm so lange ein treuer Begleiter gewesen war, begann jetzt unter dem Druck, den Gregors diplomatischer Terror ausübte, schwankend zu werden, Fehler zu begehen, sich in Widersprüche zu verstricken, die sich verhängnisvoll auf die weitere Entwicklung der Dinge auswirken sollten. Er stand in diesem Sommer und Herbst 1238, da die meisten Entscheidungen fallen sollten, die den Wendepunkt in des Kaisers bisher glückhafter oder vom Glück ungemein begünstigter Biographie herbeiführen würden, gerade im vierundvierzigsten Lebensjahr, befand sich also, wenn man der allgemeinen Lebenserfahrung auch in der damaligen Zeit folgen will, auf dem Höhepunkt seiner Möglichkeiten. Und dennoch beging er schwere Fehler. Er unterwarf sich in Cremona einem Verhör, das Abgesandte des Papstes gegen ihn führten, welche ihn mit vierzehn Delikten konfrontierten, die allesamt nichts mit der lombardischen Angelegenheit, sondern ausschließlich mit der angeblichen Unterdrückung kirchlicher Rechte im Königreich Sizilien zu tun hatten. Er unterband zugleich alle Anstrengungen, in der westlichen Lombardei, wo die Reorganisation der Verhältnisse zugunsten des Imperiums am weitesten fortgeschritten war, diese Neuordnung des

Staates konsequent fortzuführen. Er zeigte sich nachgiebig und war intolerant und inkonsequent gegen sich selbst, wo er mit entschiedener Härte hätte auftreten müssen. Er ließ sich mit des Papstes Prälaten in lange Diskurse ein über die angeblich rüde Behandlung, die den Templern und Johannitern, seinen erbitterten Gegnern seit den dramatischen Tagen von Jerusalem, im süditalienischen Königreich angeblich zuteil geworden war. Und er, der Imperator, der die Nachfolge römischer Caesaren anzutreten wünschte, ließ es sich nicht einmal verdrießen, sich wortreich gegen die absurde Anschuldigung zu wehren, einen arabischen Fürstensohn daran gehindert zu haben, sich taufen zu lassen und ein Christ zu werden.

War Friedrich verunsichert? Hatte Brescia ihm eine tiefere Wunde beigebracht, als er es sich selbst und der Welt gegenüber eingestand? In Rom, wo seine Agenten so gute Arbeit geleistet und so viele Römer in das kaiserliche Lager heimgeführt hatten, zerstörten jetzt die Anhänger des Papstes die Paläste kaisertreuer Familien. Und Friedrich fand keine Möglichkeit, dagegen einzuschreiten. Vielleicht fehlte ihm jener Mann, auf dessen Treue und Klugheit er sich jahrelang blindlings hatte verlassen dürfen, nämlich der Deutschordensmeister Hermann von Salza, in diesen schwierigen Wochen und Monaten am empfindlichsten? Vielleicht war er ohne den politischen Instinkt, ohne die ausgleichende, auch mäßigende Intelligenz dieses wohl bedeutendsten aller kaiserlichen Ratgeber so gut wie hilflos? Aber Hermann von Salza lag in Salerno auf den Tod darnieder, unfähig, des verwirrten Kaisers nützlicher Ratgeber zu sein.

Und der Kaiser hörte nicht auf, schwerwiegende, unentschuldbare Fehler zu machen. Enzio, einer seiner Söhne, »in Wuchs und Antlitz unser Ebenbild«, wie ihn der stolze Vater selbst einmal beschrieben hatte, gezeugt einst mit einer deutschen Adeligen, die für ein Kurzes seine Geliebte gewesen war in jenen glücklicheren Tagen, als der jugendliche Staufer nordwärts gezogen war, um das Erbe aus den Händen der Welfen zu übernehmen, Enzio, den alle Chronisten als ein Ebenbild des Vaters beschreiben, geschmeidig, hellhäutig, freundlich, von einnehmendem Wesen, »durch und durch gebildet, für alles Geistige empfänglich«, er also wurde vom Kaiser jetzt im Oktober 1238 der sogenannten Schwertleite für würdig empfunden, was mehr als bloß ein Ritterschlag, nämlich die Erhöhung zum vollwertigen Manne war; und wenige Monate später, wahrscheinlich im März 1239 und wiederum auf ausdrücklichen Wunsch des Kaisers, wurde der gerade Zwanzigjährige mit einer gewissen Adelasia vermählt, einer sardischen Adeligen oder Prinzessin, die in diese Ehe zwei Provinzen dieser unruhigen Insel als Mitgift einbrachte, was Enzio – unterstützt durch seines Vaters Ehrgeiz – dazu veranlaßte, sich nunmehr als König von Sardinien zu empfinden. Und genau das war der Punkt, auf den es ankam. Sardinien war ein Lehen der Kirche, war Teil der päpstlichen Monarchie in einem zwar übergeordneten, jedoch unmißverständlichen Sinne. Und niemals würde der Papst es dulden, daß ein illegitimer Sohn des Kaisers ohne seine, Gregors, Zustimmung, sich König von Sardinien nennen dürfe.

Der Palmsonntag fiel im Jahre 1239 auf den 20. März. An diesem Tag starb in Salerno Hermann von Salza, Friedrichs kluger Weggefährte über viele Jahre hinweg, ein unermüdlicher Vermittler zwischen der geistlichen und der weltlichen Macht, ein Mann des vernünftigen Ausgleichs, dem beide Parteien selbst in Augenblicken giftigen Hasses immer noch gefolgt waren auf seinem »beschwerlichen Pfad der Mäßigung«. Und an eben diesem 20. März verkündete Papst Gregor IX. unter heftigem Glockengeläut und dem hellen Schein zahlloser Kerzen, gerade so, wie es nach ihm alle Priester innerhalb der christlichen Welt während des Hochamtes nachvollziehen sollten, zum zweitenmal den Bann über den Kaiser. Niemand, der die beiden Ereignisse dieses Tages in jene

Verbindung bringt, die ihnen zweifellos zusteht, wird zögern, im Tod Heinrich von Salzas gerade am 20. März, dem Tag des Bannfluches Gregor wider Friedrich, ein Symbol zu erkennen. An diesem Tag setzte die Wende ein im Schicksal des Kaisers, begann ein neues Zeitalter.

Friedrich befand sich zu diesem Zeitpunkt seit einigen Wochen bereits in Padua, im Kloster Santa Justina, wo er die braven Mönche gewiß in einige Verwirrung versetzt haben mag durch das ungewöhnliche Gefolge, das ihn begleitete. Ein Elefant, fünf Leoparden und vierundzwanzig Kamele werden in diesem Zusammenhang genannt, aber auch eine Reihe ebenso bemerkenswerter wie luxuriös gekleideter Damen, wobei zeitgenössische Chronisten diskret verschweigen, um welche Art von Damen es sich dabei handelte.

In Padua also hatte der Kaiser seit Beginn dieses Jahres 1239 Aufenthalt genommen. Und längst davon überzeugt, daß sein päpstlicher Widersacher, den er zuletzt erst wieder durch die Vermählung seines Sohnes Enzio mit einer sardischen Adeligen aufs äußerste gereizt hatte, nicht zögern würde, auch noch die letzte und gefährlichste Waffe, nämlich den Bannfluch, gegen ihn anzuwenden, und längst auch ebenso davon überzeugt, daß dieser erbarmungslose Kampf zwischen weltlicher und geistlicher Macht nur durch die vollkommenste und demütigendste Vernichtung eines der beiden Widersacher beendet werden könnte, hatte Friedrich jetzt nichts mehr unversucht gelassen, um Gregor innerhalb seiner eigenen Partei zu isolieren. Der Kaiser wandte sich plötzlich an die Kardinäle, erinnerte sie daran, daß sie »auch Nachfolger der Apostel seien«, schmeichelte ihrem Ehrgeiz und ihrer Eitelkeit und hielt ihnen die Vorzüge einer dem Papste völlig gleichberechtigten »Oligarchie der Kardinäle« vor Augen. Zugleich aber, und das zeigt die Verwirrung Friedrichs, drohte er ihnen mit seiner schrecklichen Vergeltung, falls sie seinen Wünschen, die er beinahe als Befehle dekreditiert hatte, nicht nachkommen sollten, da »weder dieser Papst selber noch seine

Sippschaft wert seien, daß gegen sie des Reiches Erhabenheit einschreite«.

Ein schriller, geifernder Tonfall, wie ihn der uralte Papst schon lange angestimmt hatte, wurde jetzt auch bei Friedrich vernehmbar. Gregors unaufhörliche Intrigen und Attacken begannen eine Wirkung zu zeigen, die den strahlenden Caesar, den siegesbewußten Imperator allmählich veränderten. Die Zeit bis zu jenem Augenblick, da mit dem Bannfluch vom 20. März 1239 alles entschieden wurde, muß von einer unerträglichen Spannung beherrscht gewesen sein, denn der Kaiser war mehr oder minder tatenlos dazu verurteilt, eine Entwicklung abzuwarten, die er zwar nachdrücklich beeinflußt hatte, jetzt aber nicht mehr zu steuern vermochte.

Von der Stunde an, da das päpstliche Verdammungsurteil auch nach Padua gelangte, veränderte sich freilich die Situation. Und das, wie stets bei einem solchen Konflikt, auf den beiden vollkommen voneinander verschiedenen Ebenen, auf denen verfeindete Parteien in einem Krieg den Erfolg suchen. Was das sozusagen Martialische betrifft, also die Fortsetzung des Feldzuges gegen die Lombarden und die Errichtung einer neuen Front gegen die päpstliche Monarchie, so entfaltete Friedrich nunmehr eine fast fieberhafte Tätigkeit, durcheilte er in kurzer Zeit ganz Oberitalien, um die nach dem Bannspruch überall von neuem entflammte Rebellion zu bekämpfen, wobei ihn vor allem der Abfall Ravennas getroffen haben mochte. Denn gerade diese Stadt war stets kaisertreu gewesen und besaß allein schon durch ihre Tradition als römische, ostgotische und byzantinische Residenz- und Hafenstadt einen großen Symbolwert für Friedrich. Aber seit dem Augenblick, da hier ein Kardinal namens Sinibald Fiesco den Widerstand gegen den Kaiser zu schüren begonnen hatte, war die kaisertreue Partei so gut wie chancenlos. Vielleicht muß man in diesem Zusammenhang erwähnen, daß dieser Kardinal Sinibald Fiesco alsbald unter dem Namen Innocenz IV. den päpstlichen Thron besteigen würde.

Aber Schwierigkeiten gab es auch anderswo. In der wichtigen Trevisaner Mark regte sich der Aufruhr, Treviso selbst wurde den Kaiserlichen entrissen. Ein gegen Bologna gerichteter Feldzug in die Romagna brachte kleinere Erfolge, ohne daß der Gegner entscheidend geschwächt werden konnte. Lediglich Como, »der Schlüssel des Eingangs von Deutschland nach Italien«, wo man sich seit längerem schon gegen die Bevormundung durch Mailand aufgelehnt hatte, schlug sich in diesem Jahr 1239 gänzlich unvermutet auf die Seite des Kaisers. Dafür blieb ein Angriff gegen Piacenza witterungsbedingt buchstäblich im Schlamm stecken. Schwere Regenfälle hatten den Po über seine Ufer treten lassen und die Stellungen der Piacentiner unangreifbar gemacht. Eine Entscheidungsschlacht, wie sie Friedrich und seine Generale in Erinnerung an den glanzvollen Tag von Cortenuova herbeizuführen suchten, kam nicht zustande. Die verschiedenen Heere bewegten sich, wie schon in den beiden Jahren zuvor, scheinbar planlos durch das offene Land, suchten einander und wichen einander doch immer wieder aus, wobei die ganze Last des Krieges auf den Bauern lag, auch auf den Bewohnern kleiner, schutzloser Märkte und Städte, denen keine andere Wahl blieb, als je nach der gegebenen Situation einmal der einen und dann wieder der anderen Partei zuzujubeln; und die Kontributionen zu entrichten, die ihnen rücksichtslos auferlegt wurden.

Zudem gab es Krieg jetzt auch im Süden. Dem Bündnis, das unter Gregors kluger Mithilfe zwischen Venedig und Genua gegen Friedrich geschlossen worden war, traten nunmehr auch Mailand, Piacenza und die römische Kurie selbst bei. Die Direktiven des Vertrages waren dabei eindeutig. Genua und Venedig, beide im Besitz großer Flotten, sollten ihre eigenen und des Papstes Truppen auf Sizilien landen, das, wie man einander versicherte, binnen sechs Monaten dem Kaiser entrissen sein würde. Dann wollte man das Königreich teilen. Barletta beispielsweise würde venezianisch, Syrakus den Genuesen zufallen, während der weitaus größte Teil des Königreiches in dem Verband der päpstlichen Monarchie aufzugehen hatte. Und wenn auch dieser Vertrag und alle diese Pläne vorerst nichts weiter als eine Absichtserklärung waren, der die entscheidenden Taten erst zu folgen hatten, so bedeutete dieser Zusammenschluß der Gegner Friedrichs doch eine beträchtliche Erschwerung seiner Lage, denn er, der zwischen der Romagna und dem Piemont immer wieder Feldzüge gegen die Lombarden zu führen hatte, mußte zugleich sein süditalienisches Königreich in die strengste Verwaltung nehmen, um von dort unter anderem auch einen gesicherten Nachschub an Mensch und Material gewährleistet zu erhalten. Aber gerade das war erheblich erschwert und gelegentlich sogar nun fast unmöglich geworden. Der Landweg war so gut wie verschlossen, da ihn des Papstes Truppen und überhaupt des Papstes Monarchie, die sich nun im offiziellen Kriegszustand gegen den Kaiser befand, abriegelten. Und Friedrichs Schiffe, unterwegs in der Adria und im Tyrrhenischen Meer, hatten jederzeit die Attacken feindlicher Galeeren zu fürchten.

Gleichzeitig aber mußte auch das Königreich selbst, dessen Herrscher Hunderte Meilen entfernt in einer fremden Landschaft Krieg führte, in einen vollkommenen Verteidigungszustand versetzt werden. Und darunter verstand Friedrich nicht bloß die Renovierung und Armierung zahlreicher Kastelle, wozu auch der rasche Ausbau der Küstenbefestigungen gehörte, was freilich eine minder beschwerliche Aufgabe war, weil ohnedies an allen Küsten des Südens zahlreiche Wachttürme existierten, welche gegen die beständig drohende Gefahr von Überfällen durch Seeräuber eingesetzt waren, sondern dieser vollkommene Verteidigungszustand, diese »Absperrung« des Königreiches nach außen sollte auch eine geistige sein, meinte auch den Seelenzustand der Untertanen. Das begann damit, daß Friedrich die »Säuberung des Landes von verdächtigen Elementen« veranlaßte. Darunter verstand man vor allem die sogenannten Bettelmönche, »des Papstes liebste Organe für geheime Nachrichten und für die Erregung von Volksaufständen«, wozu allerdings bald auch die Mehrzahl des süditalienischen Klerus zählte, denn die Geistlichen vom einfachen Minderbruder bis hinauf zum einflußreichen Bischof sahen sich in diesem Entscheidungskampf zwischen Kirche und Kaiser naturgemäß genötigt, Partei zu ergreifen. Und das war in der Regel die Partei des Papstes. Aber auch einer gleichsam geistigen Vergiftung oder doch gegen ihn gerichteten Beeinflussung seiner süditalienischen Untertanen suchte Friedrich dadurch zuvorzukommen, daß er beispielsweise allen Studenten, die aus sogenannten Rebellenstädten kamen, also aus Gebieten, die dem lombardischen Bund angehörten, das Studium an der Universität Neapel verbot.

Krieg also im Norden wie im Süden. Und zugleich mit dem Lärm der Waffen der unmäßige Lärm der Propaganda. Zwei Charaktere, die man Schreihälse nennen möchte, wären sie minder begabte Politiker, weniger bedeutende Persönlichkeiten gewesen, beschimpften einander aufs absurdeste und gemeinste, ohne daß sie sich wahrscheinlich der verheerenden Wirkung tatsächlich bewußt gewesen wären, welche ihre haßerfüllten Tiraden auf die Christenheit ausübten. Es diktierte der Papst in Rom seinen Sekretären die unglaublichsten Metaphern, es wütete der Kaiser schon wenige Tage nach der Veröffentlichung des Bannspruchs gegen Gregor. »Es steigt aus dem Meer die Bestie voller Namen der Lästerung, die mit der Tatze des Bären und dem Maul des Löwen, an den übrigen Gliedern wie ein Leopard gestaltet, ihren Mund zu Lästerungen des göttlichen Namens öffnet und nicht aufhört, auf Gottes Zelt und die Heiligen in den Himmeln die gleichen Speere zu schleudern.« So dröhnte es aus Rom wider Kaiser und Reich und alle jene, die Friedrichs Partei ergriffen hatten. »Mit eisernen Krallen und Zähnen begehrt sie alles zu zermalmen und mit ihren Füßen die ganze Welt zu zerstampfen. Um die Mauern des katholischen Glaubens einzureißen, hat sie längst heimlich die Sturmböcke gerüstet, jetzt aber stellt sie offen ihre Kriegsmaschinen auf, baut sie seelenzerstörend ismaelitische Kampfmittel auf, und wider Christus, den Heiland des Menschengeschlechtes, dessen Bundestafeln sie mit der Spachtel ketzerischer Verstocktheit zu verwischen sinnt, richtet sie, wie das Gerücht bezeugt, sich empor ...« Die Bestie Friedrich, wie Gregor den Kaiser mit zitterndem Greisenmund nannte, blieb freilich nichts schuldig. »Denn seit der Zeit seiner Erhebung hat dieser Vater nicht der Barmherzigkeit, sondern der Zwistigkeit, der Verwüstung und nicht der Tröstung eifriger Verwalter, alle Welt zu Ärgernissen aufgewiegelt«, tönte es nun aus Padua, Cremona, Lodi und wo immer der Kaiser sich in den folgenden Wochen und Monaten aufhielt. Und indem der Kaiser sich gewiß wütend krümmte unter den Geißelhieben Gregors, von denen er annehmen, fürchten mußte, daß sie nicht gänzlich wirkungslos blieben auf die Masse jener, deren Beistand er in dieser rabiaten Auseinandersetzung dringend benötigte, schleuderte er selbst die schlimmsten Flüche auf Rom. Er, den der Papst als Antichrist bezeichnete, nannte nun Gregor Antichrist. Er, der eine Bestie war in den Augen und in der Sprache der Kurie, beschrieb den Papst als großen Drachen, als Fürst der Finsternis, als bösen Engel, »welcher hervorspringt aus dem Abgrund, welcher Schalen hält voll Bitterkeit, daß er dem Meere und dem Lande schade ...«, und wenn Gregorovius in seiner Darstellung all dieser Ereignisse vom »glühenden Haß« spricht, der sich »in den Pomp alttestamentlicher Redeweise« hülle, so ist das gewiß nicht übertrieben.

Diese Propaganda, vor allem jene, derer sich Friedrich bediente, fand freilich vor einem überaus realistischen Hintergrund statt. Denn es war keinesfalls so, daß der Kaiser oder sein bevorzugter und begabtester Pamphletist, Peter von Vinea, lediglich ungeheuerliche Erfindungen in pathetische Worte umzusetzen hatte, damit man der brutalen Rhetorik des Papstes nichts schuldig zu sein brauchte. Es war vielmehr die allgemeine Stimmung gegen die Kurie in diesen dröhnenden Schriften und Wortkaskaden eingefangen, eine Stimmung, die schon jener Abt Joachim aus Kalabrien, der von den Zeitgenossen als Prophet verehrt worden war, ebenso unmißverständlich wie warnend beschrieben hatte und der dann auch Francesco Bernardone, der kleine Heilige aus Assisi, durch die beispielhafte Art seines Lebens überzeugenden Ausdruck verliehen hatte. Die Meinung des Volkes war in dieser Hinsicht ohnedies eindeutig. »Die Verweltlichung der geistlichen Herrschaft war den Besten von jeher ein Greuel gewesen, den anderen das unaufhörliche Geldfordern der Kurie eine Last.« (E. Kantorowicz)

Man müßte, um sich die aufgeregte Stimmung jenes ereignisreichen Jahres 1239 einigermaßen vorzustellen, nicht bloß der Zitate sich bedienen, mit denen man beiden Kontrahenten ohne weiteres nachweisen könnte, daß sie jedes erträgliche Maß in ihrem haßerfüllten Gegeneinander längst überschritten hatten, sondern man müßte sich auch der allgemeinen Situation entsinnen, die damals herrschte und die jeder, Friedrich wie Gregor, mit seinen Pamphleten und Taten zu seinen Gunsten zu beeinflussen suchte. Denn man beschimpfte einander nicht allein aus der häßlichen Lust an der sprachlichen Orgie, nicht nur auf Grund rhetorischer Fertigkeit und sprachgewaltiger Begabung, die beiden Gegnern wohl eigen war, sondern man schielte gleichsam über den angegriffenen Feind hinaus auf das Publikum, dessen man in diesem Entscheidungskampf dringend bedurfte. »Wenn der große Repräsentant der weltlichen Rechte«, schreibt Gregorovius, »welcher die Könige zu seinem Beistand aufforderte, an dem Bürgertum eine Stütze gefunden hätte, so wäre die Papstgewalt schon damals zertrümmert worden; wenn die Ideen der Ketzer in das Bewußtsein des Zeitalters eingedrungen wären, so hätten sich die zerstreuten Elemente der Häresie in einem großen Strom der Reformation schon damals vereinigt. Doch Friedrich war der Feind der Demokratie, und er verbrannte zugleich Ketzer auf Scheiterhaufen. Kein reformatorischer Geist im Sinne späterer Jahrhunderte war in ihm; die Menschheit konnte von solchem Geiste in einer Zeit nicht ergriffen werden, welche vom Dogma des Papsttums, von der Inquisition und dem Enthusiasmus des Franziskus und Dominikus beherrscht war ...«

Das eigentlich war die Tragödie Friedrichs, daß er, während er, wie er vermeinte, gegen das konservative Element ankämpfte, gegen das, was wir eher ungenau das ewig Gestrige nennen würden, selber zutiefst konservativ war und nicht begreifen konnte oder wollte, daß die fortschrittlichsten Geister gerade jene waren, die er, indem er unermüdlich immer neue und strengere Gesetze gegen sie erließ, unbarmherzig verfolgte. Es war wieder einmal der seltsame Widerspruch in diesem Manne wirksam, daß er, der führende Geist seines Zeitalters, der Poet und wissenschaftlich Begabte, den Gregor aus seiner Sicht im Grunde zu Recht einen gefährlichen Feind der beharrenden Institution der Kirche nannte, dennoch nicht imstande war, über den eigenen Schatten zu springen und dem Fortschritt dort zu dienen, wo er ihn bekämpfte. Es wären, so seltsam sich das anhört, die Lombarden seine besseren Bundesgenossen gewesen, wenn er in der Tat ein moderner Monarch gewesen wäre. Und vielleicht hat Gregorovius die fundamentalste Wahrheit über diesen Kaiser ausgesagt, als er schrieb: »Die Natur seines Zeitalters erklärt mehr als seine eigene die seltsamen Widersprüche im Wesen dieses großen Kaisers, der im Kirchenbanne einen Kreuzzug unternahm, der Sarazenen und Bischöfe an derselben Tafel speiste, welcher Minoriten und Dominikaner als Freunde des Papstes und Ketzer als dessen Feinde verbrennen ließ; der sich in die Genossenschaft der Zisterzienser von Casamari feierlich aufnehmen ließ und den Leichnam der heiligen Elisabeth zu Marburg eigenhändig krönte; der wie Arnold von Brescia den Reichtum der Kirche unchristlich schalt, dessen Regesten aber erfüllt sind mit Gnadendiplomen für Kirchen und Klöster und mit Freibriefen bischöflicher Jurisdiktion.«

Er, Friedrich, den Gregor einen Skorpion nannte, der aus dem Stachel seines Schwanzes Gift spritze, suchte in seinen wütenden Erwiderungen freilich immer noch der Realität zu gehorchen. Und er beschuldigte den Papst als einen Genossen der lombardischen Ketzer, die Gregor einst selbst der Ketzerei bezichtigt hatte und die dieser nun als Verbündete benützte im Kampf gegen den Kaiser. Während sich der Papst der unheimlichsten Mächte bediente in seinem Kampf gegen Friedrich, des Überirdischen, Gespenstischen und Apokalyptischen, nützte der Kaiser recht geschickt des Volkes eher ungünstige Meinung über die Kirche aus, erinnerte er die Welt an des Papstes verdammendes Urteil über die ketzerischen Mailänder, »deren Stadt nach dem Urteil zuverlässiger geistlicher Männer zum größten Teil von Ketzern bewohnt« sei, und schürte den Unmut vieler Christen angesichts kurialen Übermutes und geistlicher Mißbräuche.

Bewundernswert muß man in diesem Zusammenhang die unglaubliche Arbeitsleistung Friedrichs nennen. Denn während er, den kaiserlichen Großhof in unentwegte und dabei produktive Aufregung versetzend, gleichsam als Dirigent der verschiedenen Feldzüge tätig war und voll ungestümer Unruhe Oberitalien durchquerte; während er das propagandistische Trommelfeuer des Papstes wortgewaltig erwiderte; während er in aller gebotenen Eile Anordnungen traf, die der neuerlichen Organisation und Straffung seines Reiches dienten: während all dem fand er stets noch Zeit, sich seiner persönlichen Liebhabereien anzunehmen. Nicht einen einzigen Tag wäre die Befehlsausfertigung ins Stocken geraten, notieren Chronisten und Biographen bewundernd die immense physische und psychische Leistung dieses nunmehr bald fünfundvierzigjährigen Mannes, der aber selbst unter höchster Anspannung doch niemals den Blick verlor für das, was ihm wirklich behagte. Und das war die Jagd, waren Hunde, Pferde, Falken. Das hatte mit Poesie zu tun, mit wissenschaftlichen Diskursen. Und das betraf, ohne daß man indiskret zu sein braucht, gewiß auch den legendären Harem, den er stets mit sich führte.

Nicht verschweigen darf man aber auch die negativen Begleitumstände dieser neuen Situation, in die sich Friedrich durch den Bannfluch des Papstes und die Konzentration seiner Feinde jetzt versetzt sah. Wohl war er, der Antichrist und das apokalyptische Untier, der höchsten Aktivität fähig; und durchaus imstande, über viele Tage und Nächte hinweg nahezu ohne jede Pause durchzuarbeiten. Wohl war er auch fähig, inmitten dieser Anstrengungen seinen persönlichen Neigungen nicht untreu zu werden ... jedoch auch das Starrsinnige, Diktatorische, Maßlose in ihm steigerte sich jetzt, da er unter Aufbietung aller Kräfte um den höchsten Einsatz kämpfen mußte; und das alles wuchs mitunter bis zur Unerträglichkeit an. Es genügte ihm nicht mehr, daß sein süditalienisches Königreich nach außen hermetisch abgeschlossen wurde, was noch verständlich schien angesichts der massiven Bedrohung Siziliens und Apuliens durch die vereinigten Kräfte des Papstes und dessen Genossen. Friedrich ging aber noch erheblich weiter, befahl dem Klerus, ungeachtet des verhängten Bannes über ihn, den Kaiser, Gottesdienste abzuhalten in seinem Reich, was nicht bloß ein unerhörter Frevel, sondern auch eine schwere Gewissensbelastung vieler Geistlicher war. Das Spitzelwesen wurde derart perfektioniert, daß sich Friedrich einmal an seinem Großhof zu Lodi rühmen durfte, buchstäblich alles zu erfahren, was in seinem Königreich geschehe. Und das mag auch zutreffend gewesen sein, wobei man allerdings nicht übersehen sollte, daß die Denunzianten jetzt sozusagen Hochkonjunktur hatten. Sippenhaftung wurde plötzlich ein legitimes Mittel der Rechtsprechung. Und viele Untertanen, denen der Bannfluch des Papstes über ihren König eher gleichgültig gewesen war, begannen allmählich nach dem Sinn solcher Veränderung, solcher Radikalisierung zu fragen, wozu zweifellos auch beitrug, daß die Steuerlast eine fast schon erdrückende geworden war und daß die Opfer, welche die Menschen zugunsten ihres gegen den Papst kämpfenden Herrschers leisten mußten, vielen zu schwer wurden.

Fünfundvierzigjährig also Friedrich; und sein großer greiser Gegenspieler hundertjährig. Keine Frage sollte es da sein, wer den Sieg davontragen würde. Die Zeit, so hatte es doch den Anschein, arbeitete für den Kaiser. Er unterstützte das noch durch rasche, gezielte Schläge, die jetzt, beobachtete man sie wie durch einen Zeitraffer, nahezu pausenlos auf seine Gegner herabsausten. 1239. 1240. 1241: Das waren bewegte Jahre, das war eine Zeit der Rastlosigkeit Friedrichs, die ihm scheinbar alles eintrug, was er mit Gewalt zu erzwingen suchte. Die Feldzüge in der Lombardei. Das Vordringen kaiserlicher Truppen in die Provinzen der päpstlichen Monarchie. Ein aufsehenerregender Seesieg unweit der Insel Monte Christo, der eine Beute von zweiundzwanzig Schiffen, viertausend Mann und mehr als hundert hohen Geistlichen einbringen sollte. Der Übertritt des Minoritengenerals Fra Elia von Cortona ins kaiserliche Lager. Und der Abfall des Kardinals Giovanni Colonna vom Papste. Dazu die Eroberung der Stadt Faenza nach mehr als achtmonatiger Belagerung. Und die Rückeroberung Spoletos und vieler anderer Städte in der alten staufischen Mark Ancona. Dazu schließlich auch die Aufregung der Menschen in Rom, die sich nun in wachsender Zahl der Meinung kaiserlicher Propagandisten anschlossen, daß Friedrich der wahre Heilsbringer, der neue Messias, der ersehnte Friedensbringer sei, der nur vorzurücken brauche bis an die Ufer des Tiber im Schatten des Kapitolinischen Hügels, um auch die Römer in sein wunderbares Imperium aufzunehmen, sie sogar erhöhend, weil er ihrer Stadt den Rang der Metropole zudachte.

Keine Frage also, wer, wenn man diese Geschichte oberflächlich betrachtete, als Triumphator aus dieser Auseinandersetzung hervorgehen sollte. Ein Fünfundvierzigjähriger bezwingt einen uralten Greis allein schon durch die Zahl der Jahre, welche dieser auf sich lasten fühlt; und es zählen die Erfahrungen eines hundertjährigen Lebens gering, wenn die Kraft fehlt, sie umzusetzen in rasches, forderndes Handeln. Ohnmächtig mußte Gregor erdulden, daß der gebannte Kaiser im Dom von Pisa die Kanzel bestieg, das geschah zu Weihnachten 1239, und, als wäre er ein mächtiger Kardinal oder gar der Papst selbst, der stumm beeindruckten Menge eine Predigt hielt und von Dingen sprach, die nur aus eines Priesters Mund – wie die verbitterten Päpstlichen meinten – keine Gotteslästerung waren. Ohne Gegenwehr mußte Gregor hinnehmen, daß des Kaisers Soldaten überall dort, wo sie eindrangen in den Bereich der päpstlichen Monarchie, leichtes Spiel hatten mit den einst vielgepriesenen und nunmehr so wenig tauglichen Schlüsselsoldaten, während der Kaiser, als wäre er wirklich ein neuer Erlöser, im Triumphzug jene Städte betrat, die einst seines Vaters Eigen gewesen waren. Und nichts anderes vermochte Gregor zu tun, als lediglich immer neue und immer fürchterlichere Flüche gegen diesen Kaiser auszustoßen, der, wie die Chronisten übereinstimmend zu berichten wissen, ein Kreuz sich vorantragen ließ und sich »schamlos erdreistete, im Gebiet von Foligno und Gubbio die von der Kirche Verworfenen frech zu segnen, indem er alle mit seiner gottlosen Rechten weihte«. Und nichts mehr, so schien es, würde diesen Antichrist, der schon nicht mehr als Caesar, sondern als Befreier der Welt von aller Finsternis aufzutreten wünschte, von seinem siegreichen Marsch nach Rom abhalten können ... nichts, außer einer einzigen, großartigen Geste, zu welcher sich Gregor, der Hundertjährige, der den launischen Charakter der Menschen besser kannte als irgendein anderer, hinreißen ließ in seiner äußersten Not, als des Kaisers Truppen schon vorstießen auf die heilige Stadt, um, wie die Gerüchte es meldeten, »Sankt Peter in einen Pferdestall zu verwandeln und den Leib des Herrn den Hunden zum Fraß vorzuwerfen«. Diese Geste wurde in einer feierlichen Prozession gesetzt, bei welcher der Papst die Häupter der beiden Apostel Petrus und Paulus als heiligste Reliquien Roms den zuerst murrenden, höhnenden und alsbald freilich schluchzend in die Knie fallenden Römern zeigte.

Gesten verhindern freilich nicht wirklich etwas. Sie können nur eine Entwicklung verzögern, jedoch kaum einmal die Ursachen beseitigen. Rom, »eine Hure, die sich geil jedem ihr nahenden Mann anbietet«, wie das ein Chronist jener Jahre drastisch feststellte, war im Augenblick zwar, umschlagend von einer Hysterie in die andere, dem Papste und dessen schlauer Inszenierung vollkommen ergeben, wobei man erst gar nicht die Frage zu stellen braucht, welcher skelettierten Schädel Gregor sich anläßlich dieser feierlichen Prozession wohl bedient haben mag, weil es ganz gewiß nicht jene der beiden Apostel Petrus und Paulus gewesen sein können; aber der Zweck heiligte wieder einmal die Mittel. Und im Augenblick durfte Friedrich nicht daran denken, mit seinen Truppen vor den Toren der Stadt zu erscheinen, die sich jetzt, da sie durch den Anblick ihrer bedeutungsvollsten Reliquien wie narkotisiert schien, gewiß bis zum äußersten gegen den Staufer verteidigt haben würde. Und dieser, von den Römern, die ihm gerade erst stürmisch zugejubelt und sein Erscheinen sehnsüchtig erwartet hatten, nunmehr gnadenlos verhöhnt, wich der Stadt vorsichtig aus und zog südwärts, zurück in sein Königreich, dem er lange fern gewesen war.

Trotzdem durfte sich Friedrich in diesen Jahren ungeachtet aller Rückschläge als Sieger fühlen. Rom, mochte er im Selbstgefühl seiner kleinen und großen Triumphe empfunden haben, würde ihm früher oder später wie eine reife Frucht in den Schoß fallen. Nicht immer würde der greise und schlaue Papst ein Mittel finden, das die wankelmütigen Römer immun machte gegen des Kaisers Verführung. Nicht jedes Jahr würde diese Geste mit den Apostelhäuptern so tiefen Eindruck machen wie jetzt, da in Rom für ein kurzes alles Gegensätzliche aufgehoben war, alle Parteiungen vergessen schienen. Außerdem gab es noch andere Schauplätze, auf denen man Schläge austeilen konnte gegen den Papst, der es aus

Schwäche oder aus sträflichem Leichtsinn – was bei diesem Manne allerdings nicht angenommen werden darf – verabsäumt hatte, unmittelbar nach der Kriegserklärung und nachdem er das Netz der Gegner Friedrichs geschickt geknüpft hatte, einzufallen ins süditalienische Königreich; und Sizilien, das so gut wie wehrlos war, zu besetzen.

Andere Schauplätze also: Faenza zum Beispiel, wo Friedrich 1241 einen, wie er sich einbilden durfte, großen Sieg landete. Viele Monate lang hatte die Belagerung dieser Stadt, die treu zum lombardischen Bund hielt, angedauert. Schreckliches berichteten Augenzeugen über das Elend. So groß soll der Hunger innerhalb der fast schon gänzlich zerstörten Mauern gewesen sein, daß die Bürger in ihrer Verzweiflung alle ihre Frauen, die Kinder und das weibliche Gesinde dem Gegner ausliefern wollten, damit dieser die Halbverhungerten vor dem sicheren Tod rettete. Aber Friedrich, der, wie wir wissen, unbarmherzig sein konnte in seinem rachsüchtigen Zorn, ließ den Elendszug zurücktreiben in die Stadt, die sich nun nicht mehr länger zu wehren vermochte und sich bedingungslos dem Kaiser ergab, ein Rachegericht erwartend, das den Tod vieler Bürger verursachen würde. Friedrich freilich, gerade noch unnachsichtig, erwies sich als barmherzig. »So schreiten wir einher in der Überfülle unserer Sanftmut und nehmen mit den gebreiteten Umarmungen maßloser Milde der Gläubigen Bekehrung entgegen«, diktierte er seinen Schreibern, ein siegreicher Feldherr, der über alles menschliche Maß hinaus sich erhaben dünkt, weil er selbstverständliche Gnade gewährt, wo er zuvor unbegreiflich gnadenlos gewesen war.

Andere Schauplätze: Im August 1240 hatte Gregor von Grottaferrata aus ein Konzil zum nächstfolgenden Osterfest nach Rom einberufen, welches unter anderem auch über den Kaiser zu Gericht sitzen, also über die ihm angelasteten Verbrechen hätte befinden sollen. Das war freilich nicht mehr als eine gleichsam rhetorische Geste, die einen Frieden an die Wand zu zeichnen wünschte, der auf diese Weise nicht zu erreichen war. In diesem Zusammenhang mag man auf ein Schreiben verweisen, das ein Geistlicher über die damaligen Zustände in Rom abfaßte und darin es unter anderem heißt: »Wie könnte man in Rom sicher sein, wo alle Bürger und Geistlichen für und wider beide Gegner im täglichen Gefechte liegen? Die Hitze ist dort unerträglich; das Wasser faul; die Nahrung grob und roh; die Luft mit Händen zu greifen und von Moskitoschwärmen erfüllt; es wimmelt von Skorpionen; das Volk ist schmutzig und abscheulich, voll Bosheit und Wut. Ganz Rom ist unterhöhlt, und aus den von Schlangen erfüllten Katakomben steigt ein giftiger und tödlicher Dampf empor.«

Dessenungeachtet und überhaupt gänzlich unbeeindruckt von solchen Schilderungen beeilten sich doch viele Würdenträger der Kirche vornehmlich aus Frankreich, Spanien und Norditalien, dem Ruf des Papstes zu gehorchen. Ende April 1241 bestiegen die meisten der Teilnehmer an diesem Konzil, dessen politische Bedeutung, wäre es tatsächlich zustande gekommen, eine völlig nutzlose genannt werden müßte, eine in Genua vor Anker liegende Flotte; und nur einige wenige Bischöfe, darunter, wie berichtet wird, vor allem die in maritimen Belangen wohlerfahrenen Engländer, zogen den langwierigeren und, wie man glaubte, auch gefährlicheren Landweg vor. Des Kaisers Kriegsgaleeren lauerten zu diesem Zeitpunkt freilich längst schon zwischen den beiden Inseln Monte Christo und Giglio auf eine passende Gelegenheit, dieser schönen und kaum bewachten Beute habhaft zu werden; und am 3. Mai, als die eher schwerfälligen und wahrscheinlich auch überbesetzten Schiffe mit ihrer kostbaren katholischen Fracht gerade die Meerenge zwischen Piombino und Elba passiert hatten und wacker südwärts segelten, zur Rechten jetzt Monte Christo und linkerhand die Kontur des Eilandes Giglio ... da warfen sich Friedrichs Galeeren voll ungestümer Wut auf den vollkommen überraschten

Konvoi mit seinen verzweifelten Passagieren, überrannten im ersten Anlauf schon die Linie des Gegners, rammten einige Schiffe, sandten drei von ihnen mit der ganzen Mannschaft und zahlreichen geistlichen Würdenträgern in die Tiefe; und nach wenigen Stunden schon war diese Seeschlacht, die mehr ein Schlachtfest als ein geordneter, ritterlicher Kampf gewesen sein muß, unmißverständlich entschieden. Nur drei Segler von den insgesamt achtundzwanzig der genuesischen Flotte entkamen dem Zugriff der kaiserlichen Marine. Und unter den Gefangenen befanden sich höchste Repräsentanten der Kirche, neben Erzbischöfen und Bischöfen auch die Äbte der berühmtesten Klöster Frankreichs und Flanderns.

Das war ein Schlag, von dem sich der Papst nicht mehr erholen und den die Kirche dem Kaiser niemals vergessen und vergeben sollte. Aber auch anderswo war Friedrich vom Kriegsglück begünstigt. Im Süden eroberte er Benevent, im Norden mußten die Mailänder empfindliche Niederlagen erdulden. Eine endgültige Entscheidung schien nahe. Die Gegner boten ihre letzten Reserven auf. Und deutlich bewegte sich das Pendel des Schicksals zugunsten des Kaisers.

Da erreichten alarmierende Nachrichten die beiden unversöhnlichen Konkurrenten. Seit längerem schon bewegte sich, wie man wohl wußte – wie das von Pilgern, die heimkehrten aus Palästina, von Kaufleuten, die im fernen Osten Handel trieben, von verschreckten Grenzsiedlern, die jetzt westwärts flüchteten, übereinstimmend berichtet wurde –, ein unheilverkündender Schatten über die Länder im Osten, wälzte sich, wie die Chronisten jener Zeit es formulierten, eine düstere Wolke, in der Satan selbst sich verberge, dem christlichen Abendland entgegen: die Tataren, auch Mongolen und andere asiatische Reiterstämme, geeint einst vom legendären Dschingis-Khan, nunmehr von seinen nicht minder blutgierigen und eroberungssüchtigen Söhnen und Nachfolgern angeführt und schon vorstoßend über Polen und die Donauländer bis an die Grenzen des Reiches, bedrohten jetzt das Reich selbst. Rettung, wenn überhaupt, durften sich die verwirrten Christen in den grenznahen Provinzen nur vom Kaiser und vom Papst erwarten. Aber dieser verschloß den Blick vor der drohenden Gefahr in blindwütigem Haß gegen Friedrich; und der Kaiser nützte jede neue Hiobsbotschaft vom Wüten der Asiaten schamlos aus, um Gregor endgültig zu demütigen und Rom endlich in seine Gewalt zu bringen.

Er werde, verkündete Friedrich, seine Truppen konzentrieren, mit diesen in Eilmärschen nach Rom ziehen und mit dem Papste jene Aussöhnung herbeiführen, die dann ein geeintes Vorgehen gegen den anbrandenden Mongolensturm ermögliche ... Es ist schwer zu entscheiden, wie aufrichtig Friedrich in diesen Augenblicken war, da er sogar Boten nach Rom sandte – der bedeutendste wird gewiß Richard von Cornwall gewesen sein, der, eben erst von einer Pilgerfahrt ins Heilige Land zurückgekehrt, als eine Art Sonderbevollmächtigter des Kaisers vor Gregor in Erscheinung hätte treten sollen –, und diese Boten allerdings auch mit widersprüchlichen Botschaften ausstattete. Die Römer mögen sich gegen den Papst erheben, hieße es einmal, um ihn, Gregor, dessen unversöhnlicher Haß und Starrsinn die eigentlichen Hindernisse wären für einen gemeinsamen Kampf gegen die Mongolen, aus dem Weg zu räumen. Er werde, ließ dann Friedrich wieder verlautbaren, in der versöhnenden Umarmung mit Gregor einen Weg zu finden wissen, um die asiatischen Todfeinde der Christen zu vernichten.

Die Wahrheit dürfte so ausgesehen haben, daß Friedrich jetzt tatsächlich kein ernsthaftes Hindernis mehr sah, um sich Roms zu bemächtigen und Gregor endgültig zu vernichten. Die asiatische Wolke an den Grenzen des Reiches war ihm wahrscheinlich nur ein weiteres Mittel, verstärkten Druck auf die Kurie auszuüben. Die Lage des Papstes war ohnedies wieder hoffnungslos geworden. Denn längst hatten die Römer jene beeindrukkende Prozession vergessen, die ihnen, als sie der Häupter des Paulus und des Petrus ansichtig geworden waren, allen Hohn von den Lippen gewischt hatte. Und längst auch waren sie wieder schwankend geworden, wem sie ihre Gunst schenken sollten, wobei sie wohl kühl kalkuliert haben mochten, daß der greise Mann im Lateran den Atem des Todes in seinem Nacken spürte, während der Kaiser in der Blüte seines Lebens stand. Andererseits wird ihnen gewiß nicht verborgen geblieben sein, daß des Kaisers süditalienische und sizilianische Untertanen unter der schweren Last seufzten, die er ihnen unnachsichtig aufbürdete. Steuern, die sich mehrten; Privilegien, die schmolzen; und ein wachsendes Gefühl der beklemmenden Unfreiheit, die alle Despoten erzeugen, auch wenn sie caesarenhaft auftreten und sich als Friedenskaiser und Heilsbringer feiern lassen: Das war die Realität im süditalienischen Königreich Friedrichs. Und von dieser Wirklichkeit, die sich schroff unterschied von des Kaisers glanzvoller Propaganda, von den Jubelmeldungen aus seiner Hofkanzlei, werden die skeptischen Römer gewiß einen nicht geringen Teil erfahren haben. Dennoch neigte die Stimmung eher Friedrich zu als Gregor. Er besaß, wie man meinte, die Macht, um nicht nur die Mongolengefahr zu bannen, sondern auch dem Reich den langersehnten Frieden zu bringen. Und dann war überdies gerade in diesem Jahr mit dem Kardinal Colonna ein Mann ins kaiserliche Lager gewechselt, der hohes Ansehen genoß und über so viele Anhänger verfügte, daß jetzt, da er, Kardinal Colonna, der zum Feind des Papstes geworden, dringend den Kaiser nach Rom rief, um das Chaos in eine lebenswerte Ordnung zu bringen, daß jetzt also die Frage endgültig entschieden schien, wer in diesem langen und erbarmungslosen Kampf zwischen geistlicher und weltlicher Macht letztlich siegreich bleiben würde.

Schon wüteten Friedrichs Truppen in der römischen Campagna. Tivoli hatte freiwillig die Stadttore geöffnet. In Palestrina behauptete sich der dem Papste abtrünnig gewordene Kardinal; umliegende Ortschaften wurden von ihm besetzt. Schon griffen die Kämpfe auf Rom selbst über, wo die Kaisertreuen den Papsttreuen erbitterte Gefechte lieferten. Schon wehte zwischen Monte Albano und Farfa der kaiserliche Adler. Und in Montefortino, einer papsttreuen Festung, überantwortete Friedrich jene Verteidiger, die nach ihrer Niederlage nicht bereit waren, Gregor abzuschwören, dem Henker. Dann wandte er sich nach Grottaferrata. Man schrieb Mitte August 1241. Rom »lag von fieberfeuchten Sommerdämpfen umschleiert« vor dem Kaiser. Nichts mochte ihn daran hindern, die fast wehrlose Beute zu ergreifen. Er brauchte nur noch die Hand auszustrecken und seinen Truppen das Zeichen zum letzten Angriff zu geben. Er brauchte nur noch zu siegen, wo eine Niederlage undenkbar schien.

Da galoppierten Reiter ins Lager der Kaiserlichen bei Grottaferrata. Unruhe wurde spürbar, die sich rasch zum Tumult steigerte. Aus dem allgemeinen Stimmengewirr erhob sich ein Name, jener Gregors, der mit Bestürzung, Abscheu, Hohn und jetzt plötzlich doch auch noch in einem anderen, bisher fremden Tonfall ausgesprochen wurde, gerade so, als ob sich in die abfällige Meinung dieser Menschen, die ausgezogen waren, um den Papst zu vernichten, nunmehr zögernder Respekt mischte. Und wenige Augenblicke später, als die herbeigeeilten Boten endlich vor dem Kaiser standen und ihm Meldung erstatteten, wußte auch Friedrich, was die Ursache des Lärmens draußen vor seinem Zelt war. Der Papst war tot. Gestorben vor wenigen Stunden erst oder vielleicht schon in der vergangenen Nacht, berichteten die Melder, noch atemlos von der Sensation, die sie übermitteln durften, gestorben am Fieber, das in jenem glutheißen Sommer in Rom wütete, geschwächt durch das hohe Alter, gebeugt von der bitteren Einsicht, daß er gegen den kaiserlichen Triumphator jetzt keine brauchbare Waffe mehr in Händen hielt ... am 21. oder 22. August, über das genaue Datum war man sich nicht einig, nur in der Sache selbst sicher: Der Papst war tot!

Und Friedrich? War er erleichtert, vielleicht sogar zutiefst befriedigt von diesem Zeichen des Schicksals, das seinen gefährlichsten und unversöhnlichsten Feind bezwungen hatte? Noch vor ein paar Wochen war ein Schreiben Gregors an die Prälaten abgefangen worden, die nach ihrem Unglück vor Monte Christo nun in süditalienischen Gefängnissen schmachteten, streng bewacht und behandelt wie gewöhnliche Verbrecher; und in diesem Schreiben hatte der Papst den Kaiser einen »schlingenlegenden Satan« genannt, einen »Gehilfen des Pharao«, einen »Verdreher der Wahrheit« und »Verwirrer der Christenheit«. Und jetzt lag jener, der solche Schmähungen ausstieß, wächsern in Rom, ein Hundertjähriger, den endlich der Tod eingeholt hatte. Und Friedrich? Mußte ihm nicht befreites Aufatmen und ein Gefühl des unbändigen Triumphes die Brust weiten?

Doch das Gegenteil scheint der Fall gewesen zu sein. Wir wissen nicht, was Friedrich im Augenblick, da er die Nachricht vom Tode Gregors erhielt und ihm sogleich zu Bewußtsein gekommen sein mag, daß er der Last eines Todfeindes ledig war, tatsächlich empfunden, gedacht, ausgesprochen hat. Wenig später würde er formvollendet seinen gehorsamen Sekretären diktieren: »So sollte er, der Frieden und Verhandlungen zum Frieden aufzunehmen abschlug ... die Grenze des Rächers August (des fieberheißen Monats) nicht mehr überschreiten, er, der den Augustus zu beleidigen sich unterfing. Und wirklich, er ist tot! Durch ihn fehlte Friede der Erde und war der Zwist gewaltig. Und wie viele sanken in Todesgefahr ...«

Aber das waren Phrasen, die man erwartete. Die Wahrheit muß anders ausgesehen haben. Die Wahrheit mag gewesen sein, daß Friedrich sich wie verwundet oder wie betrogen vorgekommen ist. Oder daß er, da er noch wutentbrannt die Fäuste ballte, plötzlich nicht mehr wußte, was mit diesen Fäusten anzufangen war; und sich dadurch ohnmächtig fühlte wie nie zuvor. Denn wieder, und das muß dem Kaiser bewußt gewesen sein, hatte ihn der Papst um einen selbstverständlich scheinenden

Triumph gebracht. Rom in diesem Augenblick, da Weihrauch den toten Papst im Lateran umhüllte, erstürmen, erobern zu wollen, wäre töricht gewesen. Gegen einen Leichnam kann man nicht Krieg führen. Oder zumindest keinen Sieg erringen.

Und Friedrich? Ist es vorstellbar, daß er sogar so etwas wie Achtung, widerwillige Zuneigung, Respekt, vielleicht sogar Trauer verspürte? Oder nur Enttäuschung oder Wut darüber, daß ihn dieser ungeheuerliche Mann noch im Tod und durch sein Sterben besiegt hatte? Denn eine Fortsetzung des Feldzuges gegen die päpstliche Monarchie war nun undenkbar. Stets hatte er betont, nur diesen einen Mann zu verfolgen. Immer war er als Feind des Papstes und nicht der Kurie aufgetreten. Und immer war der Haß gegen Gregor die Triebfeder für sein Tun gewesen. Und jetzt?

Der Kaiser ließ das Lager abbrechen. Seinen Truppen, die Rom bereits zur Gänze umzingelt hatten, befahl er den Rückzug. »Er hatte keinen Feind mehr, aber auch keinen Papst, der ihn vom Bann lösen konnte.« (E. Kantorowicz) Er wandte sich ab vom Schauplatz, der sein größter Sieg hätte sein sollen. Er ging zurück nach Süditalien.

Der Papst tot, der Kaiser, jetzt des Anlasses entledigt, der ihn unaufhörlich zu handeln gezwungen hatte, wieder in Süditalien; und in Rom ein allein und nahezu unumschränkt herrschender Senator, einer aus dem Geschlecht der Orsini mit Namen Mattheus, der alle Fäden in der Hand zu haben und eine, wie er hoffte, meisterhafte Intrige zu spinnen wünschte: Das war die unhaltbare Situation in jenen Tagen und Wochen, die dem Tod Gregors im fieberheißen August 1241 folgten. Mattheus Rosso Orsini, eifersüchtig darauf bedacht, nichts von der fast uneingeschränkten Macht einzubüßen, die er nun als regierender Senator von Rom in Händen zu halten vermeinte, zudem ein unversöhnlicher Feind des Kaisers, ohne deshalb ein uneigennütziger Diener der Kirche zu sein, der zu dienen er nur vorgab, um seine eigenen Pläne besser verfolgen zu können, er also, Mattheus Rosso Orsini, inszenierte bereits wenige Tage nach des greisen Gregors Tod ein Konklave, welches das erste wirkliche Konklave in der Geschichte des Papsttums und zugleich dessen erbärmlichstes und, was die äußeren Umstände angeht, ekelhaftestes war. Die Voraussetzungen dafür waren ohnedies eher ungünstig, denn lediglich zehn Kardinäle befanden sich in jenem Sommer 1241 in Rom und waren imstande, einer Papstwahl zu folgen. Zwei Kardinäle sahen sich seit der Seeschlacht vor Monte Christo als gedemütigte Opfer eines verhängnisvollen Schicksals in der Gefangenschaft Friedrichs; einer, Giovanni Colonna, dem Senator Orsini ein erbitterter Gegner, war ins Lager des Kaisers übergewechselt; und die anderen waren zersplittert in zwei Parteien, von denen die eine, stärkere, Frieden um jeden Preis, und die andere, zahlenmäßig geringere, agitatorisch jedoch wirksamer auftretende, die Fortsetzung des Krieges gegen den Kaiser wollte. Der regierende Senator, einst ein Günstling Gregors, wollte Friedrichs Untergang. Dazu war freilich ein Papst vonnöten, welcher der bisher verfolgten kurialen Politik Gewicht und Stimme verlieh. Und das mußte rasch geschehen und geschickt eingefädelt werden; und, wenn es nottat, auch mit der notwendigen Rücksichtslosigkeit über die Bühne gebracht und zugunsten der Sicherheit Roms erledigt werden.

Und Mattheus Rosso Orsini war rücksichtslos. Seine Gehilfen ergriffen die Kardinäle und brachten sie zum vorgesehenen Wahlort »wie Diebe in einen Kerker«. Man zögert, derlei Formulierungen zu verwenden, aber wenn man den zeitgenössischen Darstellungen dieser Ereignisse folgt und sich zudem den Charakter des Senators Orsini im Gegensatz zu jenem der meisten Kardinäle vorzustellen versucht, welche eher ältliche, schwächliche und vielleicht auch feige Männer waren, die es lange Jahre gewohnt gewesen waren, dem intriganten und strengen Diktat eines Gregor zu gehorchen; und wenn man sich ferner auch den Schauplatz dieses Konklave vergegenwärtigt, das sogenannte Septizonium des Severus, einen ehemals stattlichen Palast auf dem Palatin, damals jedoch schon kaum viel mehr als eine Ruine, baufällig bis abbruchreif, wo den zehn Kardinälen nur ein einziger Raum zur Verfügung stehen sollte, und selbst dort noch eingesehen vom Wachpersonal, das auf dem Dach logierte: Und wenn man das alles also rekapituliert und überdies noch gewisse entwürdigende Einzelheiten wahrnimmt – mit Fußtritten und Faustschlägen sollen einzelne Kardinäle ins Konklave getrieben worden sein, einen soll man gar an den Haaren ins Septizonium gezogen haben –, dann bleibt dem Erzähler nur noch die ebenso banale wie drastische Form der Beschreibung, wie er sie von den Augenzeugen und Chronisten jener Geschehnisse erfährt, um dieses erbarmungswürdige Ereignis, das doch bedeutende Folgen haben sollte, zu schildern.

Orsini drängte. Und um seinem Drängen den nötigen Nachdruck zu verleihen, scheute er vor keiner Schikane, vor keiner Brutalität zurück. Das Wachpersonal verrichtete seine Notdurft oben auf dem Dach, das schadhaft war, löchrig, voller Sprünge und Risse, so daß Urin und Kot fast ungehindert in den darunterliegenden Raum gelangten, wo die zehn Kardinäle tagten, wohnten, schliefen, nach Atem rangen – die schwüle Hitze muß grausam gewesen sein – und auch starben. Denn die Strapazen und wohl auch die Demütigungen, denen diese ehrwürdigen Männer ausgesetzt waren, forderten – fast möchte man sagen: naturgemäß – ihre Opfer. Es erkrankten bald alle Kardinäle; und es starben drei von ihnen. Die Umstände, unter denen dieses Sterben geschah, waren verabscheuungswürdig. Denn als beispielsweise auch der Engländer Robert von Somercote sein Ende nahen fühlte, überließ man ihn nicht der Gnade Gottes, sondern man verhöhnte und quälte den alten, siechen Mann auf eine unerhört barbarische Weise. Er soll, so berichten Zeitgenossen, noch gelebt haben, als ihn die Wachsoldaten, die natürlich im Dienste des Senators Orsini standen und gewiß ohne seinen Auftrag so nicht gehandelt hätten, schon zum Abtransport in die Leichenkammer herrichteten; und bespien hätten sie ihn; und dann sogar noch mit Gewalt dazu gebracht, oben auf dem Dach und buchstäblich vor aller Augen seine letzte Notdurft zu verrichten, als er, der Sterbende, nicht mehr fähig war, an sich zu halten ... Unvorstellbar müssen die Qualen gewesen sein, die man diesen Kardinal zu erdulden nötigte; und grausam war gewiß auch das Gefühl der Ohnmacht und Erniedrigung, das den anderen Kardinälen, den Augenzeugen dieses elenden Sterbens, aufgezwungen wurde.

Und Orsini drängte. Die gemeine, entwürdigende Art des Sterbens, die der englische Kardinal erdulden mußte, war ihm dabei ein nützlicher Verbündeter. Denn es einigten sich jetzt die überlebenden Wahlmänner, erfüllt von panischer Furcht, ein ähnliches Schicksal erleiden zu müssen, rasch auf einen Kandidaten, und zwar auf den Mailänder Kardinal Gottfried, der als Papst auf den Namen Coelestin IV. zu hören wünschte ... und schon siebzehn Tage später, vollkommen entkräftet von den

Strapazen im Septizonium, wie eine herabgebrannte Kerze erlosch. Das war Mitte November. Und ein neues Konklave, vor dem freilich alle Beteiligten zurückschreckten, war notwendig geworden.

Friedrich blickte indes mit sozusagen gespielt gleichmütiger Miene auf Rom. Natürlich mußte er unter allen Umständen versuchen, die Papstwahl zu beeinflussen. Aber die Möglichkeiten, die sich ihm in diesem Zusammenhang boten, waren eher gering. Denn er konnte im Augenblick nichts anderes tun, als mit Gesten zu operieren, wo Taten notwendig gewesen wären, die er aber wiederum sich nicht erlauben durfte, wollte er nicht in den Augen der Welt als Lügner erscheinen. Nur gegen Gregor, nicht gegen die Kirche sei sein Kampf gerichtet gewesen, hatte er Jahr um Jahr verkündet; und es stets sorgfältig vermieden, seine Feldzüge gegen die Lombarden, gegen die päpstliche Monarchie sowie seine vielfachen diplomatischen Aktivitäten als Inhalte einer Politik verstehen zu lassen, die den Untergang der geistlichen Macht herbeiführen sollte. Jetzt erntete er widerwillig die Früchte seines Tuns. Er mußte wohl auch zögernd einsehen, daß ihm zwischen einer gefährlichen, weil in den Konsequenzen nicht vorhersehbaren Demonstration seiner Stärke und völligem Nichtstun kaum eine Wahl blieb. Dementsprechend handelte er auch; nämlich widerspruchsvoll, wenig erfolgreich und wie jemand, dem, obgleich ihm die Hände gebunden sind, nur seiner Hände Arbeit Nützliches einbringen kann. Die Vorfälle im Septizonium des Severus auf dem Palatin erfüllten ihn mit Abscheu; und als ihm die Nachricht übermittelt wurde, daß der Senator Orsini allen Ernstes daran denke, den Leichnam Gregors ausgraben zu lassen und in den Palast zu bringen, um durch den Verwesungsgeruch die ohnehin halbtoten Kardinäle in ihrer Arbeit anzufeuern, da war er willens, sogleich mit seinem Heer nach Rom zu ziehen, um dem abscheulichen Treiben Orsinis ein Ende zu bereiten. Und auch später – nach dem raschen und freilich nicht gänzlich unerwarteten Tod des Papstes Coelestin, der in den siebzehn Tagen seiner Herrschaft nichts anderes zu tun vermochte, als seinen und seiner ehrwürdigen Genossen Peiniger, den Senator Orsini, mit dem Bannfluch zu belegen, was allerdings diesen nicht im mindesten berührte – war Friedrich nicht fähig, eine Entscheidung zu seinen Gunsten herbeizuführen. Im Februar 1242 zum Beispiel schickte er Boten nach Anagni, wo sich die Kardinäle versammelt hatten, um einen neuen Papst zu wählen; genauer: diese Versammlung galt der Frage, wie das Procedere einer solchen Wahl auszusehen hätte; und insgesamt waren alle wohl erfüllt von tiefer Furcht, noch einmal solche Qualen erdulden zu müssen, wie man sie gerade erst auf dem Palatin überstanden hatte. Aber was forderten die Boten des Kaisers? Nichts. Nur eine Ermahnung, die dringend notwendige Papstwahl durchzuführen, überbrachten sie mit geziemender Höflichkeit. Wenig später entließ dann Friedrich seine beiden vornehmsten Gefangenen, die vor Monte Christo aufgebrachten Kardinäle, von denen der eine, ein gewisser Otto von St. Nikolaus, inzwischen zu seinem Anhänger sich gewandelt hatte und sogar sein Vertrauter geworden war. Aber auch diese Geste blieb letztlich nutzlos. Ebenso ein halbherzig vorgetragener Angriff auf Rom, der notwendig geworden war, weil die Römer im Juni 1242 gegen das kaiserlich besetzte Tivoli gezogen waren. Den ganzen Juli streiften des Kaisers Soldaten durch das Albanergebirge und die Campagna, verwüsteten das Land, peinigten die Bevölkerung und erreichten an militärischen und politischen Zielen überhaupt nichts. Dann zog sich Friedrich, als wäre er entmutigt oder als wüßte er nicht, wie er die Affäre, die ihn belästigte, lösen sollte, behutsam wieder zurück.

In Rom befand sich übrigens der kaisertreue Kardinal Colonna in der Gewalt Orsinis. Der Senator war auch sonst nicht untätig gewesen, hatte Verträge abgeschlossen mit Perugia, Narni und anderen mittelitalienischen Städten, die aus unterschiedlichen Gründen bereit waren, gegen den Kaiser vorzugehen. Friedrich vermochte auch das nicht zu unterbinden. Es schien, als sei ihm an nichts anderem gelegen, als wie gebannt auf jene abwechselnd in Rom und in Anagni tagende Versammlung der Kardinäle zu blicken und darauf zu warten, daß das Ergebnis ein für ihn günstiges sei; also ein Papst, den er Freund nennen durfte; der ihn vom Bannfluch löste, mit welchem ihn Gregor belegt hatte; und der eine Politik vertrat, die seinen, Friedrichs, Absichten nicht allzu hemmend entgegenstand.

Aber die Sedisvakanz zog sich über Gebühr hin. »Die Christenheit sah die Kirche ohne Papst«, schreibt Gregorovius im neunten Buch seiner *Geschichte Roms*; und dann: »Viele Stimmen wurden laut, welche die Kardinäle des Verrats aus Goldgier und Herrschsucht beschuldigten, während sie dem Kaiser alle Schuld aufbürdeten. Flehende und drohende Gesandtschaften gingen an ihn wie an eine Kurie, und Friedrich selbst forderte diese dringend auf, der Kirche endlich das Haupt zu geben.«

Der Kaiser forderte. Und drohte. Und zog sogar noch einmal, man schrieb Mai 1243, mit einem verhältnismäßig großen Heer, in welchem sich auch seine gefürchtete sarazenische Garde befand, von Süden her gegen Rom, wobei in den Albanerbergen und in der Campagna zahlreiche Besitzungen verschiedener Kardinäle, die nicht nur geistliche und politische Würdenträger, sondern zumeist auch vermögende Großgrundbesitzer waren, mit voller Absicht verwüstet wurden, darunter auch die Stadt Alba, die lange Jahrzehnte immer im Eigentum von Kardinälen und Päpsten gewesen war. Jetzt zerstörten Friedrichs Sarazenen Alba bis auf die Grundmauern, was den Kardinälen Anlaß gab, gegen die Anwesenheit Friedrichs und seiner marodierenden Soldaten aufs heftigste zu protestieren. Er beeinträchtige, ließen ihn die aufgebrachten Geistlichen wissen, auf ungebührliche Weise ihre bedeutsame Versammlung. Und Friedrich gehorchte dieser Nachricht, als wäre sie ein Befehl und er ein unbedeutender Fürst, der es gewohnt ist, solche Befehle zu respektieren. Er zog sich erneut zurück. Und niemand begriff seine Vorsicht, seine Rücksichtnahme, sein Zaudern. »Noch ein halbes Jahrhundert früher würde jeder Kaiser in seiner Lage die Stadt gestürmt, aus patrizischer Machtvollkommenheit einen Papst erhoben und ihm den Frieden diktiert haben«, schreibt Gregorovius. Aber gerade dazu war er nicht imstande. Gerade diesen einen, alles entscheidenden Schlag gegen die Kurie, der gewiß zur Vernichtung der päpstlichen Monarchie oder zumindest zu deren vollkommener Untertänigkeit geführt hätte, durfte er nicht tun, wollte er nicht vor sich selbst und aller Welt wortbrüchig werden. Er, der Friedensbringer, hatte nur gegen Gregor gekämpft. Die Macht der Kirche, die sich nun als so wankelmütig erwies, als so schwächlich und anfechtbar, wie das Friedrich nie wieder erleben würde, durfte er nicht antasten. Und an diesem Widerspruch in seiner Absicht, die geistliche Macht der weltlichen unterzuordnen, sollte er letztlich auch scheitern.

Einiges erreichte er freilich noch; oder durfte sich zumindest einbilden, im Spiel um die Macht in der päpstlichen Monarchie mitentscheiden und, wie er meinte, der Verbindungen zu den kaisertreuen Kardinälen aufs geschickteste sich bedienen zu können, um nicht von einem Papst überrascht zu werden, der als sein Feind auftreten würde. Das allein würde auch Friedrichs Zögern, seine rätselhafte Untätigkeit erklären, daß er jetzt eher der Kunst der diplomatischen Intrige als der Stärke seiner Armee vertraute. Man habe sich mit dem Kaiser über die zu wählende Person geeinigt, heißt es gleichlautend in allen Berichten über dieses neuerliche Konklave, das im übrigen zu Anagni stattfinden, nur kurz andauern und am 25. Juni 1243 abgeschlossen sein sollte. Er dürfte Zugeständnisse gemacht haben, weil ihm, wie er anzunehmen manchen einsichtigen Grund hatte, auch Zugeständnisse gemacht worden waren. Die Rückgabe jener Gebiete, die er im Patrimonium besetzt hielt, soll er beschworen haben. Und die Freilassung aller gefangenen

Geistlichen. Und manches andere, über das die Chroniken nicht viel zu erzählen wissen, weil dann doch alles ganz anders gekommen ist, als es sich Friedrich erhofft hatte.

Muß man ihm nun vorwerfen oder hatte er sich selbst anzuklagen, daß er ungeachtet seiner Lebenserfahrung und seiner politischen Begabung nicht vorherzusehen imstande gewesen war, daß auf der Gegenseite kein einziger gehorsamer Freund oder gar respektvoller Diener der imperialen Idee, wie er sie vertrat, nur darauf wartete, ihm, dem Kaiser, nützlich sein zu dürfen? War dies sein einziger und zugleich unverzeihlicher Fehler, daß er, der selbst rücksichtslos war in seinem politischen Tun, die Rücksichtslosigkeit anderer zu gering einschätzte? Alles hätte Friedrich erreichen, alles in Besitz nehmen können, Rom, das ganze Patrimonium, einen Papst, der seinen Befehlen gehorchte und von ihm abhängig war; und vielleicht sogar das, was ihn möglicherweise am heftigsten bewegte, was er am dringendsten zu verwirklichen wünschte: ein Friedens- und Heilsbringer zu sein; ein Imperator zu sein, der eine Welt beherrschte, in welcher es keinen Anlaß zu Zwietracht und Haß mehr gab. Dazu hätte es bloß eines einzigen, allerdings grausamen Schlages bedurft. Dazu hätte er nur seine Truppen nach Rom zu führen brauchen. Dazu hätte er lediglich über den Schatten zu springen gehabt, den er, der kein Christ im landläufigen Sinne, aber gewiß ein zutiefst abergläubischer Mensch war, auf seine eigene Biographie warf. Aber er schüttelte den Schatten nicht ab, trat nicht aus ihm hervor und eroberte auch nicht Rom.

Er verharrte im schrecklichsten Irrtum, dem er je erlegen war, sogar bis zum bitteren Ende. Denn als am 25. Juni 1243 die Wahl entschieden und mit dem genuesischen Grafen Sinibald Fiesco ein neuer Papst gewählt war, der sich sogleich für den Namen Innocenz IV. entschied, da ordnete Friedrich für sein Königreich Dankgottesdienste an und diktierte seinen Schreibern einen Huldigungsbrief, den er durch seinen höchsten Beamten, Peter von Vinea, eilends überbringen ließ. Dieser ersten ehrerbietigen Geste ließ er wenige Tage später eine zweite folgen, darin es unter anderem über den neuen Papst heißt: »Da dieser einer von den adligsten Söhnen des Reiches ist und sich in Wort und Werk uns stets wohlwollend und gefällig erzeigte, wird unserem Throne durch seine Aufrichtigkeit volles Vertrauen gegeben, daß er den allgemeinen Frieden, die Wohlfahrt des Reiches und die Einigkeit unserer Freundschaft in väterlicher Gesinnung pflegen wird.«

Vergessen waren die bestürzenden Tage von Ravenna, wo Sinibald Fiesco ein erfolgreicher Agitator gegen den Kaiser gewesen war und die Stadt zum Abfall von Friedrich hatte bewegen können. Vergessen war Friedrichs instinktives Mißtrauen gegen alles, was im kardinalfarbenen Purpur auftrat. Vergessen war sein stets wohlbegründet gewesener Argwohn gegen den Ehrgeiz geistlicher Würdenträger. Er wollte aufatmend jubeln. Er forderte von sich selbst die freudigste Zustimmung zu dieser Wahl. Und er hatte – da er doch im vorhinein schon gewußt haben mußte, welcher Charakter sich des Stuhls Petri bemächtigen würde – alle unerläßliche Vorsicht unterlassen und sich keine besorgten Gedanken gemacht über diesen neuen Mann im päpstlichen Ornat.

Gedämpfter Jubel also, Dankgottesdienste, ehrerbietige Sendschreiben, befreites Aufatmen Friedrichs darüber, daß er »nach vierzehnjährigem Kampf gegen einen fanatischen Priester vom Schlage Gregors IX. eine Wiederkehr dieses wildgehässigen Typs« (E. Kantorowicz) nicht mehr zu fürchten brauchte, denn nichts anderes durfte er sich einbilden, als daß dieser neue Papst, mit dem er, als er noch Kardinal gewesen war, nicht unfreundschaftlich verkehrt hatte, Ordnung bringen würde in das chaotische Verhältnis zwischen geistlicher und weltlicher Macht; und vor allem: daß er den Kaiser endlich vom Bannfluch löste. Mißtrauen, das angebracht gewesen wäre, war in diesem einen Fall Friedrichs Sache wahrlich nicht. Denn er sah – oder er bildete sich ein, das zu sehen – »einen Papst mit ghibellinischem Anhang«, und wenn er ihn schon nicht als aufrichtigen Freund betrachtete – so weit ging Friedrichs befreites Aufatmen denn doch wieder nicht –, so brauchte er Innocenz IV. gewiß nicht als unversöhnlichen Gegner zu fürchten. »Denn im Vergleich zu den Rabiaten der Kriegspartei war der geschmeidige glatte Genuese mit seinen weltmännisch-urbanen Umgangsformen und der stets verbindlichen Unverbindlichkeit tatsächlich eher den befreundeten Kardinälen zuzurechnen, obschon kein leidenschaftlicher Parteigänger wie der Römer Colonna. Solche Parteinahme konnte gar nicht die Art dieses stets auf seinen Vorteil bedachten Handels- und Seestädters sein, der berechnend, unbeirrbar vernünftig, von einer Eiseskälte des Herzens die Dinge dieser Welt, die ihn allein angingen, sachlich klar nüchtern zu beurteilen fähig war ... überdies einer der glänzendsten Rechtsgelehrten, ungemein gebildet und Verfasser eines berühmten Dekretalenkommentars.«

Dieser Schilderung von Ernst Kantorowicz, die den meisten zeitgenössischen Kommentaren und allen späteren Darlegungen der Historiographen und Biographen folgt, ist eigentlich nichts mehr hinzuzufügen. Auf den unerbittlichen Hasser Gregor war ein kühl kalkulierender Kopf gefolgt. Die Leidenschaft wurde abgelöst von der Berechnung. Das Genie, mit welchem Friedrich, auch wenn er es wütend bekämpfte, als etwas Ebenbürtigem, ihm in vieler Hinsicht Ähnlichem umzugehen gelernt hatte, das stets auszurechnen gewesen war, weil es in der Art, wie es zuschlug, wie es reagierte, der Art des Kaisers gleichkam –, das Genie machte nun Platz dem perfekten Mittelmaß. Die heiße Flamme Gregor war erloschen. Kühl würde es Friedrich anwehen, wenn dieser glatte und scheinbar makellose neue Papst, der mehr Beamter, Sachwalter, Kanzlist als Politiker war, erst einmal offensiv wurde. Die Täuschung, welcher der Kaiser in diesem einen Falle erlag, war eine grausame. Und die Wirkungen, die sie noch haben sollte auf den Charakter, auf das

Gemüt Friedrichs, beweisen uns, daß auch er, der gewiß ein bedeutender Politiker, großer Caesar und ebenso gewiß ein unerbittlicher Despot war, der »sein Volk in eine willenlose, unbewaffnete, in höchstem Grade steuerfähige Masse« verwandelt hatte (Jacob Burckhardt), daß auch er also nicht unverletzlich war. Der Leidenschaft eines Gregor hatte er leidenschaftlich zu antworten vermocht. Das Reich, über alle Maßen begünstigt vom Glück des Tüchtigen, hatte er so lange mit fester Hand in eine neue Ordnung gebracht, als er nichts anderes zu tun gehabt hatte als gegen die weltlichen Gegner dieses Reiches und dieser neuen Ordnung anzukämpfen. Nun aber stand er einem Charakter gegenüber, der ihm vollkommen fremd und auch unheimlich sein mußte. Es würden sich die Art, der Stil der Auseinandersetzung ändern. Und diesem veränderten Stil würde der Kaiser nur mit Mühe gewachsen sein.

Das, was des Kaisers Elend ausmachen sollte, begann mit Verhandlungen zwischen seinen und des Papstes Unterhändlern, um einen Frieden, der beiden Parteien hochwillkommen sein mußte, endlich zu gewährleisten. Peter von Vinea, Thaddeus von Suessa und der greise Erzbischof Berard von Palermo waren zu diesem Zwecke vom Bannfluch Gregors feierlich befreit worden – denn auch sie wie alle, die des Kaisers Diener und Untertanen waren, hatte der Bann getroffen. Erste rasche Erfolge, die ihnen glückten – ihnen, diesen tüchtigen, hochbegabten Männern, deren Verhandlungskunst rühmenswert und deren Intelligenz ebenso wie ihre Begabung für das geduldige Taktieren gewiß außerordentlich waren –, ließen des Kaisers Abgesandte und auch Friedrich aufs selbstgefälligste und damit auch aufs törichste daran glauben – weil sie alle daran glauben wollten –, daß mit Innocenz und durch ihn die schrecklichen Probleme, die sein Vorgänger geschaffen hatte, ohne besondere Mühe zu erledigen wären. Friedrich, leidenschaftlich nicht nur im Haß, sondern nun auch in der liebevollsten Nachgiebigkeit, bot Innocenz immer neue Beweise seiner Zuneigung, seines Friedenswillens, seiner Bereitschaft zur vollkommenen Versöhnung an. Die Autorität des Papstes in allen geistlichen Fragen beschwor er von neuem und beteuerte, daß er, der ausschließlich Gregor zu vernichten beabsichtigt hatte, um nicht von ihm vernichtet zu werden, diese Autorität ohnedies stets respektiert hätte, was zwar eine grobe Verfälschung der Wahrheit war, in diesem Augenblick aber gar nichts anderes sein konnte als des Kaisers aufrichtige Meinung. Im übrigen war er zu jeder Genugtuung gegenüber der Kurie bereit. Almosen in überreichem Ausmaß gelobte er jenen Armen zu spenden, die von der Kirche betreut wurden. Frommen Stiftungen wollte er mehr als bisher zugänglich sein. Und Buße in jeder Form versprach er freudig auf sich zu nehmen, wobei man nicht verschweigen soll, daß seine dem Papste gegenüber nahezu demütige oder doch übertrieben freundschaftliche, herzlich bewegte Haltung so weit ging, einer besonders strengen Form des Fastens zuzustimmen, sollte Innocenz diese Art der Bestrafung von ihm fordern.

Es war, wenn wir es mit heutigem Blick betrachten, eine bittere Komödie. Der stolze, über die Maßen unbeugsame, herrschsüchtige und von außerordentlichem Sendungsbewußtsein durchdrungene Kaiser war plötzlich wieder wie ein streunendes Kind in den hitzegeschwängerten Straßen Palermos, das sehnsuchtsvoll Ausschau hält nach einer strengen Hand, in die es sich schmiegen kann. Er, der niemals einem Manne wirklich vertraut hatte, wenn man von Hermann von Salza absieht, dem jetzt längst dahingegangenen Freund und Genossen vieler schwieriger Jahre, er dürstete nunmehr geradezu nach dem Vertrauen ausgerechnet jenes Mannes, der vom ersten Augenblick an, da man in diese merkwürdigen Friedensverhandlungen eingetreten war, ein doppeltes Spiel betrieb und dieses Spiel nicht einmal sonderlich geschickt inszenierte. Denn spätestens im Augenblick, als die lombardische Frage einer brauchbaren

Lösung hätte zugeführt werden sollen und Innocenz, der nicht daran denken durfte, die Partnerschaft mit den Lombarden – oder mit Venedig, Genua, Piacenza und Mailand – aufzugeben, sich immer neuer und zumeist durchsichtiger Ausflüchte bedienen mußte, hätte Friedrich erkennen müssen, daß dieser Papst sein Freund nicht sein konnte. Und als dann auch noch die Sache mit Viterbo geschah, hätte der Kaiser aus seinem lebensgefährlichen Traum erwachen und verstört begreifen sollen, daß Innocenz in Wahrheit die Rolle Gregors übernommen hatte.

Die Sache mit Viterbo – welche die Augen des Kaisers für die ungeschminkte Wahrheit, die zu erkennen er sich hartnäckig widersetzt hatte, erst in einem Augenblick öffnen sollte, als es längst zu spät war, als Innocenz durch sein Tun schon alle Brücken zu Friedrich und damit zu einer brauchbaren Verständigung zwischen geistlicher und weltlicher Macht abgebrochen hatte – begann und endete mit dem übertriebenen politischen Ehrgeiz eines Kardinals namens Rainer. Er, Rainer von Viterbo, in den Reihen der kaiserfeindlichen Partei stets der grimmigste, unversöhnlichste und, wie die nachfolgenden Ereignisse das auf dramatische Art beweisen sollten, auch rücksichtsloseste, er also, den seine Zeitgenossen nur den »wilden Rainer« nannten, weil er weit eher als Kriegsmann denn als frommer Geistlicher auftrat, er suchte – ob mit des Papstes Einverständnis oder nicht, muß dahingestellt bleiben – die Friedensverhandlungen durch eine kühne, den Kaiser empfindlich schädigende Tat zu sabotieren. Unbestreitbar ist in diesem Zusammenhang, daß Innocenz von all diesen Dingen wußte; und daß er, offiziell die Pläne des Kardinals mißbilligend, ihnen insgeheim doch wohlgesinnt gewesen sein muß, weil er allen Plänen zugestimmt haben würde, die der Macht der Kirche dienten und der Macht des Kaisers Schaden zufügen konnten. Rainer, dessen Haß auf Friedrich so groß war, wie es einst seine Zuneigung dem Kaiser gegenüber gewesen war, wobei wir über die wahren Gründe dieser Veränderung des Gefühls nichts wissen, Rainer beabsichtigte, das kaiserliche Viterbo dem Reich durch eine Rebellion zu entreißen, durch einen klug vorbereiteten Aufstand, an dem zwar nur eine Minderheit beteiligt war, die es dann aber doch innerhalb kurzer Zeit erreichte, daß sich die kaisertreuen Bürger geschlagen geben mußten. Die überraschte Besatzung zog sich in die Burg von Viterbo zurück.

Der Kaiser befand sich zum Zeitpunkt dieser Geschehnisse, man schrieb August, September 1243, im apulischen Melfi. Unverzüglich reagierte er. »Wie eine Löwin, der man ihr Junges genommen und wie eine Bärin, der man die Kinder geraubt, fuhr er auf. Wie ein Wirbelsturm von Mitternacht brausend eilte er, in das Feuer des Zornes gehüllt, herbei zur Vernichtung der Stadt, wie ein Schnelläufer ohne allen königlichen Pomp. Er kam aber auf rotem Roß, um der Erde den Frieden zu nehmen.« So beschrieb der Anstifter dieses verhängnisvollen Ereignisses, Rainer von Viterbo, Friedrichs Reaktion, und es muß der Haß in ihm, dem ungebärdig agierenden Kardinal, stärker gewesen sein als alle planende Vernunft, daß er es wagen mochte, den Kaiser auf diese unerhörte Weise herauszufordern. Militärisch war die Situation ungeachtet des verhältnismäßig starken Heeres, das der empörte Kaiser innerhalb weniger Tage sammeln und nach Norden führen konnte, freilich nicht von vorneherein eindeutig zu entscheiden, weil auch die Partei der Rebellen genügend Zeit gefunden hatte, um Verstärkung heranzubringen und die Stadt selbst, darin man nach wie vor die bedrängte kaiserliche Besatzung in der Burg eingeschlossen hielt, in einen guten Verteidigungszustand zu versetzen. Moralisch freilich war dieser Aufstand durch nichts zu rechtfertigen. Denn die Friedensverhandlungen waren bis zu einem Punkt gediehen, an welchem Friedrich, in diesen Monaten nachgiebig bis zur Selbstentäußerung, gewiß alles unterschrieben haben würde, was ihm Innocenz mit dreister Beiläufigkeit diktierte.

Jetzt freilich war plötzlich wieder Krieg. Und es war ein Krieg, den das Reich gegen die Kurie führte, auch wenn Innocenz den Eindruck zu erwecken suchte, daß er an dieser Affäre unbeteiligt und an den Opfern, die sie kosten würde, schuldlos sei; und auch wenn Friedrich sich und den Seinen einzureden suchte, daß er nur gegen einen tollwütigen Kardinal und nicht gegen die Kurie zu Felde zöge. Es war ein Krieg zwischen geistlichen und weltlichen Interessen. Der Friedensschluß zwischen Kaiser und Papst, den jener dringend herbeisehnte und den dieser geschickt hinauszögerte, war ernsthaft in Frage gestellt.

Er sollte letztlich gar nicht zustande kommen. Denn zuerst einmal scheiterte Friedrich an Viterbo. Einen ersten Sturmangriff, den er unmittelbar nach dem Eintreffen seiner apulischen Soldaten und Sarazenen befahl und auch selbst anführte, mußte er bald wieder abbrechen. Zu stark war der Widerstand der Rebellen, unüberwindbar schienen die Mauern und Bastionen, welche die Stadt vor der Rache des Kaisers schützten. Ein zweiter Angriff wenige Wochen später – und nachdem man mit großer Mühe auch Belagerungsmaschinen herbeigeschafft hatte, mit deren Hilfe man das starke Mauerwerk zu brechen hoffte – scheiterte ebenso kläglich wie der erste. Durch die Anwendung des sogenannten griechischen Feuers – das zwar des Kaisers Pioniersoldaten gegen Viterbo schleuderten, das aber durch Ungeschicklichkeit und vielleicht auch durch eine ungünstige Richtung des Windes die kaiserlichen Angriffstürme in Flammen aufgehen ließ – endete dieser ganze Angriff im ohnedies schwer zu erobernden Gelände katastrophal. Die Eingeschlossenen triumphierten. Die papsttreuen Geistlichen ließen sich im ganzen Patrimonium zu jubelnden Dankgottesdiensten hinreißen. Und Innocenz, der sich mit kalter Höflichkeit von allen diesen Ereignissen distanzierte, hatte in Wahrheit gleichfalls allen Grund, über die Entwicklung dieser Affäre erfreut zu sein. Denn die Komödie, die nun nicht mehr bloß eine bittere, ätzende, sondern längst schon eine menschenverachtende war, nahm ihren unerbittlichen Fortgang.

Die Verhandlungen wurden wieder aufgenommen. Friedrich glaubte immer noch an die politische Ehrbarkeit und menschliche Aufrichtigkeit des neuen Papstes; das hatte gewiß auch damit zu tun, daß er in diesen Monaten wie gelähmt war, wie geblendet von der großartigen Möglichkeit, mit einem einzigen Federstrich aller Belastungen ledig zu sein, keine kostspieligen Feldzüge mehr gegen die Lombarden und die päpstliche Monarchie führen zu müssen. Der Kaiser hob die Belagerung Viterbos auf, glaubte allen ungewissen Versprechungen, die der Papst ihm machte, gelobte Friedfertigkeit, wenn man unter anderem der kaiserlichen Besatzung den freien Abzug aus der Burg von Viterbo gewährte, und zog sich alsbald wieder nach Apulien zurück. Der Löwe war, so schien es, zahm geworden. Ein genialer und raffinierter Politiker hoffte wider alles bessere Wissen auf Anstand und Menschlichkeit. Ein Caesar entledigte sich des lebenserhaltenden Mißtrauens und mußte, weil er der gegen ihn inszenierten schrecklichen Komödie tatsächlich nicht gewachsen war, der eigenen Vernunft Tribut zollen.

Denn in Viterbo hielt man sich nicht an die gemachten Vereinbarungen. Rainer, der wüste Kardinal, der möglicherweise befürchtete, daß die wieder aufgenommenen Friedensverhandlungen tatsächlich ein konkretes Ergebnis hervorbrächten und dadurch dem verhaßten Kaiser Genugtuung und Absolution widerführe, Rainer sorgte dafür, daß des Kaisers Soldaten in dem Augenblick, da sie die schützende Burg verließen, von einer maßlos aufgehetzten Menge überfallen, durch die Straßen Viterbos gejagt und erbarmungslos niedergemetzelt wurden. Dieser plumpe Eidbruch des Kardinals habe Friedrich als Symptom des Wankens aller menschlichen Satzung zutiefst erschüttert, schrieben später die Historiker; und man könnte in Ergänzung dieser Meinung aus einem Brief Friedrichs an den Kardinal Otto von St. Nikolaus zitieren, darin der Kaiser verzweifelt anfragt, »... welches Ziel unserer Erwartungen können wir denn erhoffen, wenn die Treue der Menschen so vollständig verachtet wird, wenn die Scham abgeworfen, das Gewissen nicht gewahrt, wenn schließlich den väterlichen Würden keine Ehre erwiesen wird ...«; aber die längst fällige Konsequenz aus allen diesen Winkelzügen und Verrätereien zog er noch immer nicht! Und selbst als der Papst der Stadt Viterbo eine Geldbuße auferlegte und ausgerechnet Kardinal Rainer, den Urheber aller in Viterbo begangenen Verbrechen, mit der Überwachung dieser Angelegenheit beauftragte, was natürlich dazu führte, daß nichts geschah, daß dieser ohnedies billigen Buße nicht Genüge getan wurde, was Innocenz dem Kaiser gegenüber wiederum damit entschuldigte, daß es doch zu gefährlich sei, den Unmut der Bürger Viterbos zu wecken ... selbst da schien Friedrich noch nichts zu begreifen, hatte es den merkwürdigen Anschein, als ob er verstockt und verzweifelt auf des Papstes Aufrichtigkeit vertraue und sich von diesem nichts anderes wünsche als die Lösung vom Bann.

Tatsächlich schien sich jetzt eine brauchbare, vernunftbetonte Lösung der meisten Probleme abzuzeichnen, obgleich der Papst den Kaiser wie einen lästigen Bittsteller behandelte, ihn als einen geschlagenen Mann betrachtete, den die Kirche nicht länger mehr zu fürchten brauchte. Es waren auch die Bedingungen, die Innocenz nunmehr für die von Friedrich so dringend herbeigesehnte Absolution stellte, nichts weniger als erniedrigend, denn der Kaiser mußte sich, wenn er wieder ein »ergebener Sohn der Kirche und ein rechtgläubiger Fürst« sein wollte, nicht bloß wie ein reuiger, schuldbeladener Sünder aufführen, sondern auch den Lombarden gegenüber wie ein Geschlagener benehmen, als wäre er der Rebell gewesen, der sich gegen die Gesetze des Reiches erhoben hatte. Und Friedrich akzeptierte fast alles. Er empörte sich nicht gegen die herausfordernde Unverfrorenheit, mit welcher Innocenz immer neue Demütigungen erfand. Er forderte keine Genugtuung für das Drama von Viterbo, das, obgleich es kaiserlich gewesen war, sich jetzt in den Händen eines päpstlichen Kardinals befand. Und er, der sich stets auf seinen untrüglichen politischen Instinkt hatte verlassen können, schien auch nichts zu ahnen von einem ungeheuerlichen Verrat, der in aller Heimlichkeit vorbereitet wurde und doch durch manchen Widerspruch, durch manche offenkundige Heimtücke sich deutlich abzeichnete inmitten all dieser feierlichen Phrasen und bombastischen Zeremonien, die am Gründonnerstag des Jahres 1244 einen Frieden bloß vortäuschten, ohne daß sich an der Radikalität, mit der Innocenz diesen Kaiser vernichten wollte, etwas änderte.

Am Gründonnerstag 1244 also fand die offizielle Aussöhnung zwischen Kirche und Kaiser statt. Dieser, dem der Papst eine eher beiläufige Predigt widmete, befand sich zu diesem Zeitpunkt zwar in Apulien, begab sich aber unmittelbar nach Bekanntwerden des für ihn dem Anscheine nach so erfreulichen Ergebnisses der Verhandlungen nach Norden, um mit dem Papste persönlich zusammenzutreffen, da es der Lombarden wegen nach wie vor einige strittige Punkte gab, die geklärt werden mußten. Auch hielten kaiserliche Truppen immer noch Teile der römischen Campagna, also des Patrimoniums, besetzt, was gleichfalls einer Klärung bedurfte. Ebenso war Friedrich bekannt geworden, daß Innocenz im Friedensvertrag etliche Veränderungen vorgenommen hatte, das heißt, er hatte das Dokument, das noch vom Kaiser selbst hätte unterzeichnet werden müssen, in manchen gar nicht unwichtigen, weil die Sache des lombardischen Bundes betreffenden Punkten eigenhändig und eigenmächtig verändert, obgleich alles längst abgesprochen und beschworen gewesen war. Das alles waren Dinge, die, rechnete man sie zusammen, doch so schwerwiegend schienen, daß Friedrich jetzt dringend darauf bestehen mußte, mit dem Papst von Angesicht zu Angesicht zu verhandeln. Außerdem dürften ihm doch endlich ernsthafte Bedenken gekommen sein, was den Charakter dieses perfekten Kanzlisten auf dem Stuhle Petri betraf, zumal die Gerüchte nicht mehr verstummen wollten, daß Innocenz etwas Entscheidendes, etwas Unerhörtes vorbereite, das der ganzen Sache eine gänzlich unerwartete Wendung geben würde.

Friedrich also ging nach Norden, ging nach Terni, einer kleinen Stadt an der Via Salaria, halbwegs zwischen Rom und Perugia gelegen, während Innocenz zugesichert hatte, in das benachbarte Narni zu kommen, das, hoch über dem Fluß Nera gelegen, vorzüglich befestigt und so gut wie unangreifbar war. Aber Innocenz dachte längst nicht mehr daran – und hatte er je daran gedacht? –, dem Kaiser auf korrekte Art gegenüberzutreten. Er wußte zu gut, daß Friedrich im Augenblick, da er die Infamie begriff, mit welcher die Partei des Papstes ihre Interessen gegen jene des Kaisers zu wahren wußte, mit Waffengewalt vorgehen würde. Und davor scheute er, dessen einzige charakterliche Achillesferse seine persönliche Feigheit war, heftig zurück.

Man muß jetzt die Fakten für sich sprechen lassen, Fakten und Daten, die beweisen, daß in der Politik stets das kalte Kalkül dem gefühlsbetonten Handeln überlegen ist. Innocenz, der wahrscheinlich seit Wochen schon seine nun folgenden Schritte vorbereitet hatte, eilte, als des Kaisers Drängen, der in Narni auf die verabredete Zusammenkunft mit dem Papst wartete, immer heftiger wurde, von Civita Castellana nach Sutro, wo er sich, als wäre er ein beliebiger Landflüchtiger oder Schurke, sorgfältig verkleidete, um dann, begleitet nur von wenigen Genossen, nach Civitavecchia zu gehen, wo im Hafen schon seit einiger Zeit genuesische Galeeren aufbruchsbereit ankerten. Das abgekartete Spiel funktionierte vortrefflich. Der Papst auf der Flucht vor der unberechenbaren Wut des Kaisers; so hatte es den Anschein; so sollte es auf die Menschen in beiden Lagern wirken. Dazu gehörte auch, daß des Papstes getreue Agitatoren, Dominikaner und Franziskaner, die jedem Pontifex mit frommem Fanatismus dienten, das Gerücht von kaiserlichen Häschern verbreiteten, die schon in der römischen Campagna unterwegs wären, um Innocenz mit Gewalt nach Narni zu schleppen. Dieser freilich kreuzte im Tyrrhenischen Meer, landete am 7. Juli 1244 in Genua, wo er stürmisch empfangen wurde, er, ein Sohn der stolzen Handels- und Seefahrerstadt, in welcher er, wäre er als höchster Beamter der Kirche ein ehrlicher Makler gewesen, wohlbehütet hätte bleiben können. Aber nach wenigen Monaten, die seiner Erholung dienten, verließ er Genua wieder und reiste in das südfranzösische Lyon, wo er in den ersten Dezembertagen anlangte und wohin er für den Juni des folgenden Jahres 1245 ein Konzil einberief, das zwar nur von einer Minderheit der geistlichen Würdenträger – man sprach von knapp hundertfünfzig Äbten, Bischöfen und Kardinälen – wahrgenommen werden konnte, wobei auffallend war, daß aus dem Reich fast niemand erschien, wo Innocenz aber schon in der dritten Sitzung am 17. Juli 1245 in der Kathedrale vor der atemlos lauschenden Kirchenversammlung jene schreckliche Anklagerede halten konnte, die den Kaiser endgültig verdammte. Von Meineid, Friedensbruch, Gotteslästerung und Ketzerei war die Rede. Ein Kirchenzerstörer und Frauenschänder wurde Friedrich genannt. Der wiederholten Anstiftung zum Mord bezichtigte ihn Innocenz. Und dann setzte dieser den Kaiser ab, mit Worten, die es wert sind, immer wieder von neuem zitiert zu werden, um zu beweisen, welcher Mittel sich die Politik bedienen mag, um einen Widersacher nicht bloß zu schmähen, sondern auch zu vernichten. »Ob der angeführten und vieler anderer abscheulicher Frevel«, las der Papst »allen zum Staunen und Schrecken« seine vorbereitete Absetzungs- und Verdammungsrede herunter, »erklären wir den besagten Fürsten, der sich des Kaisertums unwürdig gemacht hat, für einen Menschen, der von Gott in seinen Sünden verstrickt und verdammt und aller seiner Ehren und Würden vom Herrn beraubt ist, und entsetzen ihn durch unseren Urteilsspruch. Alle, die ihm durch den Eid der Treue verpflichtet sind, lösen wir für immer von diesem Eide und verbieten kraft apostolischer Vollmacht strengstens, daß in Zukunft irgend jemand ihm als König oder Kaiser gehorche. Über das Königreich Sizilien werden wir mit dem Beirat unserer Brüder so verfügen, wie wir es für zweckmäßig halten.«

Es war die vollkommene Vernichtung Friedrichs. Thaddäus von Suessa, als des Kaisers Abgesandter diesem Konzil von Lyon beiwohnend, soll nach der Verkündung dieses verdammenden Urteils verzweifelt ausgerufen haben: »Das ist der Tag des Zornes, des Unglücks und des Elends!« Er hätte wohl hinzufügen können, daß dies auch der Tag jener sei, die vermittels ihrer Verschlagenheit und ihrer Herzenskälte die Welt zu beherrschen vermögen. In Lyon freilich löschten Papst und geistliche Würdenträger, nachdem Innocenz noch die Forderung gestellt hatte, nunmehr einen neuen Kaiser zu wählen, die Fackeln, deren flackerndes Licht diese gespenstische Szene in der Kathedrale erhellt hatte, und übten sich dann, als wollten sie tatsächlich ihrem Schöpfer Dank abstatten, in der kräftigen Einstimmung auf ein feierliches Tedeum.

Einiges muß ergänzt werden, obgleich es am Ausgang dieser bitteren Komödie, die sich unversehens in ein Drama verwandelt hatte, nichts mehr ändert. Da soll zuerst noch einmal des Rainer von Viterbo, den Innocenz anläßlich seiner Flucht nach Lyon als seinen Vertreter in Italien zurückgelassen hatte, gedacht werden, eines Kardinals und Charakters also, dessen bloße Existenz für Friedrich eine Herausforderung darstellte. Und dieser Mann tat nach wie vor alles, um die Vernichtung des Kaisers zu vervollkommnen. Als Friedrich im April 1245, nachdem er mit seinem gesamten Hofstaat und einem beachtlichen Heer von Apulien aufgebrochen und nach Norden gezogen war, während seines Marsches, der ihn durch den Kirchenstaat führte, auch an Viterbo vorbeikam, das er auf so infame Weise an den Kardinal und damit an die päpstliche Monarchie eingebüßt hatte, da verlor er für kurze Zeit alle Beherrschung und benahm sich wie jemand, der auf eine Kränkung mit Haß und Rachsucht antwortet. Er überließ seinen Truppen das offene Land; und wenigstens zwei Wochen lang verheerten diese das Gebiet von Viterbo, rächten sie sich, da sie gegen die starkbefestigte Stadt selbst nichts unternehmen konnten, an Unschuldigen. Dann, weil seine Freunde ihn bedrängten, abzulassen von solchem Tun, und wohl auch, weil er selbst die Nutzlosigkeit und die Fragwürdigkeit seiner Rache einzusehen begann, unterwarf er seine Armee der gewohnten Disziplin, untersagte er den Soldaten alle Feindseligkeiten und zog weiter nach Norden, in diesen Augenblicken, man schrieb den Mai 1245, gewiß noch von der Hoffnung durchdrungen, selbst auf dem Konzil von Lyon, das damals bereits längst angesagt, einberufen war, zu erscheinen, um sich gegen die zu erwartenden Verdächtigungen und Verleumdungen des Papstes zu wehren.

Aber gerade diese wenigen schlimmen Tage von Viterbo, gerade dieser eine kurze Moment der Nachgiebigkeit gegenüber dem Haß, den er angesichts dieser endgültig verlorenen Stadt und des Verursachers der schlimmen Kränkung empfinden mußte, genügten vollauf, um jetzt den Kaiser neuerlich als Eidbrecher und Kriegshetzer darzustellen. Und es war Rainer von Viterbo, der sich diese unglückliche Gelegenheit nicht entgehen ließ, um Friedrich der Welt als Antichrist vorzuführen. Dieser Kardinal, der in Wahrheit so wenig ein frommer Diener der Kirche war, wie er es nicht zustande brachte, sich selbst gegenüber gerecht zu sein, und dessen Schurkerei beispiellos gewesen war, mit der er Viterbo in seinen Besitz gebracht und dabei jeden abgelegten Eid gebrochen hatte, dieser Kardinal war nun mit geiferndem Mund gleichsam zum Sprachrohr Luzifers geworden. Die Pamphlete, die er von Rom aus in alle Welt sandte, waren buchstäblich Posaunen des Bösen und schmähten den Kaiser auf eine Weise, die so abstoßend und schreckenerregend war, daß gerade deshalb ihre unheilvolle Wirkung nicht ausbleiben konnte. Der Friedenskaiser als Mörder Unschuldiger, als Verfolger und Schänder der Tugend, als Brandfackel des Krieges in friedlicher Zeit, als reißender Wolf inmitten der Lämmer Gottes . . . eine Nebenerscheinung der verheerenden Wirkung, die diese Flugschriften hatten, war die Weigerung der siebzehnjährigen Gertrud von Österreich, der Nichte des letzten Babenbergers, mit welcher Friedrich, der längst wieder verwitwet war, eine Ehe einzugehen wünschte, sich mit dem Kaiser zu vermählen. Denn auch als schrecklichen Gattenmörder und schamlosen Satyr schilderten diese Pamphlete Rainers den Kaiser, der angesichts einer solchen Charakterisierung einer Siebzehnjährigen in der Tat als wüster Blaubart erscheinen und deren furchtsame Abscheu wecken mußte.

Rainers Propaganda blieb also nicht folgenlos. In Lyon konnte Innocenz auch die Vorfälle von Viterbo als Beweis für den Verrat Friedrichs anführen, obgleich jedermann wußte, wie diese Sache wirklich gelaufen war und daß, wenn schon von Verrat die Rede sein sollte, die Verräter in den Reihen jener zu suchen waren, die nun über den Kaiser zu Gericht saßen. Dazu kam nun auch noch das abscheuliche Gerücht, daß der Papst vor allem deshalb die Flucht nach Genua und Lyon habe wagen müssen, weil der Kaiser ihn durch Gift habe beseitigen wollen. Nur durch rasches und geheimes Entweichen, so die kurialen Agitatoren, habe sich Innocenz den Nachstellungen des mörderischen Tyrannen entziehen können; noch in Lyon mußte eine Leibwache den Papst vor den wiederholten Mordanschlägen schützen, die Friedrichs Spießgesellen in dessen Auftrag inszenierten ... und so wenig glaubhaft, so unverschämt dieses Gerücht auch war, so fand es doch Gehör bei der Menge jener, denen die wahren Hintergründe dieser schrecklichen Komödie verborgen blieben.

Die Nachricht vom neuerlichen Bannfluch und von seiner Absetzung durch Innocenz erhielt Friedrich in

Turin. Seine erste Reaktion war Betroffenheit, dann auch maßloser Zorn. »Drohenden Blickes und mit furchtbarer Stimme« – so die beeindruckten Augenzeugen dieser Szene – soll er ausgerufen haben: »Woher diese Frechheit? Woher ein so vermessenes Unterfangen?« ... und habe sich dann, so wird weiter erzählt, den Kronschatz bringen lassen, um daraus eine jener zahlreichen Kronen auszuwählen und sich eigenhändig aufs Haupt zu drükken, die er im Verlaufe seiner Karriere als eine immer neue Bestätigung seiner Macht gleichsam wie ein besessener Liebhaber solcher Insignien gesammelt hatte. Und in einem Rundschreiben an jene, die ihm auch nach dem Urteil von Lyon als Freunde und Verbündete verpflichtet waren, formulierte er unmißverständlich, was ihn nun am stärksten bewegte. Lange genug, schrieb er, sei er bloß Amboß gewesen; nunmehr wolle er selbst der Hammer sein.

Dennoch war der Schlag, der ihn getroffen hatte, furchtbar. Zu jeder freundschaftlichen Geste und zu fast jedem Verzicht wäre er bereit gewesen, um eine vollkommene Aussöhnung mit der Kirche zu erreichen. Und jene Autoren, die meinen, daß des Papstes kühne Unverfrorenheit Friedrich vor einem zweiten Canossa bewahrt habe, kommen der Wahrheit recht nahe, denn in der Tat war des Kaisers caesarische Würde schon fragwürdig geworden, hatte er, schwankend zwischen äußerster, befremdender Nachgiebigkeit und aufwallendem Zorn, immer wieder demonstriert, daß sein Gehorsam gegenüber dem Papst sein ganzes Tun diktierte. In diesem Sinne war das, was Innocenz dem Kaiser aufzwang, ein Akt der Befreiung. Denn wenn Friedrich vor dem unglaublichen Spruch von Lyon »fast bis zur Selbstaufgabe darauf gehofft hatte, vielleicht den Gegner lieben zu dürfen« (E. Kantorowicz), so würde er jetzt zur »Entfeßlung der wildesten, furchtbarsten Kräfte genötigt« sein, und das wiederum würde Rom, die Kirche, das Papsttum in eine schwierigere Lage bringen, als das noch unter dem Papst Gregor der Fall gewesen war. Der Beschluß von Lyon, schreibt Gregorovius, sei eines der verhängnisvollsten Ereignisse der Weltgeschichte gewesen, denn »seine todbringende Wirkung stürzte das alte germanische Reich, aber auch die Kirche wurde von ihrem eigenen Blitzstrahl im tiefsten versehrt. Die Absetzung des Kaisers hatte jetzt das Gegenkönigtum zur Folge, ohne daß Friedrich daran denken konnte, das Papsttum, wie einst Heinrich IV. und dessen Nachfolger getan hatten, mit den gleichen Waffen des Schisma zu bekämpfen. Es kam nicht mehr darauf an, einen kirchlichen Papst durch einen kaiserlichen zu verdrängen, vielmehr im Papst überhaupt die über das Gleichgewicht der Gewalten emporgestiegene geistliche Macht zu bezwingen und die weltliche Autorität von seiner Despotie zu befreien«.

Friedrich mußte also reagieren. Und er, der jetzt nicht mehr Amboß, sondern Hammer sein wollte, tat dies heftiger und gezielter als je zuvor. Den Königen und Fürsten Europas, von denen die meisten ohnedies zutiefst betroffen waren vom bürokratischen Übermut eines Papstes, der sich seiner Verantwortung durch feige Flucht entzogen hatte, ließ er ein Sendschreiben zukommen, darin er unter anderem zur unerläßlichen Solidarität aufrief. »Es möge eure Achtsamkeit auch das bedenken, was für ein Ende nach solchen Anfängen zu erwarten ist: bei uns beginnt es, aber Ihr wißt, daß es bei Euch endet. Verteidigt also Euer königliches Recht, indem Ihr unsere Sache verteidigt.« Und in einem zweiten Manifest vom Februar 1246 wirft er der Kirche bedenkliche Verweltlichung und unchristliche Habsucht vor, bedient er sich also erstmals jener weitverbreiteten Meinung der Menschen, die schon in der franziskanischen Idee ihren wirkungsvollsten Ausdruck gefunden hatte.

Alles, was die Kirche jener Zeit durch ihren unseligen Hochmut, durch ihre tolldreiste Habgier und durch ihre rücksichtslose Einmischung in die sogenannte Tagespolitik an Unruhe und Widerstand verursacht hatte, kam dem Kaiser nun gerade gelegen, um die Massen, wie er hoffte und glaubte, jener Empörung zuzuführen, von der er selbst erfaßt war. Ein Gekränkter reagiert immer so, als müsse er unentwegt übers Ziel schießen. Und Friedrich war auf eine Weise gekränkt worden, die jedes Maß überstieg. Er wünschte jetzt nichts anderes und auch nichts heftiger, als die Kirche an »Haupt und Gliedern zu reformieren«, und wenn er den Fürsten Europas in seinem Manifest eine Geistlichkeit schilderte, die »der Welt ergeben, von Genüssen trunken« ist und »Gott hintan« setzt und der »aus dem Zustrom von Schätzen die Frömmigkeit erstickt« wird, so begriff er den Kampf gegen diese Art von Priestern als »ein Werk der Liebe«, wie er es nannte. In Wahrheit hatte das alles freilich nichts mit Liebe zu tun, war es nicht wirklich Teil eines großartigen reformatorischen Unternehmens, sondern diente es wie alles andere, was Friedrich gegen Papst und Kirche unternahm, einem ungestüm aufwallenden Rachegefühl. Der Wandel in des Kaisers Gesinnung muß nach dem Urteil von Lyon radikal gewesen sein. Denn nichts mehr war jetzt spürbar von der Sehnsucht nach einer glorreichen Erneuerung des Römischen Imperiums, nichts mehr klang durch in Friedrichs Manifesten von den einstigen Phrasen eines Weltfriedens, der den Menschen ein Paradies auf Erden gebracht und ihn, den Kaiser, zum wirkungsvollsten, unsterblichsten aller Caesaren gemacht hätte. Und nicht mehr war die Rede vom unbeugsamen Recht, von dieser besonderen Gerechtigkeit, die dem Kaiser stets als höchste Tugend erschienen war. Etwas, das uns, die wir die Geschichte seit damals immer wieder zu genau und zu schmerzhaft erfahren haben, an Götterdämmerung gemahnt, an die äußerste Brutalität eines Untergangs, der alles vernichtet, alles mit in den Abgrund reißt, begann jetzt auf verhängnisvolle Weise um und durch Friedrich wirksam zu werden. Dazu gehörte beispielsweise der schreckliche Übermut jener Paladine, die im Schatten des Caesars groß geworden und nun fähig und willens waren, aus diesem Schatten gebieterisch hervorzutreten, behaftet freilich mit allen charakterlichen Geschwüren, die jenen, welche die Macht an sich reißen, ohne sie tatsächlich zu beherrschen, ein verbrecherisches Aussehen schenken. Ein Ezzelino, den seine gepeinigten Untertanen nur den Teufel der Trevisaner Mark schimpften, ein Guido von Suessa oder der einäugige Markgraf Uberto Pallavicini, dem ein Hahn, als wäre das schon ein Zeichen Satans gewesen, in der Wiege ein Aug' aus dem Schädel gerissen hatte ... sie alle, die stets gegen alles gewesen waren, was mit Glaube und Kirche, mit Gesetz und Pflicht zu tun hatte, sie, die finsteren Kreaturen Friedrichs, die von den meisten Biographen tunlichst verschwiegen werden, weil ihre Verbrechen wider die Menschlichkeit, ihre unerhörte Anmaßung und ihr erbarmungswürdiger Zynismus den strahlenden Ruhm des Imperators verdunkeln könnten, sie erwiesen sich nunmehr als die wahren Genossen Friedrichs. »Gigantische Frevler« waren sie, »Verächter der himmlischen Seligkeit wie der höllischen Qualen, die sie verlachten«, und insgesamt war jeder von ihnen ein verzerrtes, verwischtes Spiegelbild Friedrichs, war jeder von ihnen ein Widerhall dessen, was an Bösem, Widerspruchsvollem und Rachsüchtigem nun in dessen Seele wütete.

Die Auseinandersetzung zwischen Papst und Kaiser begann in dieser ersten Phase als Krieg der Worte. Es fanden Friedrichs Schmähungen der Kirche vor allem in Deutschland großen Beifall, wo Bettelmönche, Wanderprediger und auch mancher Bischof sich des Kaisers zornige Meinung zu eigen machten, daß beispielsweise die päpstlichen Ablässe wertlos und die Prälaten eigentlich Parasiten seien. Ein Prediger, der sich Bruder Arnold nannte und seiner visionären Gesichte wegen beim Volk ungemein populär war, erkühnte sich sogar, Innocenz als Ketzer zu verurteilen, was zu manchem Aufruhr hauptsächlich in Süddeutschland führte.

Aber das war, obgleich die Mehrzahl der Gläubigen in Deutschland den gebannten Kaiser gegen die Kirche in Schutz nahm, nicht wirklich ein Anlaß für jene tiefgreifende Veränderung, für jene in Wahrheit auch damals schon längst überfällige Reformation, die Friedrich freilich einige Jahrhunderte zu früh forderte. Oder deren möglicher – und notwendiger – Anführer er in Deutschland nicht sein konnte, da der Schauplatz seiner Interessen fast zur Gänze in Italien lag. Oder die er nur dann als nützliche Rebellion gegen eine hochmütige und zutiefst verweltlichte Kirche hätte inszenieren können, wenn er eine solche Reformation wirklich gewollt und nicht bloß als einen unter mehreren Ausfällen und Angriffen gegen den Papst verstanden hätte. Im übrigen sollte es sich bald zeigen, daß der deutsche Klerus, der in seiner überwiegenden Mehrzahl stets kaisertreu gewesen war, den nunmehr geschickt angewendeten Zersetzungsversuchen des Papstes auf Dauer nicht gewachsen sein konnte, weil viele stauferfreundliche Geistliche dem Zwiespalt zu entgehen wünschten, in den sie Innocenz mit seinen kategorischen Anordnungen trieb. Er belegte nämlich alle jene Diözesen, deren Bischöfe im Verdacht standen, für Friedrich Partei zu ergreifen, mit dem Interdikt, was bedeutete, daß in diesen Gebieten kein geistliches Zeremoniell stattfinden durfte. Gottesdienste, Trauungen, Taufen und selbst Leichenbegängnisse konnten auf diese Weise nicht abgehalten werden. Und wo selbst solches Vorgehen nicht den erwünschten Erfolg brachte, griffen des Papstes Administratoren mit harter Hand durch, wurden Domherren, Äbte und Bischöfe einfach abgesetzt und durch papsttreue Kreaturen ersetzt, was im besonderen die Erzbischöfe von Bremen und Salzburg, die Bischöfe von Passau, Utrecht, Freising, Brixen, Prag, Worms, Konstanz, Paderborn und Hildesheim betraf. Nicht einmal Geistliche minderen Ranges waren vor der Rache des Papstes sicher, der freilich nicht nur zu bestrafen, sondern auch ausgiebig zu belohnen imstande war, was eine weitgehende Neuverteilung der Kirchengüter in Deutschland mit sich brachte.

Dem allen stand Friedrich weitgehend machtlos gegenüber. Erwähnenswert ist in diesem Zusammenhang auch die Aufsplitterung der weltlichen Macht in eine päpstliche und in eine kaiserliche Partei, was einen ersten sichtbaren Ausdruck darin fand, daß der Landgraf von Thüringen, Heinrich Raspe, sich um den Preis von 25000 Mark Silber von Innocenz als Gegenkönig einkaufen ließ, was in der weiteren Folge zu einer kriegerischen Auseinandersetzung mit dem Stauferkönig Konrad führte, die in einer Schlacht unweit Frankfurts zugunsten des Gegenkönigs entschieden wurde; diesem sollte der Sieg freilich nichts mehr nützen, da er, den das Volk als »rex clericorum« verspottete, bereits im Februar 1247 verstarb. Ihm folgte mit dem Grafen Wilhelm von Holland ein weiterer Gegenkönig, der sich allerdings nur im Rheinländischen zu behaupten vermochte, da es Friedrichs Sohn Konrad nach anfänglichen Schwierigkeiten gelungen war, sich in Süddeutschland eine sichere Position zu schaffen.

Aber das alles bedeutete für Friedrich im Grunde nicht viel mehr, als daß er jetzt endgültig alle Anstrengungen auf Italien konzentrierte. Denn wenn er auch durch einen feierlichen Schwur ankündigte, daß er »das aus der Scheide gerissene Schwert, welches Untergang predige, nicht eher wieder einzustoßen« gedenke, »als bis die das Imperium aufreizende Hydra der Rebellion, welche der wiedergeborenen Köpfe Verderben im Übermaß aufbläht, machtvoll gestraft sei«, so verstand er unter dem hier beschworenen Imperium eben doch nur noch die italienischen Reichsgebiete, vor allem jene in Mittel- und Norditalien, wo durch die wirkungsvolle Tätigkeit päpstlicher Agitatoren immer neue Aufstände aufflammten, immer neue und immer gefährlichere Unruheherde entstanden.

Das aber, nämlich die in zahlreiche Scherben zerbrechende Ordnung, welche Friedrich ebenso mühsam wie unter Aufbietung höchster, strengster Disziplinierung geschaffen hatte, veränderte jetzt nicht nur die politische Realität, sondern auch den Charakter des Kaisers, was wiederum in manchen gravierenden Fällen erhebliche Auswirkungen auf diese politische Realität haben sollte.

Friedrich war, auch wenn seine Verehrer das beschönigen oder gar bestreiten wollen, ein Diktator. Er war in diesem Zusammenhang zwar gewiß nicht der erste Tyrann in jener langen Reihe furchteinflößender Namen, die bis in unsere unmittelbare Gegenwart reicht, aber er vermochte durch seine vielfältigen und außerordentlichen Begabungen sowie durch eine wahrscheinlich mitreißende Herzlichkeit seines Wesens manchen Abgrund in seiner Seele zu verbergen, manchen häßlichen Widerspruch in seinem Charakter zu überspielen, zumindest so lange, als er ein Günstling des Glücks und ein scheinbar immerzu erfolgreicher Imperator sein konnte, der alles Gemeine, Ekelhafte, gegen die menschliche Natur Gerichtete scheinbar nur von Handlangern tun läßt oder vielfach gar nicht weiß, wessen Kreaturen fähig sind, wenn sie an die Macht gelangen. Wohl wußte man, daß er jähzornig und rachsüchtig sein konnte. Wohl hatte es immer wieder einmal erschütternde Beweise für seine ungestüme Grausamkeit, für seine Menschenverachtung gegeben. Und wohl führte er sich in seinem Königreich als ein Despot auf, den zu fürchten die Menschen manchen schlimmen Grund hatten. Doch das waren gleichsam nur Nuancen, das alles war etwas, das man als selbstverständliche Eigenart eines Caesars akzeptieren mochte. Außerdem überstrahlt der Erfolg stets das Häßliche in den Seelen der Diktatoren. Und jubelt das Volk, selbst wenn es zu jeder Demütigung verurteilt wird, über jeden Triumph seiner Unterdrücker.

Doch nun, da eines Papstes unbarmherzige Strategie diesen Triumph zu schmälern begann, da Innocenz gegen Friedrich tatsächlich alle Mittel der Kirche einsetzte, um ihn einzuschnüren, da gegen die weltliche Rücksichtslosigkeit geistliche Infamie in einem Ausmaß angewendet wurde, wie das dem Vorgänger dieses eiskalten Bürokraten in Lyon niemals eingefallen wäre, spürte der Kaiser, daß er Ursache hatte, mißtrauisch zu werden. Und daß er sich der grausamsten und unmenschlichsten Mittel würde bedienen müssen, um diesen letzten

Kampf, der nicht mehr in offener Schlacht entschieden werden konnte, zu gewinnen. Als wäre er ein Raubtier, das in eine schlau errichtete Falle geraten ist ... so schlug nun Friedrich um sich. Jede Stadt, die er betrat, hatte sogleich Geiseln zu stellen, die, nachdem sie in die schrecklichen Verliese Süditaliens verschleppt wurden, eines gnadenlosen Todes sicher sein mußten, wenn in ihrer Heimat der geringste Verdacht auf eine Rebellion bestand. Öffentlich brüstete sich Friedrich, der nun durch Terror zu erreichen suchte, was ihm früher als Günstling des Glücks ohne Anstrengung zugefallen war, daß er entlang des Flusses Po an die dreihundert Mantuaner habe hängen lassen, weil deren Heimatstadt den Abfall vom Reich versucht habe; und in Reggio in der Emilia ertränkte er einen ohnedies zaghaften Aufstand im Blute Hunderter, darunter gewiß viele, die völlig schuldlos waren und die dennoch dem Schwert der Henker überantwortet wurden. Und als einige Florentiner Adelige sich gegen den Kaiser erhoben, sich dann aber bereits nach kurzer Belagerung in der Festung Capraio ergeben mußten und auf eine ehrenvolle Behandlung hofften, weil sie im Grunde nichts anderes getan hatten, als ihr Eigen zu verteidigen und, wie sie es begriffen, ihre Ehre wiederherzustellen, da wurden die meisten von ihnen sogleich gehängt, während eine Minderheit dieser Unglücklichen zuerst gefoltert und geblendet und dann in Ketten nach Neapel getrieben wurde, wo man die Erbarmungswürdigen kurzerhand im Meer ertränkte.

So wütete Friedrich, indem er seinem Mißtrauen und seiner Rachsucht keinen Zwang mehr antat, gegen die Welt. Und so schürte er den Haß dieser Welt gegen sich, veränderte er Freunde in Feinde und machte aus Gegnern potentielle Attentäter, die zum Sturz, zur Ermordung des Tyrannen bereit waren.

Die Dinge waren also endgültig wieder in Bewegung geraten; und das auf mehreren Ebenen. Friedrich, der jetzt sein fünfzigstes Lebensjahr überschritten hatte, entfremdete sich allmählich seiner selbst und mehr noch den Seinen, denen es aus vielen Gründen immer schwerer wurde, ihm jene absolute Treue zu bewahren, die das schreckliche Wort Lügen strafte, daß noch nie ein großer Monarch dem Verrat der Vertrauten entgangen sei. Innocenz, der unermüdlich in Lyon die Fäden zog, wohl wissend, daß er wie sein Gegner ums Leben kämpfte, bediente sich dabei mit kühler Gelassenheit dieser Gründe, um nicht nur den Untertanen, sondern mehr noch den Freunden Friedrichs, die Paladine des Reiches waren und dieses Reiches Schicksal mitverantworteten, jenes Gift einzuflößen, das ihren Ehrgeiz weckte, ihrer Habgier schmeichelte und ihnen die Freundschaft zum Kaiser vernichtete. In manchen Fällen bedurfte es dazu lediglich der agitatorischen Kunst jener wandernden Bettelmönche, die im Gegensatz zu Deutschland hier in Italien und zumal im Königreich, also in den Landschaften Apuliens und Kalabriens sowie auf Sizilien, immer noch die eifrigsten und leidenschaftlichsten Propagandisten des Papstes waren. Sie entzündeten im Volk, das viele Anlässe hatte, mürrisch zu sein, die Fackel des Aufruhrs, gaben dem von Friedrich hart verfolgten und immer wieder gedemütigten Klerus genügend Rückhalt, um ihn zur Aufsässigkeit zu animieren, und sorgten schließlich auch in den Kreisen des Lehnsadels, der im Verlaufe der Neuordnung des Königreiches um viele Privilegien gebracht worden war, für jene gereizte Stimmung, welche so oft die natürliche Vorläuferin ist für Verrat und Rebellion.

Im September 1245, also nur wenige Wochen nach dem vernichtenden Urteilsspruch des Papstes auf dem Konzil von Lyon, entdeckten Friedrichs Agenten erste unleugbare Beweise für eine Verschwörung gegen den

Kaiser. Und diesem selbst wurde sogleich bewußt, wo er den Anstifter, den geistigen Urheber dieses Komplottes zu suchen hatte; nämlich in der Person des Papstes; oder eigentlich in jener des Schwagers Innocenz', eines gewissen Bernardo Orlando di Rossi, der zu den einflußreichsten und populärsten Notabeln Norditaliens zählte, mehrfach in kaiserlichen Städten das Amt des Podestà bekleidet hatte und allein schon aus diesem einleuchtenden Grund eigentlich als Parteigänger Friedrichs anzusehen gewesen wäre, mit dem ihn überdies ein zwar weitläufiges, jedoch herzliches Verwandtschaftsverhältnis verband. Nie habe er einen Mann gesehen, der besser und überzeugender die Person eines erlauchten Fürsten dargestellt hätte, schwärmte Fra Salimbene, ein damals berühmter Bettelmönch aus Parma. Auch Orlando di Rossi stammte aus Parma. Und im Kloster Fontevivo unweit Parmas wurden jene Beweise, jene belastenden und entlarvenden Dokumente für die weitverzweigte Verschwörung gegen den Kaiser aufgefunden.

Es ist heute schwer zu sagen, was den Gesinnungswandel Orlando di Rossis, dieses mächtigen Mannes, und was auch die Treulosigkeit vieler anderer Notabeln gegenüber dem Imperator bewirkt haben mochte. Die lapidare Feststellung eines Biographen Friedrichs (E. Kantorowicz), daß der Dienst bei einem Herrscher vom Schlage Friedrichs II. gewiß alles andere als leicht war, vermag den Abfall so vieler aufrechter, besonnener Männer vom Kaiser nicht zu erklären. Auch des Papstes raffinierte und wirkungsvoll arrangierte Intrigen können nicht die einzige Ursache dieses weitverbreiteten Gesinnungswandels gewesen sein. Und erst recht nicht der Bannfluch von Lyon, der ja nur wiederholt hatte, was zuvor bereits durch Papst Gregor verkündet worden war. Vielleicht war das, was sich nun vor dem Kaiser buchstäblich als ein Abgrund von Verrat auftat, tatsächlich auch ein Ausdruck einer Krise, nämlich einer Krise des politischen Bewußtseins gerade jener Mächtigen des Reiches, deren radikaler Gesinnungswandel durch gewisse auffällige Veränderungen im Charakter Friedrichs verursacht wurde. Vielleicht trieb sie die Sorge um den sittlichen Bestand dessen, was unter Friedrich zu einem großen Ganzen geworden und nun durch ihn gefährdet war. Vielleicht fühlte sich mancher abgestoßen von der Hemmungslosigkeit, mit welcher Friedrich in dieser Zeit seinen dunklen Gefühlen, seinem Mißtrauen, seinem Jähzorn, seiner Grausamkeit freien Lauf ließ. Und vielleicht war der Verrat, der sich dem Kaiser nun enthüllte, das Resultat vieler Kränkungen, Demütigungen, sozusagen eine verhängnisvolle Summe aus übertriebenem Ehrgeiz und übertriebener Empfindsamkeit.

Beteiligt waren an dieser Verschwörung, die gegen das Leben des Kaisers gerichtet war und in Grosseto am Rande der Maremmen, wo Friedrich während des Winters 1245/46 das Hoflager aufgeschlagen hatte und jagdlichen Vergnügungen nachgegangen war, realisiert hätte werden sollen, beteiligt also waren an diesem mörderischen Unternehmen zahlreiche Höflinge, darunter einige, die tatsächlich aus gekränktem Ehrgeiz zu solchem Tun sich haben hinreißen lassen, und wieder andere, denen man eigentlich gar kein vernünftiges Argument für ihre Teilnahme am Komplott nachsagen kann. Das geistige Haupt war, wenn man Innocenz einmal gänzlich im Hintergrund belassen will, natürlich Orlando di Rossi, der übrigens nach Entdeckung des geplanten Vorhabens sogleich aus Parma flüchtete und sich nach Mailand begab, von wo aus er den Kampf gegen den Kaiser fortzusetzen wünschte, während Friedrich wiederum unverzüglich von Grosseto aufbrach und nach Parma eilte, um hier jede mögliche Fortsetzung der Verschwörung zu unterbinden. Denn ein anderer wichtiger Mann dieses Unternehmens war der kaiserliche Podestà von Parma, Tibaldus Franciscus, vordem langjähriger Generalvikar der Trevisaner Mark und allein schon deshalb hinlänglich ausgewiesen als enger Vertrauter Friedrichs, ähnlich übrigens einem Andreas di Cicala, Roger de Amicis oder Pandulf von Fasanella – dieser war lange Jahre als Generalkapitän der kaiserlichen Toskana tätig gewesen –, alles Männer also, »die seit Jahren die höchsten Ämter bekleideten, die wichtigsten Provinzen regierten und dem Kaiser auch menschlich nahestanden«.

An mörderischen Details war der Plan der Verschwörer reichhaltig gewesen. Anläßlich eines Festmahls, das in Grosseto hätte stattfinden sollen, war vorgesehen gewesen, nicht nur den Kaiser, sondern auch dessen Sohn Enzio sowie den düsteren, seiner tyrannischen Neigungen wegen verhaßten Ezzelino zu ermorden; Parma hätte ins lombardische Lager überwechseln sollen; und von Süden her hätte des Kaisers alter Feind, der Kardinal von Viterbo, Rainer, mit einer Armee vordringen sollen, um der neuen Ordnung auch militärischen Rückhalt zu geben.

Derlei nennt man Hochverrat. Und da fragt die Empörung darüber nicht nach der wahren Gesinnung jener, die sich zu solchem Tun hinreißen lassen, um eines Tyrannen Maßlosigkeit einzudämmen. Friedrichs Erschütterung angesichts dieses gegen ihn und sein ganzes Wollen gerichteten Plans war tief. Vatermörder nannte er die Verschwörer, gelöst von jedem menschlichen Band, Frevler, die mit dem Tod ihres Schöpfers spekuliert hätten ... und ganz unrichtig waren seine schrillen Vorwürfe gewiß auch nicht, weil bis auf Orlando di Rossi alle Verschwörer durch ihn erst jenen bedeutungsvollen Rang, jene einflußreiche Position erhalten hatten, die sie über die Menge ihrer Adelsgenossen sichtbar erhob.

Und mehr noch als zuvor wütete jetzt der Kaiser, der sich nun in seinem Übermaß an Argwohl bestätigt sah, gegen die Attentäter, aber auch gegen die Welt, von der er endgültig überzeugt sein mußte, daß sie ihm feindselig gesinnt war. Dabei hatte sein Wüten durchaus System. Gegen des Kardinals Rainer Armee entsandte er unverzüglich Truppen unter dem Kommando des ihm treu gebliebenen Generalvikars von Spoleto; unweit der umbrischen Stadt Spello wurden die Eindringlinge vernichtend geschlagen und auf päpstliches Gebiet zurückgetrieben. Friedrich selbst aber war sogleich nach Süditalien geeilt, von wo ihn Nachrichten über manchen Aufruhr erreicht hatten, über den verräterischen Abfall von Burgen und Städten wie Altavilla, Sala und Capaccio, was bedeutete, daß das Zentrum der Rebellion in der südlichen Campagna lag, also im Gebiet der alten normannischen Hafenstadt Salerno und der untergegangenen Tempelstadt Paestum. Und hierher waren auch die meisten Aufrührer geflüchtet, nämlich in die Burg von Capaccio oberhalb der sumpfigen Ebene von Paestum, wo jetzt der Kaiser ein Exempel zu statuieren beabsichtigte, das allen seinen Gegnern ein warnendes und abschreckendes Beispiel geben sollte. Einige Wochen lang ließ er die Burg von Capaccio durch seine Pioniere sturmreif schießen, wobei den Belagerern zustatten kam, daß die sommerliche Hitze in diesen Juli- und Augustwochen des Jahres 1246 besonders grausam war und den Eingeschlossenen bald die Wasservorräte ausgingen, so daß sie sich, ohne daß es eines Sturmangriffes gebraucht hätte, schließlich völlig erschöpft dem Kaiser ergaben. Es mögen annähernd hundertfünfzig Männer gewesen sein, unter ihnen Tibaldus Franciscus, einer der Rädelsführer der Verschwörer, über den nun Friedrich wie über alle dessen Genossen ein schreckliches Gericht hielt. Die Einzelheiten der Torturen, welche die kaiserlichen Henker dabei im Auftrag ihres Herrn an den Gefangenen verübten, sind insgesamt so verabscheuungswürdig, daß spätere Greueltaten empörter Diktatoren im Vergleich dazu beinahe harmlos zu nennen sind. Denn nicht nur, daß viele der Verschwörer nun langsam zu Tode gequält, mit glühenden Eisen verbrannt, von Rössern, an deren Schweife sie gebunden wurden, zerrissen oder lebendigen Leibes vergraben wurden ... etliche der bedauernswerten Männer wurden, nachdem sie zuvor schon halbtot gepeinigt worden waren, in lederne Säcke gesteckt, darin sich Giftschlangen befanden; und Tibaldus Franciscus, den man wochenlang quälte, wurde zuletzt, als man den Sterbenden von Stadt zu Stadt schleppte, um den Untertanen des

Kaisers zu demonstrieren, wie mit Verrätern umgegangen wurde, eine päpstliche Bulle an die Stirn genagelt, was aller Welt nachdrücklich beweisen sollte, wer der wahre Urheber dieser Verschwörung gegen den Kaiser gewesen sei. Am erschreckendsten aber mutet in diesem Zusammenhang die Belehrung Friedrichs an, die er seinen eingeschüchterten Untertanen erteilte, indem er ein Rundschreiben veröffentlichen ließ, darin es unter anderem hieß: »Laßt die Strafe dieses Verruchten durch des Auges Anblick, der dem menschlichen Sinn mehr Eindruck macht als was durchs Ohr geht, Eure Geister und Sinne belehren, damit kein Vergessen hinwegnehme, was Ihr gesehen, und Ihr des rechten Gerichtes Erinnerung für später bewahrt.«

Nun gab es zwar keinen Zweifel an der Mitschuld des Papstes an allen diesen niederträchtigen Ereignissen, war Innocenz, der den Sizilianern und Apuliern deren Herrscher ungemein eindrucksvoll als zweiten Nero schilderte, den unschädlich zu machen wahre Christenpflicht sei, ein fast perfekter Arrangeur solcher Umtriebe und existieren Briefe aus seiner Hand oder doch von ihm diktiert, darin er die Hochverräter »die herrlichen Söhne der Kirche« nennt, »über welche Gott sein Angesicht leuchten läßt«. Aber dieses ganze Unternehmen – das, wäre es geglückt und hätte Friedrich in Grosseto unter den Dolchstößen der Attentäter sein Leben lassen müssen, im Grunde auch nicht mehr wesentlich viel verändert, sondern eine bereits im Gange befindliche Entwicklung nur beschleunigt hätte – konnte einem Innocenz oder einem Orlando di Rossi lediglich in die Hände spielen, was an konkretem Ergebnis schon vorhanden war: nämlich den Widerstand von Männern, denen Friedrichs Diktatur unerträglich geworden war; die Bereitschaft von Patrioten, ihr Leben einzusetzen »zur Befreiung der unglücklichen Unterdrückten«, wie es ein Chronist jener Ereignisse beschrieb. Gegen den rotblonden Jüngling, der nach Deutschland gezogen war, um sich eine Krone zu erobern, hätte niemand den Dolch gezückt. Den Reformator Süditaliens und Erneuerer des Imperiums hätten selbst jene respektiert, die mit seinen Plänen nicht einverstanden sein konnten. Aber der Tyrann, der, weil er zu oft enttäuscht worden war, des Vertrauens gegenüber den Menschen kaum noch fähig war, war manchen Idealisten unter den Verschwörern zum hassenswerten Gegner geworden. Natürlich war das, was Innocenz hier mit geschickter Hand und unter der tatkräftigen Mithilfe seines Schwagers Orlando di Rossi gegen den Kaiser inszeniert hatte, gemein und verabscheuungswürdig, war es nichts anderes als eine Aufforderung zum Meuchelmord; aber es gab damals schon Stimmen – und nicht nur in den Kreisen der Kurie –, die nicht davor zurückschreckten, das geplante Attentat als unerläßlichen Tyrannenmord zu bezeichnen. Und Friedrichs unmäßige Rache war gemeinsam mit den Intrigen des Papstes die traurige Gewähr dafür, daß dies nicht die letzte Verschwörung, nicht der letzte Verrat sein würde; und daß der Menschen Ehrgeiz, wenn sie erst einmal begriffen haben, wie sehr auch die vermeintlich Unsterblichen verwundbar sind, bis zur Maßlosigkeit sich steigern kann.

Friedrich aber verließ im März 1247 Süditalien. Mit der Hinrichtung auch der letzten Verschwörer schien diese Affäre bereinigt. Die süditalienische Stadt Altavilla, deren Bürger im Überschwang der Gefühle auf eine Art unabhängiger Republik sich vorbereitet hatten, war dem Erdboden gleichgemacht worden. Siziliens Barone, soweit sie nicht selbst Teilnehmer an der Verschwörung gewesen und daher längst umgebracht worden waren, duckten sich jetzt mürrisch und feige unter der Faust des Kaisers. Ruhe herrschte im ganzen Reich, auch wenn manche meinten, es wäre die Ruhe des Todes.

Des Kaisers neuer, rachsüchtiger Plan indes war folgender: nach Deutschland zu ziehen, und zwar mit großem Heerbann, um seinem Sohn Konrad gegen den thüringischen Landgrafen Heinrich Raspe beizustehen; und um Ordnung zu schaffen in einer heillosen Situation, die, bereinigte man sie nicht, übergreifen könnte auf Italien. Die wesentlichste Voraussetzung dieser Ordnung aber war die Züchtigung des Papstes; und daher plante Friedrich seinen Marsch nach Deutschland über Lyon, wo er Innocenz zu einem Frieden nach seinem, des Kaisers, Geschmack zwingen konnte. Der Plan war kühn; aber er schien vortrefflich. Die militärische Übermacht sprach für Friedrich. Moralisch schien er durch die glücklich abgewehrte Verschwörung wohl berechtigt, vor des Papstes Antlitz zu treten, um von diesem Rechenschaft zu fordern.

Mitte Mai zog Friedrich bereits durch Pavia, erreichte in den ersten Junitagen Turin. In Lyon zitterte Innocenz schon um seine Existenz, vielleicht sogar ums Leben. Denn diesem »kühnen Unternehmen, welches von weltgeschichtlicher Wichtigkeit hätte werden müssen« (F. Gregorovius), hatte der Papst nichts entgegenzusetzen. Schon war Friedrich auch in aussichtsreiche Verhandlungen mit dem Grafen von Savoyen eingetreten, dessen Machtbereich bis unmittelbar vor die Tore Lyons reichte. Und schon befand sich ein Teil des kaiserlichen Heeres unterwegs über die Alpen. Des Papstes Thron wankte. Europa blickte gebannt auf das unerhörte Schauspiel einer direkten Konfrontation zwischen Papst und Kaiser, die sich nun bereits deutlich abzuzeichnen begann.

Da erreichte Friedrich, gerade als er von Turin in Richtung Savoyen und Burgund aufbrechen wollte, eine alarmierende Nachricht, übermittelt von seinem Sohn Enzio. Parma, das so lange kaisertreu gewesen, war abgefallen. Und überall in den Städten Italiens rührte sich der Aufstand.

Das war eine ebenso unerwartete wie schlimme Meldung. Und es dauerte nicht lange, bis Friedrich, der jetzt alle seine weitgesteckten Pläne radikal änderte, unverzüglich seinen Marsch nach Lyon und Deutschland abbrach und seine Armee in Eilmärschen nach Süden trieb, über alle Einzelheiten dieser völlig unerwarteten Rebellion von Parma unterrichtet war. Demnach hatten an die siebzig guelfische Ritter Parmas, die einst gemeinsam mit Orlando di Rossi ihre Heimatstadt fluchtartig verlassen mußten, an einem 16. Juni dieses Jahres 1247, angeblich soll es ein Sonntag gewesen sein, eine günstige Gelegenheit genützt, um sich in den Besitz der Stadt zu setzen. König Enzio, der auch über Parma regierte, war abwesend, belagerte im Norden, in der Nähe von Brescia, eine Burg, die von Lombarden gehalten wurde. Parmas kaisertreue Ritterschaft wiederum vergnügte sich außerhalb der Stadt auf einer Hochzeit und war »des Weines und reichlicher Speisen voll«, wie die Chronisten schadenfroh notierten. Dennoch sollen die Kaiserlichen, als sie die ersten Hilferufe erreichten, noch verzweifelt versucht haben, das Unerhörte zu verhindern; aber schon im ersten Zusammentreffen mit den Rebellen unterlagen sie kläglich. Und die guelfischen Aufrührer, an ihrer Spitze Vertreter der Familie Rossi, allesamt Vettern des Papstes, der in Orlando di Rossi ja gewiß seinen fähigsten Mann in Italien wußte, konnten so gut wie ungehindert in Parma einziehen, wo zwar noch eine zahlenmäßig geringe Besatzung deutscher Söldner lag, die jedoch gegen die Eindringlinge nichts auszurichten vermochte.

Und die Bürgerschaft? Jene, die in den langen Jahren, da man kaiserlich gewesen, nicht unerhebliche Vorteile gewonnen hatten? Sogar die Festungsmauern hatte der Kaiser einst schleifen lassen, was man freilich nicht bloß als ein Zeichen seines blinden Vertrauens in die Treue Parmas, sondern auch so interpretieren kann, daß er stets des Verrates von innen her gewärtig gewesen sei ... Die Bürgerschaft jedenfalls verhielt sich völlig gleichgültig, blieb apathisch, ergriff anfänglich weder für die Päpstlichen – denn als solche muß man die Rebellen wohl bezeichnen – noch für die Kaiserlichen Partei. Sie tat das, was am vernünftigsten schien: Sie ergab sich dem Sieger.

Dieser Sieger gab jetzt das Signal für eine allgemeine Erhebung der Guelfen in ganz Italien. In Parma aber, wohin sich auch ein Verwandter des Papstes, nämlich dessen Legat Gregor von Montelongo, geworfen hatte, »ein im Waffenhandwerk wie in der Diplomatie gleich geschickter Priester«, in Parma aber konzentrierte sich der Widerstand gegen den Kaiser, der zwar schon in den ersten Julitagen mit der Belagerung der abgefallenen Stadt begann, jedoch aus mancherlei militärischen Gründen nicht imstande war, sie gleich im ersten Ansturm zu nehmen.

Einen dieser Gründe, die jetzt Friedrich hemmten, einen raschen und wichtigen Sieg davonzutragen, hat Ferdinand Gregorovius in seiner Schilderung dieser Affäre einleuchtend dargelegt: »Die fürchterliche Natur des Städtekriegs zersplitterte die Kraft des Kaisers; fielen einige Städte, so erhoben sich andere, und selbst die Treue freundlich gesinnter Gemeinden war unsicher, denn über Nacht konnte sich wie ein Sturmwind die feindliche Partei erheben und ihre Banner auf die Stadttore pflanzen. Der Krieg des Kaisers ... war daher die qualvolle Arbeit des Sisyphus – ein schreckliches Einerlei von ewigen Märschen, Belagerungen, Verwüstungen der Felder und von Greueltaten jeder Art.« Und genauso verhielt es sich auch jetzt, da Parma, obgleich sowohl von den Rittern des schrecklichen Ezzelino als auch den Soldaten Enzios und der Armee Friedrichs belagert, durch seinen klugen, hinhaltenden Widerstand den anderen lombardischen, toskanischen und selbst sizilianischen Städten ein mannhaftes Beispiel gab, so daß innerhalb weniger Wochen buchstäblich ganz Italien in Aufruhr stand, was wiederum die Kräfte der Kaiserlichen zu einer gefährlichen Aufsplitterung zwang.

Neue Namen beherrschten nun die Szene, wie etwa jener des jungen Kardinals Ottaviano degli Ubaldini, der ein kunstsinniger, allerdings auch genußsüchtiger Charakter war, dessen prunkvoller Lebensstil den Zeitgenossen manchen Anlaß zum neiderfüllten Staunen lieferte, der jedoch, obgleich er als Oberbefehlshaber eines Entsatzheeres für Parma in Erscheinung trat, alles andere als ein militärisch begabter Mensch war. Er, auf dessen Hilfe die Eingeschlossenen in Parma verzweifelt hofften, hielt seine Soldaten monatelang in deren geschützten Stellungen zurück, wobei der Verdacht, der alsbald gegen den Kardinal ausgesprochen wurde, daß er nämlich in Wahrheit ein Anhänger Friedrichs sei, vollkommen unbegründet war, da diesen Mann weder die ghibellinische noch die guelfische Sache interessierte, sondern er lediglich darauf bedacht war, sich selbst und seinen ebenso ausgefallenen wie kostspieligen Wünschen zu nützen. In Parma wiederum, wo der päpstliche Legat Gregor von Montelongo große Mühe hatte, die erschöpften, halbverhungerten und demoralisierten Verteidiger zu immer neuen Beweisen ihrer hartnäckigen Tapferkeit anzuspornen, in Parma entging man vorerst nur dadurch dem scheinbar unvermeidlichen Zusammenbruch, daß der Kaiser jetzt des öfteren gezwungen war, Teile seines Heeres gegen aufrührerische Städte und Provinzen zu führen. Denn während jenes schicksalsschweren Winters 1247/48 kam es tatsächlich fast überall in Italien zu Aufständen. Im Piemont hatten sich die Rebellen Turins bemächtigt, was eine mühsame Gegenoffensive notwendig machte. In der südlichen Lombardei und in der Romagna kämpften des Kaisers Truppen gegen eine eingedrungene päpstliche Armee. In der Nähe von Osimo südlich von Ancona brachten deutsche Soldritter einem päpstlichen Legaten, dem Bischof Marcellino von Arezzo, eine schwere Niederlage bei. Uberto Pallavicini wiederum, einer der schrecklichen Paladine Friedrichs, war mit den Vorbereitungen eines Angriffes auf Genua beschäftigt. Und in Florenz kam es sogar zum Bürgerkrieg zwischen Kaisertreuen und Päpstlichen, wobei anfänglich die Guelfen gewisse Vorteile zu erzielen vermochten, bis schließlich eine kaiserliche Armee, die sich in Prato gesammelt hatte, gemeinsam mit dem gleichermaßen gefürchteten und populären Anführer der toskanischen Ghibellinen, Farinata, zum Gegenangriff antreten konnte und nach blutigen Straßenkämpfen die Stadt wieder zurückeroberte.

Während also in Florenz die eindrucksvollen Geschlechtertürme der Guelfen krachend zusammenstürzten – das weltberühmte Baptisterium wäre dadurch beinahe mitzerstört worden –, während rund um Parma das vollkommene Chaos herrschte und die Armeen der verfeindeten Parteien das offene Land zwischen Turin und Mailand, Bologna und Ravenna, der Trevisaner Mark und Piacenza erbarmungslos verwüsteten und es in den Städten selbst immer wieder zu Aufruhr und Gewalttat kam, weil der erbitterte, haßerfüllte Kampf aller gegen alle nicht mehr eindämmbar schien, so daß die Chronisten jener Zeit übereinstimmend klagten, daß »man weder pflügen noch säen noch ernten« könne; während also die Menschen so gut wie wehrlos in den Strudel dieser erschreckenden Ereignisse gezogen und von diesem erbarmungslos mitgerissen wurden, blickte man in Lyon wie gebannt auf Parma, »denn von der dortigen Entscheidung hing wie bei einem Duell die ganze Lage der römischen Kirche und aller Kleriker ab«, wie das ein Sekretär des Papstes nüchtern feststellte.

In Parma, vor Parma, rund um Parma aber änderte sich nichts. Ottaviano degli Ubaldini, der eitle, verwöhnte, freilich auch kluge und ungeachtet seiner Jugend durchaus lebenserfahrene Kardinal begnügte sich – und darin war er ein begabter Schüler seines päpstlichen Lehrmeisters und Förderers Innocenz – mit der Kunst der Intrige; die Aufstände in der Toskana und in Florenz sollen nicht zuletzt auch sein Werk gewesen sein, während er die Armee, die Parma hätte befreien sollen, in ihren Stellungen beließ. Friedrich wiederum ließ mit Anbruch des Winters 1247/48 vor Parma ein festes Lager errichten, das allerdings wesentlich mehr war als ein Winterquartier, darin die Belagerer vor der Härte des lombardischen Winters geschützt waren. Dies hier, errichtet nach korrekten Bauplänen, war eine richtige Stadt. Festes Baumaterial wurde verwendet, wehrhafte Mauern hochgezogen, um jeden Ausfall der verzweifelten Verteidiger von Parma schon im Keim zu ersticken, ganze Straßenzüge entstanden, ein Markt, ein Palast, auch ein Tempel kamen hinzu, wobei dieses letztere Bauwerk zu zahllosen Spekulationen Anlaß bot, weil es, wie es den Anschein hatte und wie das auch die Gerüchte meldeten, nicht allein dem christlichen Kult, sondern auch obskurer Götzenanbetung diente, was freilich gewiß nur üble Nachrede war. Victoria, wie der Kaiser diese sonderbare Stadt nannte, darin er auch seine Kanzlei und den Staatsschatz unterbrachte, dazu seinen berühmten Tierpark und wahrscheinlich auch den berüchtigten Harem mit den unerläßlichen Eunuchen, Victoria, wo bald auch eine eigene Münze geprägt wurde, die sogenannten Vittorinen, enthielt schon im Namen den zu erwartenden Sieg über das aufsässige Parma, das Friedrich, würde er es erst einmal erobert haben, woran allerdings niemand ernsthaft zu zweifeln wagte, dem Erdboden gleichzumachen gedachte. Das treulose Parma würde untergehen. Victoria, das Kunstgebilde, das nun mit neuem Leben zu erfüllen war, würde glorreich an dessen Stelle treten.

Aber der Krieg ist ein launischer Tyrann. Und so, wie Friedrich sich innerhalb kurzer Zeit aufs merkwürdigste oder eigentlich erschreckendste verändert hatte – umzingelt von Treubruch und Gemeinheit und dadurch nur noch fähig, der Welt auf so grausame Weise zu begegnen, daß die Furcht der Menschen sein letztlich zuverlässigster Verbündeter wurde, was allerdings auch zu immer neuem Treubruch und immer neuer Gemeinheit führte –, so verwandelte sich auch das Antlitz des Krieges, dem nichts Ritterliches oder gar Ideologisches mehr innewohnte. »So begann Friedrich II. jetzt zu allen grausamen oder raffinierten Zwangsmitteln zu greifen, die einer von Verrat bedrohten Herrschaft unerläßlich sind«, schreibt des Kaisers Biograph Kantorowicz. Und wenn Friedrich zuvor schon ein rücksichtsloser Tyrann gewesen war, der freilich seines caesarischen Wollens wegen auf Verständnis rechnen durfte, dessen schöner Traum vom geeinten Imperium, darin der Krieg keine Ursache mehr hat, die Menschen zu vernichten, manches häßliche Fehlverhalten wenn schon nicht entschuldigt, so doch begreifbar macht, weil das Große in dieser Welt vielleicht wirklich nur dadurch erreicht werden kann, daß man dem Gemeinen zuvor mit gemeinen Mitteln begegnet, so waren alle diese Gründe inzwischen längst gegenstandslos geworden. Das hier war kein Krieg mehr zugunsten einer Idee; das hier war nackte Mordlust, die sich ungehemmt austobte. Es hatten die unaufhörlichen Intrigen zweier Päpste, die mörderische Feindschaft mancher Kardinäle, das Agitieren zahlloser Bettelmönche und der schändliche Verrat ehrgeiziger Paladine das Zynische in des Kaisers Charakter auf eine Weise herausgefordert, daß fast alles, was edel an diesem Manne war, sich jetzt nicht mehr zu äußern vermochte. Ein Tyrann, welcher sich einbildet, der Welt den Frieden zu bringen, ohne daß er dann tatsächlich dazu imstande ist, weil die Kriege, die er zugunsten dieses Friedens führen muß, immer neues Unheil gebären, ein solcher Tyrann wird zuletzt ein Opfer seiner eigenen Politik; und auch ein Opfer dessen, was seine Feinde ihm an Bösem und Menschenverachtendem diktieren. Längst war Friedrich in den Augen vieler – und nicht nur seiner Gegner – das geworden, was der Päpste üble Denunziation ihn immerzu geheißen: ein Rex Tyrannus, ein Antichrist, eine Ausgeburt der Hölle, welche die Erde mit Feuer und Schwefel überzog. Und viele italienische Bürger kämpften auch längst nicht mehr aus gleichsam politischen, sondern aus beinah mystischen Gründen gegen ihn, weil sie, deren Heimat in Schutt und Asche niedersank und deren Leben durch diese Art der ständigen Kriegführung vernichtet wurde, diesen Kaiser nicht mehr als menschliches Geschöpf, sondern nur noch als Untier betrachteten, als ein höllisches Gespenst, das die Herrschaft des Bösen verkörperte. Es diktierte der Haß das Tun der Menschen, die sich, um nicht vollends daran zugrunde zu gehen, ihrer Ideale entledigten. Man kämpfte ums nackte Überleben und nicht mehr für die Gestaltwerdung eines schönen Traumes. Und so, wie des Kaisers Mißtrauen immer schärfer und seine Handlungsweise immer bösartiger wurde, so entartete auch der Krieg; er war jetzt keine Fortsetzung der Politik mehr, sondern nur noch böser Selbstzweck.

In Parma wütete indes der Hunger. Einmal nur in diesem erbarmungswürdigen Winter von 1247 auf 1248 war etwas Nachschub in die belagerte Stadt gelangt, was durch eine Nachlässigkeit Enzios ermöglicht worden war. Insgesamt freilich war die Lage der Eingeschlossenen hoffnungslos, was diese wohl selbst am besten begriffen haben mochten, denn nur kurze Zeit nach diesem zweifelhaften Erfolg, der es Hilfskräften aus Mantua und Ferrara erlaubt hatte, einige Wagenladungen voll Getreide gleichsam unter den Augen der Belagerer in die Stadt zu bringen, erschienen Abgesandte aus Parma beim Kaiser, um ihm die Kapitulation anzubieten. Aber Friedrich lehnte kategorisch ab; er soll den Parlamentären sogar, wie die Chronisten berichten, »ironisch und vertraulich den bissigen Rat« gegeben haben, »mit dem Getreide sparsam und vorsichtig umzugehen, weil Parma, solange er, Friedrich II., lebe, niemals mehr als das Vorhandene essen würde«.

Es schien also der Fall Parmas nur noch eine Frage von Wochen oder auch bloß Tagen zu sein, und so sehr wiegte man sich, was den endgültigen Sieg über die Aufständischen betraf, im kaiserlichen Lager in Sicherheit, daß man sich verschiedenen anderen Unternehmungen zuwandte, so daß Victoria, die befestigte Lagerstadt gegenüber von Parma, immer wieder von Truppen fast gänzlich entblößt war. Das war dann auch an jenem 18. Februar 1248 der Fall, an dem sich das Schicksal nicht nur Parmas, sondern des Reiches auf eine dramatische und unerwartete Weise entscheiden sollte. Denn an diesem Tag war – und man kann hier nicht mehr von einem unseligen Zufall sprechen – sowohl der Kaiser mit beträchtlichem Gefolge, darunter sich selbstverständlich die längst unvermeidlich gewordene sarazenische Leibgarde befand, zur Jagd auf Bussard, Habicht und Falke geritten, als auch König Enzio unterwegs im offenen Land, um Rebellen zu jagen, was angesichts der aufgezwungenen Untätigkeit vor den Mauern Parmas gewiß willkommene Abwechslung versprach.

In Parma war man allerdings über alle Vorgänge im kaiserlichen Lager vortrefflich unterrichtet. Und so wußte Gregor von Montelongo auch, daß die Gelegenheit für einen Ausfall, den jetzt ohnedies nur noch die blanke Verzweiflung diktierte, an diesem 18. Februar so günstig wie nie zuvor war. Der päpstliche Legat, dessen strategische Begabung eine ungewöhnliche gewesen sein muß, organisierte diesen Ausfall freilich so geschickt, daß sich daraus fast zwangsläufig die nachfolgende Katastrophe für die kaiserlichen Belagerer entwickelte. Er befahl nämlich einigen seiner Leute einen Scheinausfall in Richtung Süden, was den Markgrafen Lancia, der als ranghöchster Kommandant im Lager zurückgeblieben war, sogleich veranlaßte, den größeren Teil der ihm verbliebenen Soldaten gleichfalls in Richtung Süden in Marsch zu setzen. Und jetzt erst brach Gregor von Montelongo mit seiner Hauptmacht aus der Stadt hervor, drang, ohne dabei auf nennenswerten Widerstand zu stoßen, in Victoria ein, wo man jede Vorsicht mißachtet und sogar die Zugbrücken heruntergelassen hatte, was sich jetzt schrecklich rächte. Denn die verzweifelten und in ihrer Not buchstäblich zu allem entschlossenen Männer aus Parma, denen sich in der Zwischenzeit fast die ganze Bevölkerung angeschlossen hatte, stürzten sich »wie leibhaftige Teufel«, so ein Augenzeuge, auf die kaiserliche Besatzung und brachten es fertig, innerhalb weniger Augenblicke »die gänzlich Unvorbereiteten in Massen niederzumetzeln«.

Friedrich, unterwegs in den Sümpfen östlich von Parma, soll, wie vermeldet wird, als einziger das Läuten der Sturmglocke von Victoria vernommen haben. Zurückeilend ins Lager, traf er freilich nur noch auf die Mannschaft des Markgrafen Lancia, der zu spät erkannt hatte, daß er in eine Falle geraten war, und sich nun vergeblich gegen die drohende Niederlage wehrte. Schon brannte Victoria, das eine Stätte des Triumphes hätte sein sollen und jetzt zum Schauplatz von Friedrichs bitterster Niederlage wurde. Schon ergoß sich die Menge der Plünderer über die eroberte Lagerstadt, während die Kaiserlichen entweder zusammengehauen oder in die Flucht getrieben wurden. Dem Kaiser selbst gelang es nur mühsam, geschützt von gerade einem Dutzend seiner Sarazenen, den rasenden Rebellen zu entkommen, die nun, da sie des vollkommenen Sieges sicher sein durften, buchstäblich über sich hinauswuchsen. Mehr als fünfzehnhundert Kaiserliche starben unter ihren Schwerthieben und Dolchstichen, wobei sich auch Frauen am wüsten Morden beteiligt haben sollen, haßerfüllt wegen der langen Hungersnot, die sie und mehr noch ihre Kinder hatten erdulden müssen, und jetzt maßlos erregt vom Geruch des Blutes, das in langen dicken Rinnsalen den Boden des brennenden Victoria bedeckte. Die Beute, welche den Siegern dabei in die Hände fiel, war gewaltig. Neben zahlreichen Gefangenen, deren Habseligkeiten sogleich konfisziert wurden, wobei sich mancher Bürger rasch ausgerechnet haben mag, wieviel an Lösegeld er später würde fordern können, eigneten sich die triumphierenden Bürger Parmas auch den Staatsschatz des Kaisers an, den dieser stets mit sich führte und der nun den Reichtum des ausgebluteten, ausgehungerten Parma ins Unermeßliche steigen ließ. Alles, was Friedrich im Verlaufe seines Lebens an Gold, Silber, Edelsteinen ererbt, erworben oder erbeutet hatte, gehörte plötzlich den Parmensern, darunter neben dem Königszepter und dem Königssiegel Siziliens auch die riesige, überschwere Prunkkrone des Kaisers, deren materieller Wert bedeutend, deren ideeller Wert jedoch unschätzbar war.

Der Verlust des Staatsschatzes hatte die unangenehmsten Folgen zuerst für den Kaiser selbst und dann für dessen süditalienische Untertanen, die, nachdem Friedrich tatsächlich in Geldknappheit geraten war, jetzt erneut mit schwerer Steuerlast beladen wurden. Beinahe das Doppelte der üblichen Abgaben wurde nun gefordert, was die ohnedies schon geschwächte Wirtschaft in den süditalienischen und sizilianischen Provinzen empfindlich traf und manchen treuen Anhänger Friedrichs, der nach wie vor im mißtrauischen und despotischen Tyrannen den Welterneuerer zu sehen wünschte, nachdenklich gemacht haben dürfte.

Was die rein militärische Seite dieser Niederlage von Parma angeht, so vermochte Friedrich schon nach kurzer Zeit der Demütigung eine kleine Genugtuung folgen zu lassen. Denn innerhalb von drei Tagen gelang es ihm, in Cremona, wohin er an jenem bitteren 18. Februar geflüchtet war, ein neues Heer zu sammeln, das heißt, er scharte versprengte, wohl auch verstörte Ritter und Söldner um sich, sprach ihnen neuen Mut zu, was ihm, der ein glänzender Redner war und den man gewiß den besten Agitator seiner selbst nennen muß, ohne große Mühe gelungen sein dürfte. Bemerkenswert in diesen Augenblicken, da eigentlich Niedergeschlagenheit und würgende Scham und vielleicht sogar vollkommene Mutlosigkeit die vorherrschenden Gefühle im dezimierten Haufen der Kaiserlichen waren, bemerkenswert also war die kühle Entschlossenheit Friedrichs, der, »statt gebeugt zu werden, selbst aus der Niederlage neue Kraft« schöpfte. Und so tröstete er in Cremona jene, die ihn trösten wollten, organisierte er zu den versprengten Resten seiner schwer geschlagenen Armee neue Mannschaften aus Cremona und Pavia und ritt bereits vier Tage nach dem Desaster von Victoria wieder in Richtung Parma, wo Panik ausbrach bei der Nachricht vom Nahen der kaiserlichen Truppen.

Militärisch war das alles dennoch sehr unbedeutend. Unbedeutend auch, sofern man dieses zynische Wort in einem solchen Zusammenhang verwenden kann, ein recht spektakulärer Erfolg Enzios, der einen Lebensmitteltransport nach Parma abfing und dabei an die dreihundert Gefangene machte, die er kurzerhand an beiden Ufern des Po aufknüpfen ließ. Unbedeutend ein siegreiches Scharmützel des Markgrafen Lancia, bei welchem Orlando di Rossi, einer der Todfeinde Friedrichs, erschlagen oder eigentlich in Stücke gehauen wurde. Und unbedeutend der Umstand, daß man das niedergebrannte, völlig ausgeplünderte Victoria wieder in Besitz nehmen konnte, wo sich Friedrich dann auch folgerichtig in einem rasch einberufenen Kriegsrat gegen die Fortsetzung der Belagerung von Parma aussprach. Eine Eroberung der Stadt – die durchaus möglich gewesen wäre, da sich an den strategischen und wirtschaftlichen Verhältnissen nichts Wesentliches geändert hatte – und die exemplarische Bestrafung der Rebellen wären jetzt so gut wie nutzlos gewesen; schließlich wütete überall in Italien der Aufruhr; durch die Niederlage vom 18. Februar war der Enthusiasmus der Lombarden und Päpstlichen ins beinah Unermeßliche gewachsen. Der ganze Staat wankte. Überall erhoben Verschwörung und Haß ihr Haupt. In Reggio in der Emilia konnte ein Aufstand nur mit Mühe unterdrückt werden, wobei Enzio, der immer mehr zum Henker des Kaisers wurde, an die hundert Patrioten öffentlich enthaupten ließ. Auch im Piemont rührte sich von neuem der Widerstand gegen Friedrich; in der Mark Ancona kam es immer wieder zu schweren Kämpfen mit den Truppen der Kurie; und die reiche Romagna war dem Kaiser überhaupt verlorengegangen.

Friedrich, auf den Trümmern Victorias seine Lage bedenkend, begriff wohl, daß die Fortsetzung seiner Strafexpedition gegen Parma ihn nur davon abhalten würde, anderswo seine Macht gezielter und erfolgreicher einzusetzen. Begriff er auch, daß jetzt, da ihn das Glück, das ihm so lange und so hartnäckig treu gewesen war, zu verlassen schien, sein Stern sich verdunkelte?

Immutator mirabilis mundi: einen wunderbaren Verwandler der Welt hatten ihn seine Anhänger und Bewunderer genannt, während andererseits zweier Päpste verheerendes Gift, das sie unermüdlich gegen ihn angewendet hatten, nicht ohne Wirkung geblieben war. Nun, da Friedrich nach der Demütigung, die er vor Parma erlitten, vom zerstörten Victoria, man schrieb Juli 1248, ins Piemontesische zog, während seine Paladine zwischen der Lombardei und der Mark Ancona mit unterschiedlichem Erfolg den allgemeinen Aufruhr zu besänftigen und die Rebellen, die man freilich, betrachtete man sie mit den Augen eines Italieners, Patrioten nennen müßte, zu züchtigen suchten, was einem Enzio oder Ezzelino gleichfalls nicht überall gelang, nun also mochte Friedrich sich fragen, ob er tatsächlich ein solcher Verwandler der Welt hatte sein können, den man einen wunderbaren nennt. Er hätte immerhin manchen Grund gehabt, zutiefst resigniert zu sein. Und sich die Frage zu stellen, ob er jenen entscheidenden Fehler beim Konklave in Rom und dann in Anagni, als er es verabsäumt hatte, mit militärischer Gewalt das bürokratische Zeremoniell der Kirche ebenso zu seinen Gunsten zu zwingen, wie er einen Papst, der seinen Vorstellungen entsprach, sich hätte erwählen lassen können ... ob er also jenen Fehler politisch überleben würde. Denn die Kirche, deren feindseligste Häupter er unermüdlich abschlug, wandte sich zumindest in Italien wie eine unzerstörbare Hydra gegen ihn; und das, was er aus seiner Sicht zurecht Rebellentum nannte, nämlich der unbändige Freiheitsdrang italienischer Bürger, war des Papstes und der Kirche eifrigster Verbündeter. Immutator mirabilis mundi? Glaubte er selbst noch daran? Oder ahnte er das Ende dessen, was er mit Gewalt und Glück zu erreichen, zu erzwingen gesucht hatte, er, an dessen Charakter bisher nichts Resignierendes, Trübsinniges, Mutloses zu entdecken gewesen war und der aus jedem Rückschlag, aus jeder Niederlage sich die Kraft geholt hatte zu neuen Siegen? »Wenn sich Friedrich II. von den Seinen dem Gottessohn gleich verehren ließ«, schreibt Ernst Kantorowicz, »wenn seine in Parma gefangenen Getreuen ihn anflehten, durch die Kraft seiner Heilshände sie zu befreien, die für ihn unter Martern gekreuzigt würden wie für Christus die Märtyrer, so ergab sich jetzt gegen Ende seines Lebens mit unerbittlicher Folgerichtigkeit, daß

Friedrich nicht nur von Glanz, Ruhm und Ehre, sondern auch von dem Schicksal des Weltenkönigs sein Teil tragen mußte.« Begriff er das? Und begriff er auch, daß möglicherweise wirklich sein Zögern vor Rom, als die Kardinäle, gehalten in der würdelosesten Gefangenschaft, sich nicht auf einen Papst einigen konnten, die Wende zum Schlimmen gebracht hatte? Und dazu seine anfänglich völlig falsche Einschätzung des neuen Papstes, Innocenz, den er für seinen Freund oder doch für einen objektiven Mann gehalten hatte! Begriff Friedrich, daß er, dessen politischer Instinkt so oft unvergleichlich gewesen war, in diesem einen Punkt, vor diesem einen Manne kläglich versagt hatte? Und daß er, der stets mit kühnem Blick und genialer Auffassungsgabe die Geschicke der Welt und die Intrigen der Politik durchschaut und zu seinen Gunsten gebändigt hatte, außerstande gewesen war, unmißverständlich einzusehen, daß die Kirche immer der Todfeind eines Caesars sein würde, gleichviel, welcher Charakter diese Kirche beherrschte?

Aber nichts deutet darauf hin, daß Friedrich jetzt, nachdem er Parma endgültig aufgeben mußte, solcher Einsicht zugänglich gewesen sei. Im Gegenteil! Schon plante er neuerlich den Marsch nach Lyon. Schon war er wieder damit beschäftigt, was ihn ein halbes Leben lang unaufhörlich bewegt hatte: Ordnung zu schaffen im rundum wirkenden Chaos. Und schon reiften in ihm neue Pläne, die es zu verwirklichen galt ... als ihn, und diesmal gänzlich unerwartet, der schlimmste Schlag seines Lebens traf.

Die Welt verwandelte sich unter dem Blick Friedrichs, der jetzt, da er das fünfte Lebensjahrzehnt längst überschritten hatte und jeden Erfolg nur noch als etwas begreifen konnte, das neues Unheil und neue Enttäuschung in sich barg, nicht bloß auf eine fast schon krankhafte Weise mißtrauisch, sondern auch einsam geworden war. Er hatte für sich das Unmögliche gewollt, indem er gegen die Unordnung seiner Zeit seinen eigenen strengen Maßstab gesetzt hatte. Aber nicht alle jener Vertrauten, die als seine Paladine und Diener wirkten und mit ihm, durch ihn groß geworden waren, hatten die Fähigkeit besessen, unentwegt diesem strengen Maßstab zu gehorchen. Der Haß vieler, den Friedrich durch seine Unbarmherzigkeit geweckt hatte, war längst nicht mehr auf seine politischen Gegner beschränkt, sondern war nun wie ein Fieber, das auch jene erfaßte, die in des Kaisers unmittelbarer Umgebung wirkten. Und jede Heftigkeit, die dieses Fieber verursachte, jeder Verdacht – ob er begründet war oder nicht –, den der Kaiser angesichts der chaotischen Verhältnisse, derer er nicht mehr wirklich Herr zu werden vermochte, empfinden mußte, verstärkte auch seinen Argwohn, vertiefte seine Einsamkeit. Er war in der Tat ein Sisyphos, der nicht aufhören konnte, Unmenschliches zu leisten, ohne daß er je imstande gewesen wäre, in seinem erschöpfenden Tun innezuhalten. Und die Welt, die er nach seinem strengen Maßstab hatte formen wollen und der er nur ansatzweise seinen Willen hatte aufzwingen dürfen, verwandelte sich nun unaufhaltsam, entglitt seinem Wollen, schien selbständig zu werden auf eine Weise, die ihm, dem gottähnlichen Caesar und unglücklichen Heilsbringer, unheimlich sein mußte. Könnte es sein, daß er, der diese Welt niemals ganz hatte bezwingen können, sie nun nicht mehr verstand?

Einige Monate nach der Niederlage von Victoria und der raschen, freilich auch nutzlosen Rückeroberung der noch rauchenden Trümmer dieser im Übermut des eingebildeten Triumphes entstandenen Lagerstadt, die ein Ruhmestempel Friedrichs hätte werden sollen, hatte der Kaiser nach einer Reihe hektischer Feldzüge, bei welchen er vor allem durch seinen Sohn Enzio und auch durch den grimmigen, gnadenlosen Ezzelino unterstützt worden war, jene Gebiete Italiens, die seinem wankenden Imperium angehörten, beruhigt. Oder er durfte sich zumindest einbilden, Ruhe über die aufsässigen Provinzen gebracht zu haben, auch wenn dies bloß eine Friedhofsruhe oder eigentlich mehr noch ein erschöpftes

Atemholen vor dem neuerlichen Sturm war. Denn wirklich befriedet war das Land nicht. Es war verwüstet, ausgeblutet, ohnmächtig nach der langen und heftigen Anstrengung, durch Gewalt einer neuen Ordnung teilhaftig zu werden. Aber es würde – und Friedrich war gewiß zu klug, auch zu erfahren im Umgang mit den Bürgern Italiens, um das nicht zu begreifen – schon ein geringfügiger Anlaß genügen, um neue Aufsässigkeit und neuen Krieg zu erwecken.

Dennoch war er jetzt um die Mitte des Jahres 1248 schon wieder bereit, seinen bereits einmal gefaßten und dann zwangsläufig, weil Parmas wegen aufgeschobenen Plan, dem Papste Innocenz in Lyon gleichsam die militärische Aufwartung zu machen, endgültig in die Tat umzusetzen. Er mußte das Gesetz des Handelns beherrschen, mußte unentwegt aktiv sein, durfte nicht, als sei die Ordnung, die er sich einbildete, eine tatsächlich gesicherte und dauerhafte, in sein süditalienisches Königreich zurückkehren, um die Früchte seines Tuns zu ernten. Denn es war weder die Rebellion in der Lombardei niedergeschlagen, noch war ein entscheidender Sieg über das Papsttum errungen worden. Und der Bannfluch, der den vom Papste abgesetzten Kaiser in den Augen vieler schändete, war nach wie vor wirksam.

Im übrigen hatte das bösartige Hin und Her zwischen Friedrich und Innocenz nie aufgehört. Nicht einmal eines Waffenstillstandes angesichts der Opfer oder der wachsenden Erschöpfung in beiden Lagern war man fähig. Der Papst, hinter dessen kalter, glatter Fassade zumindest soviel an feindseligem Gefühl, an Vernichtungswillen sich verbarg, wie das vor ihm schon den Charakter und die Taten Gregors geprägt hatte, Innocenz also verweigerte jeden Frieden, der Friedrich in seiner Würde wie in seinen Vorrechten bestätigt haben könnte. Und dieser wiederum durfte sich keine andere, ihn befriedigende Lösung des Dramas vorstellen, als den Papst gewaltsam zu bekehren. Im Sommer 1248 zog Friedrich daher mit beachtlichem Aufgebot ins Piemont, was freilich vorerst nichts anderes sein konnte als eine Drohgebärde gegenüber Innocenz, der in Lyon, wie die Chronisten vermelden, sogleich die Wachen verstärken ließ. Überdies beantwortete er des Kaisers eindeutige Attacken seinerseits mit einem Angriff päpstlicher Truppen auf Sizilien, der, obgleich von Kreuzfahrern unterstützt, allerdings ebenso mißlang, wie es Friedrich nicht vergönnt sein sollte, mit einer starken Armee die Alpen zu überqueren, Lyon zu erobern und das, wie der Kaiser es sehen mußte, kuriale Natterngezücht zu vertilgen. Man stand einander gleichsam im Patt gegenüber. Die Zeche dafür bezahlten andere, Unschuldige, auch Unbeteiligte. Bürger und Bauern. Und die Welt veränderte sich zum Schlimmen, weil die Mächtigen ihrer nicht wirklich Herr zu werden vermochten.

Auf einer anderen, gleichsam intimen Ebene dieses ebenso unheilvollen wie sonderbaren Krieges erlitt Friedrich freilich eine Niederlage, von der er sich in der kurzen Zeit, die er noch zu leben hatte, nicht mehr erholen sollte. Oder eigentlich waren es mehrere Ereignisse, die, indem sie unmittelbar einander folgten, ihm die kategorische Gewißheit darüber bringen mußten, daß er, welcher der Welt getrotzt und das Schicksal kühn herausgefordert hatte, nunmehr nicht mehr ein Günstling des Glücks war. Und daß ihm, der stets das Übermenschliche gewollt, menschliche Unzulänglichkeit heimtükkisch in den Arm fiel. Denn innerhalb kurzer Zeit, man schrieb jetzt schon 1249, entdeckte er den Verrat seines ältesten, getreuesten und fähigsten Freundes, entging er nur um Haaresbreite und unter Umständen, die man als ungewöhnlich bezeichnen muß, einem mörderischen Anschlag auf sein Leben, und verlor er Enzio, seinen Sohn, der den feindseligen Bolognesen als Gefangener in die Hände fiel.

Es begann in Cremona, wohin Friedrich bereits Ende 1248 aus dem westlombardischen Vercelli, wo er einen Hoftag abgehalten hatte, zurückgekehrt war, um mancher drohenden Unruhe zu begegnen, die von den Stützpunkten der Lombarden auf die kaisertreuen Städte überzugreifen drohte. Auf eine Weise, die nie entschlüsselt werden konnte, erhielt hier Friedrich Beweise über die Untreue des Peter von Vinea, jenes Mannes also, der mehr als jeder andere – den legendären Hermann von Salza miteingeschlossen – am Zustandekommen des Lebenswerkes Friedrichs teilgehabt hatte, der in vielen Dingen des Kaisers Mund und Stirn und Herz gewesen war und dem dieser eher und tatsächlich blindlings vertraut hatte als seinem eigenen Fleisch und Blut. Es ist auch nie bekannt geworden, wessen im einzelnen Peter von Vinea beschuldigt worden war. Die an sich wohl naheliegende Möglichkeit, daß auch er wie so viele aus des Kaisers unmittelbarer Umgebung letztlich den Einflüsterungen des Papstes erlegen und zum Verräter an Friedrich geworden sei, wird von den meisten Historikern und Biographen energisch bestritten. »Seinem Verrat ging kein Gesinnungswandel zur Seite, ihn trieb auch kein plötzlich erwachender Guelfengeist, kein Freiheitsfanatismus gegen den Tyrannen, den er dennoch verehrte und liebte: das hätte allenfalls einem Brutusverrat gleichkommen können ... doch ein Brutus ist Vinea nicht gewesen.« (E. Kantorowicz)

Aber warum ist dann dennoch stets von Verrat die Rede, wenn dieser unheilvollen und in allem mysteriösen Affäre Erwähnung getan wird? Er sei, schreiben die Erzähler dieser Geschichte, gestrauchelt nicht als Verteidiger einer hohen Idee, sondern »als Einer, der in traurig persönlicher Nutzsucht den Kaiser betrog«. Also war Geld die Triebfeder des Ganzen? Einmal nur erwähnte Friedrich in einem Brief an den Grafen Richard von Caserta, der sein Schwiegersohn war, den Treubruch des bevorzugtesten und höchstgestellten unter seinen Günstlingen, »der, daß er Geldbeutel hätte oder sie füllte, der Gerechtigkeit Stab in eine Schlange wandelte«. Und dieser einen Bemerkung könnte man nun allerdings schon entnehmen, daß Gewinnsucht, Habgier, ins Irre geleiteter Ehrgeiz die Motive wären, die man Peter von

Vinea unterstellen muß. Immerhin war er nach dem Kaiser der mächtigste oder zumindest einflußreichste Mann im Reich, oblag es fast ausnahmslos seiner Entscheidung, welcher Bittsteller vor Friedrich erscheinen durfte, war er Mitwisser aller staatspolitischen und wohl auch der meisten privaten Geheimnisse in Verbindung mit dem Kaiser, und wog ein Wort aus seinem Mund, ein Federstrich aus seiner Hand manchen prallgefüllten Geldbeutel auf ... Beweisbar ist freilich gar nichts. Nur Gerüchte sind es, Vermutungen, vage Indizien, die auf uns gekommen sind und uns annehmen lassen, daß das Vergehen, dessen der Mann aus Capua, Peter von Vinea, bezichtigt wurde, zu groß, zu schwerwiegend war, um es nur durch Verbannung oder durch eine noch mildere Strafe aus der Welt zu schaffen.

Also Korruption, Bestechung, Unterschleife; und nicht des Papstes Verführungskünste; und auch nicht das verzweifelte Aufbegehren eines aufrechten Mannes, der, weil er zu vieles sah und erlebte, begreifen mußte, daß aus dem großen Caesar und Reformator ein ganz gewöhnlicher Tyrann geworden war, ein mißtrauischer, unberechenbarer Despot, dessen Charakter jetzt, da das Glück sich ihm verweigerte, eine bedrohliche Unmäßigkeit annahm, die abstoßend wirkte. Wie auch immer ... Friedrich war gnadenlos. Peter von Vinea wurde sogleich verhaftet und dann, als der Kaiser im März 1249 von Cremona aus in die Toskana aufbrach, gefesselt auf einen Esel gesetzt und so, als wäre er, der noch vor kurzem unfehlbar und unantastbar schien, ein billiger Gauner – und vielleicht war er es wirklich? –, im Troß mitgeführt. Auf die toskanische Festung von San Miniato brachte man ihn, der um diese Zeit wahrscheinlich schon geblendet worden war, was nach damaligem Rechtsempfinden eine eher gewöhnliche, sozusagen alltägliche Strafe war, der freilich Schlimmeres folgen sollte. Dem jedoch entzog sich der Gestürzte. Denn als er, so erzählte man später, in eine Zelle auf der Festung geführt wurde, soll er die ihn begleitende Wache befragt haben, wieviele

Schritte es bis zur nächstgelegenen Wand und ob davor noch irgendein Hindernis sei. Die Wächter, einem Blinden gegenüber gewiß arglos, werden eine befriedigende Antwort gegeben haben; denn schon im nächsten Augenblick stürmte Peter von Vinea mit ungeheurer Wucht gegen die Kerkermauer, so daß sein Schädel in zwei Teile zerbrach; und betrog so seinen Kaiser noch im Tod um eine letzte Genugtuung.

Nur wenig später, und angeblich sollen es bloß einige Tage gewesen sein, die zwischen der Verhaftung des Peter von Vinea und dieser anderen Geschichte lagen, was aus einsichtigem Grund beide Affären in den Verdacht brachte, gemeinsam Teil einer großangelegten päpstlichen Intrige zu sein, nur wenig später also wurde dem Kaiser entdeckt, daß sein Leibarzt ihn, und da hielt sich Friedrich noch in Cremona auf, zu vergiften beabsichtige. Und das auf Geheiß des Innocenz, der diesem Leibarzt, der anläßlich der Katastrophe von Victoria den Bürgern von Parma in die Hände gefallen war, jetzt in Parma durch Abgesandte des Papstes, durch den Legaten Gregor von Montelongo so vieles versprochen und mit so manchem gedroht habe, bis dieser einwilligte in den mörderischen Plan. Und es sei auch weder Zufall noch Milde gewesen, welche den Leibarzt aus seiner mißlichen Gefangenschaft befreite, sondern man habe, als der Kaiser sich für den Mann verwandte, der ihm unentbehrlich war, und dessen Freilassung erbat, nur zu bereitwillig der Bitte zugestimmt und entgegen aller geübten Gewohnheit den Gefangenen, der nun zum Instrument eines päpstlichen oder doch vom Papste initiierten Mordanschlages werden sollte, aus dem parmensischen Kerker entlassen.

Aber Friedrich erfuhr rechtzeitig von der infamen Absicht und errichtete dem gedungenen Attentäter eine Falle, in die dieser ahnungslos tappte. Denn als der Kaiser eines Unwohlseins wegen durch einen Kräutertrank erfrischt werden sollte – das alles beruht nun freilich auf Erzählungen, welche die ganze Wahrheit nur verzerrt, nur undeutlich wiedergeben –, da mischte der Arzt Gift in die Medizin. Friedrich jedoch, als er den dargebotenen Becher an den Mund führen sollte, forderte den Arzt plötzlich auf, zuvor selbst daraus zu trinken. Und der arme Mann, zu Tode erschrocken, ein Verräter, der selber verraten worden war, konnte nun nichts anderes tun, als, indem er zitternd den Giftbecher an sich nahm, ein leichtes Stolpern vorzutäuschen und so den tödlichen Trank zu verschütten. Aber auch dieser ungeschickte Versuch, das eigene Leben zu retten, fruchtete nichts mehr, denn schon ergriffen die bereitstehenden Wachen den Mann, schon schleppte man einen zum Tode Verurteilten herbei, um ihm gewaltsam die paar Tropfen, die sich noch im Becher befanden, einzuflößen, was dessen rasches Sterben zur Folge hatte, und schon warfen sich des Kaisers Henker auf den Leibarzt, um ihn unter den gräßlichsten Martern zum Geständnis zu bewegen, daß Innocenz der Urheber dieses Anschlages gewesen sei.

Friedrich, der kein gewöhnlich Sterblicher hätte sein dürfen, um von diesen beiden Vorfällen, nämlich der Entdeckung der Untreue des Peter von Vinea und dieses heimtückischen Anschlages auf sein Leben, nicht zutiefst betroffen zu sein, soll im Kreise seiner Freunde ausgerufen haben: »Alle meine Getreuen haben Greuel an mir; und die ich liebte, haben sich wider mich gekehrt!« Und es wäre wohl vorstellbar, daß er, während er sein Schicksal beklagte, jetzt auch noch mit Verrat und Untreue ringen zu müssen, mit neuerlichem und auch begründetem Argwohn die Gesichter seiner Freunde betrachtete und sich fragte, wer der Nächste sein würde, der sich gegen ihn wandte.

Aber das Grauenvolle, welches dieses Jahr 1249 für den Kaiser bereithielt, war noch nicht beendet. Denn Friedrich verlor auch Enzio, jenen geliebten Sohn, dem er unter anderem behilflich gewesen war, König von Sardinien zu werden und der jetzt, da der Kaiser endgültig heimkehrte in sein süditalienisches Königreich, als dessen Vertreter in der Lombardei zurückgeblieben war, um hier den unseligen Kampf gegen die rebellischen Städte des lombardischen Bundes fortzuführen. Erwähnen sollte man wohl auch noch, daß Enzios Ehe mit der sardischen Prinzessin für nichtig erklärt worden war und er sich gerade erst zu Cremona und noch im Beisein seines Vaters mit einer Nichte Ezzelinos neuerlich verheiratet hatte. Aber das hatte schon nichts mehr mit dem Unglück des jungen Erben und Stellvertreter Friedrichs zu tun, der nach mehreren Feldzügen gegen Reggio und Parma jetzt im beginnenden Frühjahr 1249 einem Hilferuf des befreundeten Modena Folge leistete, das von Bologna angegriffen wurde, und dabei anläßlich eines kleinen, eher unbedeutenden Scharmützels unweit einer Ortschaft namens Fossalta in bolognesische Gefangenschaft geriet. Wohl bemühte sich Friedrich unverzüglich um die Freilassung seines Sohnes, wobei er in einem berührenden Brief die Bürger Bolognas auch an Friedrich Barbarossa erinnerte, also an seinen eigenen Großvater, der einst Bologna gegen Mailand behilflich gewesen war, und freilich auch mit düsteren Drohungen nicht sparte für den undenkbaren Fall, daß man Enzio nicht die Freiheit schenken sollte. Aber des Kaisers dringliches Schreiben hatte keine Wirkung. Manchmal werde ein mächtiger Eber auch von einem kleinen Hund gestellt, gaben die Bolognesen zur Antwort; und selbst des Kaisers maßloses Angebot, für die Freilassung Enzios »einen Ring aus Silber um die Mauern der Stadt zu legen«, fruchtete nichts. Dreiundzwanzig Jahre lang sollte seine Gefangenschaft andauern, die nur zu Beginn, als man in Bologna die Anmut und Würde des jungen Staufers noch achtete, eine erträgliche, auch ehrenhafte gewesen sein mag, in welcher Zeit ihm im Palazzo del Podestà auch ein Saal zur Verfügung gestellt wurde, darin er sich untertags im Kreise mitgefangener Freunde aufhalten durfte. Sogar eine Geliebte soll er sich gewonnen haben, eine Dame namens Lucia Viadagola, die ihm angeblich zwei Töchter gebar, was wohl darauf schließen läßt, daß

Enzio in den ersten Jahren weniger ein Gefangener als ein zwangsweise zurückgehaltener Gast der Stadt war, ein Ehrengast, dem man nicht einmal verwehrte, mit Anhängern der Kaiserpartei – denn auch das gab es in Bologna – regelmäßig zusammenzutreffen. Später freilich verschlechterte sich Enzios Lage. Und während das Geschlecht der Staufer erbarmungswürdig zugrunde ging, dämmerte er mehr als zwei Jahrzehnte seinem ruhmlosen Ende entgegen. Einmal noch nach rund zwanzigjähriger Haft, und da war er schon ein fünfzigjähriger Mann, suchte er sein Schicksal zu bezwingen. Mit Hilfe seines treuesten Freundes, des Bolognesers Pietro Asinelli, und eines mit Geld bestochenen Handwerkers sollte er in einem leeren Weinfaß aus seinem Kerker geschmuggelt werden. Und beinahe wäre das Unternehmen auch geglückt, denn Enzio hatte die Mauern seines Gefängnisses bereits hinter sich gelassen und befand sich schon auf offener Straße, als er, den zu jener Zeit gewiß ganz Bologna kannte, doch noch entdeckt und festgenommen wurde. Zwei Jahre später, im Jahre 1272, starb er, ein gebrochener Mann, an dem sich wie an allen seines Geschlechtes das schreckliche Wort bewahrheitet hatte, daß es der Urfrevel selbst sei, ein Staufer zu sein.

Soll man bewundern, was ihn, Friedrich, in seinem letzten Lebensjahr einmal ausdrücken läßt: »Unseres Sinnes Erhabenheit beugen wir trotz der Unfälle in keiner Weise ...«? Muß man als unheimlich empfinden, was dieses Mannes Energie ungeachtet der Schicksalsschläge, die ihn innerhalb weniger Monate trafen, nicht zu mindern vermochte? Über die Jahrhunderte hinweg wirkt das, was an ihm wie Charisma und zugleich brutalste Lebensgier zu sein scheint, ungebrochen und unverändert. Der Fünfundfünfzigjährige, Sechsundfünfzigjährige, der mit der Gewalt umgeht wie andere Menschen mit einem Stück Brot, nimmt hin, was ihm das Schicksal aufbürdet; und fordert dieses Schicksal doch immer wieder von neuem aufs ungestümste heraus, als ob er nicht zu begreifen imstande wäre, daß er des Papstes Macht und die Labyrinthe der Kurie nicht mehr zerschlagen könne. Im Gegenteil! »Denn da die Geschicke des Krieges wechselhaft sind«, diktiert er ein Jahr vor seinem Tod in einem Brief an die Bürger von Modena, welche eigentlich die Ursache dafür gewesen waren, daß Enzio in jenes Scharmützel geriet, welches mit seiner Gefangennahme durch die Bologneser beendet wurde, »und da der Schoß unserer Erlauchtheit von der Menge der Söhne überfließt, nehmen wir solche Neuigkeiten mit Gleichmut auf und erheben unsere machtvolle Rechte nur um so tapferer zur Niederschlagung der Rebellen.« Und die Furie des Krieges wütet weiter in der Lombardei, in der Romagna, in den Marken.

In seinem süditalienischen Königreich, auf den Schlössern Apuliens, erholte sich Friedrich, wie er nun betonte, von den Anstrengungen des Krieges. Spuren, die seinen Schmerz um den Verlust Enzios, seine Betroffenheit über den Verrat des Peter von Vinea beweisen könnten, gibt es keine. Ein Zaudern, ein Gefühl der Unsicherheit, eine Andeutung von Furcht vor Kommendem existiert nicht. Das Glück mag von seiner Seite gewichen sein; aber er führte sich auf, als wäre er nach wie vor dessen bevorzugtester Günstling. Und er hatte tatsächlich manche Ursache, optimistisch in die Zukunft zu blicken und sogar mit dem Gedanken zu spielen, eine neue Ehe einzugehen, und zwar mit einer Tochter des Herzogs Albrecht von Sachsen.

Friedrich, kaum gezeichnet von den Niederlagen und Enttäuschungen der vorangegangenen dunklen Monate, hatte also wieder Glück. Der Erfolg begleitete ihn wieder, während er in Süditalien »die in Verwirrung geratene Verwaltung und Rechnungsführung im Königreich«, die durch den Verrat oder die Untreue Peter von Vineas entstanden war, in Ordnung zu bringen suchte und Pläne schmiedete, die nicht nur seine private Existenz, sondern auch seine Rückkehr auf die wesentlichen Schauplätze seiner Auseinandersetzung mit dem Papst betrafen. Vor allem wünschte er eine Allianz der weltlichen Macht gegen die Kirche; und zu diesem Zwecke benötigte er dringend die militärischen und politischen Erfolge, die nun mit dem Beginn des Jahres 1250 wie von selbst eintrafen. Ravenna zum Beispiel, das zweimal vom Kaiser abgefallen war, wurde plötzlich wiedergewonnen, ohne daß es dazu eines aufwendigen Feldzuges bedurft hätte; der Umschwung kam von den Bürgern selbst, von einer starken kaisertreuen Partei, welche die Macht über die Stadt an sich riß, was wenig später auch Auswirkungen auf die Mark von Ancona haben sollte sowie auf zahlreiche Städte in der Romagna, die sich der ghibellinischen Sache anschlossen. Eine päpstliche Armee, die in Apulien eindringen wollte, wurde vernichtend geschlagen. Spoleto, alter staufischer Besitz und lange Zeit von den Schlüsselsoldaten des Papstes besetzt, konnte sich befreien. Uberto Pallavicini, der einäugige Markgraf und Friedrichs gefürchtetster, weil brutalster Haudegen, der unter anderem dafür berüchtigt war, daß er für seine Opfer immer neue Foltermethoden erdachte, verleitete die Bürger Parmas an jener Stelle, wo einst Victoria gestanden, zu einer Schlacht, in welcher die Rebellen fürchterliche Verluste erdulden mußten. Und Piacenza, das stets ein erbitterter Feind Friedrichs gewesen war, unterwarf sich freiwillig Uberto Pallavicini, um sich von ihm, den man beinahe mehr fürchtete als den Kaiser, regieren zu lassen.

Aber auch auf politischem Gebiet kam es jetzt zu Erfolgen, die vor wenigen Monaten noch undenkbar gewesen waren. Frankreichs frommer König Ludwig IX., der über die Jahre hinweg des in Lyon hartnäckig verweilenden Papstes wichtigster und zuletzt sogar einziger Förderer gewesen war, hatte sich zu einem Kreuzzug nach Ägypten hinreißen lassen, der nach anfänglichen bescheidenen Erfolgen mit einem kläglichen Desaster endete. Der König und fast sein ganzes Heer waren in Gefangenschaft geraten; und alsbald gab es Stimmen, denen Ludwig zornig beipflichten sollte, daß nur des Papstes blindwütiger Haß gegen den Kaiser an diesem Elend Schuld trage, denn hätte er, Innocenz, den gebannten Friedrich vom Fluch der Kirche befreit, so wäre der Kaiser wohl fähig und willens gewesen – und hatte das auch stets betont –, dem gewagten Unternehmen Ludwigs in Ägypten seine Unterstützung angedeihen zu lassen. Nun aber war Ludwig, der Förderer des Innocenz, in Gefangenschaft, war sein Heer außer Gefecht gesetzt, diente des französischen Königs begründete Mißstimmung gegenüber dem Papst auch anderen weltlichen Fürsten als Vorbild für ihr allmähliches Hinüberwechseln ins Lager des Kaisers, sofern sie nicht von allem Anfang an dessen Sache unterstützt hatten. Sogar in Deutschland hatte sich des Kaisers Sohn, König Konrad, gegen die päpstliche Marionette Wilhelm von Holland erfolgreich behaupten können, und waren die rheinländischen Erzbischöfe, die immer zugunsten Innocenz' agitiert hatten, nunmehr willens oder eigentlich dazu gezwungen, um einen Waffenstillstand anzusuchen. Innocenz selbst, dessen Soldaten in Italien verlustreiche Niederlagen gegen die Kaiserlichen hatten hinnehmen müssen, und dessen wichtigste Verbündete, nämlich die lombardischen Rebellen, ausgeblutet waren, Innocenz hatte kaum noch Möglichkeiten, den Kampf gegen den Kaiser fortzuführen. In den päpstlichen Kassen gab es kein Geld mehr für die Bezahlung neuer Soldtruppen. Eine Hilfe Frankreichs schien in der gegenwärtigen Situation aussichtslos. Und selbst die Templer, vor Jahren noch die erbittertsten Gegner Friedrichs, verdammten jetzt den unheilvollen Dünkel des Papstes und erkannten plötzlich, daß »im Busen Friedrichs unser Hoffen« ruhe, wie es in einem Sendschreiben dieses Ritterordens heißt.

Friedrich, gerade erst durch Intrigen, Verrat und privates Unheil scheinbar in die Knie gezwungen, schien nun dem stets erstrebten Ziel, eine machtvolle Front gegen den kalten Eiferer in Lyon zu errichten, um dessen Macht wie den Einfluß der Kirche endgültig zu brechen, näher denn je zuvor zu sein. Sogar aus dem griechischen Kaiserreich war ihm seit dem Beginn des Jahres 1250 erhebliche Hilfe zuteil geworden, und zwar in Form von Hilfstruppen, die Johannes Vatatzes, Kaiser der Griechen, der ein glühender Bewunderer Friedrichs war, diesem ohne jede Bedingung zur Verfügung stellte. Und so konnte Friedrich in Apulien ein neues Heer sammeln, neue Pläne ausarbeiten, welche die Unterwerfung der Lombarden, die Beruhigung der Verhältnisse in Deutschland und vor allem die Vernichtung der päpstlichen Herrschaft zum Inhalt hatten. Der Marsch nach Lyon, immer wieder aufgeschoben oder dringender Angelegenheiten wegen im letzten Augenblick abgesagt, schien jetzt durch nichts mehr aufhaltbar. Man würde mit großem Heerbann im Spätwinter, im Frühling 1251 aufbrechen, ohne große Verzögerung die Alpen überqueren – denn die lombardische Frage würde sich, dessen war Friedrich gewiß, von selbst erledigen, wenn erst einmal Innocenz ausgeschaltet war –, dann ins Burgundische eindringen, Lyon erobern ... Es muß Friedrich, der sich nun wieder im vollen, ungebrochenen Glanz seiner Macht wähnen durfte, in jenen Wochen und Monaten im ausgehenden

Jahr 1250 einer Art Euphorie verfallen gewesen sein, einem Gefühl des tiefen Triumphes, das allerdings wohlbegründet war. In einem Brief an den griechischen Kaiser schrieb er in jenen Wochen einmal: »So also lenkt und leitet unsere göttliche Herrlichkeit, gestählt von des Himmels Voraussicht, das ganze ihr unterworfene Imperium in friedlicher Ordnung.«

Aber gerade in diesem hochgestimmten Augenblick, da der Sieg eine überreife Frucht schien, die Friedrich nur noch vom Schicksalsbaum zu pflücken brauchte, erkrankte er, der sein ganzes Leben lang von ungewöhnlicher Robustheit gewesen war und ungeachtet aller Strapazen, denen er sich auf allen Feldzügen wie jeder seiner Söldner unterworfen hatte, lediglich hin und wieder unpäßlich, von leichtem Unwohlsein befallen gewesen war ... da erkrankte er plötzlich – man schrieb Dezember 1250, in wenigen Wochen würde der Kaiser seinen sechsundfünfzigsten Geburtstag feiern können – an einer fiebrigen Darmentzündung. Er hielt sich damals in seiner Residenz zu Foggia auf. Und wahrscheinlich hätte die Erkrankung, deren Symptome anfänglich als unbedeutend abgetan worden sein dürften, keine weiteren und vor allem keine schwerwiegenden Folgen gehabt, wenn der Kaiser nicht darauf bestanden haben würde, seiner Lieblingsbeschäftigung, nämlich der Jagd, nachzugehen. Dann, als ihn schon schweres Fieber schüttelte und an der Gefährlichkeit der Dysenterie, die ihn befallen hatte, kein Zweifel mehr bestehen konnte, zog er sich, der zuvor so rätselhaft unachtsam, ja leichtsinnig gewesen war, plötzlich in das entlegene Kastell Fiorentino zurück, das im äußersten Nordwesten Apuliens, in der sogenannten Capitanata, gelegen war, einen halben Tagesritt oder weniger von Lucera entfernt, das, längst zu einer orientalischen Metropole geworden, der Hauptstützpunkt der sarazenischen Garde war.

Dieses merkwürdige Ausweichen nach Fiorentino, das fast wie eine Flucht vor der Welt ausgesehen haben muß und vielleicht auch wirklich eine solche war, hat manche Spekulation erlaubt. Denn einst war Friedrich – dessen scharfe, wache Intelligenz keinesfalls verhinderte, daß er zutiefst abergläubisch war, was nicht verwunderlich ist, wenn man bedenkt, daß er in seinen palermitanischen Kinder- und Jugendtagen den Aberglauben wie die Muttermilch eingesogen hatte – geweissagt worden, daß er an einem Ort »sub flore« sterben würde. Das war auch die Ursache dafür gewesen, daß er Florenz, welches er mit diesem »sub flore« in Verbindung brachte, hartnäckig gemieden hatte. Jetzt, da er wohl begriffen haben mochte, daß sein hochmütiger Wahlspruch, »gegen des Körpers Natur unsterblich« zu sein, unbarmherzig Lügen gestraft wurde, zog er sich freiwillig nach Fiorentino zurück, das er zuvor kaum einmal aufgesucht hatte; und von dem übrigens heute kaum noch Mauerreste vorhanden sind, was doch einigermaßen erstaunlich anmutet, wenn man bedenkt, daß Friedrichs Burgen und Schlösser in Apulien oder auf Sizilien zum größeren Teil nahezu unversehrt die Jahrhunderte überdauert haben.

Friedrich wußte also, daß er sterben mußte. Umgeben von einigen seiner wichtigsten und ihm treu ergebenen Paladine, die er gewiß mit dringendem Befehl zu sich gerufen hatte, diktierte er sein Testament, das er mit diesen Worten einleitete: »Eingedenk der stets von der eingeborenen Hinfälligkeit begleiteten menschlichen Beschaffenheit wollen wir, Friedrich der Zweite, durch göttliche Gewalt immer erhabener Kaiser der Römer, König von Jerusalem und Sizilien, da uns das Ende des Lebens bevorsteht, in ungeminderter Kraft des Wortes und des Denkens, am Leibe krank, aber wachen Geistes, für das Heil unserer Seele sorgen und über das Reich und unsere Länder verfügen, auf daß wir, auch wenn wir den irdischen Dingen entrückt sind, zu leben scheinen.« Anwesend waren bei dieser Szene, so weit sich das heute noch rekonstruieren läßt, unter anderem gewiß der greise Erzbischof von Palermo, Berard, der einst den jungen König auf seinem ersten Ritt nach Deutschland begleitet hatte; dann sein Schwiegersohn Richard von Caserta, der Großhofjustitiar Richard von Montenero; ferner, wie wir wohl annehmen sollten, einige rasch herbeigerufene Zisterzienser in ihren grauen Kutten, denen sich der Kaiser seit langen Jahren innig verpflichtet fühlte, was ganz zuletzt noch dadurch zum Ausdruck gebracht werden sollte, daß er selbst es wünschte, seinen Leichnam in die Kutte der Zisterzienser hüllen zu lassen.

Auch Manfred, einer seiner Söhne, damals gerade achtzehnjährig und dem Kaiser nach dem Verlust Enzios wahrscheinlich am nächsten stehend, war anwesend. Der liebste seiner Söhne sei ihm dieser hoffnungsvolle Jüngling ... so lassen die Biographen den Kaiser noch auf dem Sterbebett reden; und sie stützen sich dabei auf den Umstand, daß er den Achtzehnjährigen nicht bloß zum Fürsten von Tarent, sondern auch zum Statthalter des süditalienischen Königreiches machte, das er wie die übrigen Provinzen des staufischen Italien König Konrad testamentarisch vermachte, diesem eine Last aufbürdend, für die der eher durchschnittlich Begabte freilich keine Verantwortung mehr zu tragen brauchte, weil er sich ihr durch seinen frühen Tod (1254) entzog.

Das alles, was Friedrich in seinem Testament bedacht haben wollte, bestätigte nur, daß er die Fortsetzung des Kampfes gegen den Papst seinen Söhnen anvertraute. Mochte er den achtzehnjährigen Manfred mehr, inniger lieben als andere Söhne, den nunmehr nutzlos gewordenen Enzio miteingeschlossen; mochte er in diesen Stunden und Tagen, da er den Tod umgehen spürte in seinem geschwächten Leib, manchem sentimentalen Gefühl sich hingeben: Vor allem war er begierig – und kein anderes Wort träfe den unzerstörbaren Ehrgeiz Friedrichs, Innocenz zu vernichten, genauer als dieses –, die längst geplanten Unternehmungen gegen den starrsinnigen Kanzlisten Gottes in Lyon durch sein Sterben nicht hinfällig werden zu lassen. Selbst der oftmals aufsässigen Kirche in seinem Königreich erstattete er vermittels seines Testaments alles beschlagnahmte Eigentum zurück, sofern sie bloß bereit war, »dem Imperium zu geben, was des

Imperiums war...«. Niemals zuvor oder später bis hin zum dramatischen Auftritt eines Martin Luther hatte ein Mann so wütend, so leidenschaftlich, so unnachsichtig das Papsttum bekämpft wie dieser Staufer, über den Gregorovius zu sagen wußte, daß er »mit allen Fehlern und Tugenden der vollständigste und genialste Mensch seines Jahrhunderts und der Vertreter von dessen Kultur« gewesen sei.

Und dennoch das ergreifende Schauspiel der Mönche in ihren grauen Kutten, die stumm des Imperators Sterbelager umstanden? Und dennoch die rührende Geschichte von der zitternden Hand, die den uralten Berard heranwinkte, um der Sterbesakramente teilhaftig zu werden? Und dennoch also im letzten Augenblick und mit dem letzten Atemzug, den Friedrich am 13. Dezember 1250 tun durfte, diese vollkommene Aussöhnung mit dem strengen Ritual der römischen Kirche? Das sei die Haltung des römisch-christlichen Kaisers gewesen, meint Ernst Kantorowicz, denn er habe die strenge Geschlossenheit, die er im Leben bewahrt, auch im Tode nicht gesprengt. Dazu der skeptischere, distanziertere Gregorovius: »Wenn es wahr ist, was alte Chronisten erzählen, so starb der große Feind der Päpste mit einem philosophischen Blick auf die Nichtigkeit aller irdischen Macht, mit christlicher Hoffnung auf die Ewigkeit, gehüllt in die Kutte der Zisterzienser und absolviert von seinem treuesten Freund, dem Erzbischof Berard von Palermo. Wir wollen es glauben, weil es menschlich ist.«

Wir wollen es glauben, weil es menschlich ist... Und daß also des Gebannten christliche Seele in der Stunde des Todes höchste kirchliche Verzeihung erfuhr. Und ein Priester ihm, der die Priester bekämpft hatte wie kein Monarch vor ihm, Tröstendes antun durfte. Und die Mönche, die er entweder verachtet oder derer er sich zugunsten seines gewagten politischen Spiels immer bloß, als wären sie Marionetten, verachtungsvoll bedient hatte, seinen Leichnam anrühren und in graues Tuch hüllen konnten, geradeso, als wäre er tatsächlich ihresgleichen und nicht der Mächtigste und auch Gefürchtetste seines Zeitalters gewesen; ein unversöhnlicher Feind der Kirche und ein Verführer der Menschen. Wir wollen es glauben, weil es menschlich ist ...

Angeordnet hatte Friedrich, und das ist nun im Gegensatz zu mancher anderen ergreifenden Geschichte wiederum historisch erwiesen, daß die Feierlichkeiten im Zusammenhang mit seinem Tod ohne übertriebenen Prunk stattfinden sollten. Wir glauben zu wissen, daß eine Schar schweigsamer Sarazenen den entseelten Leib ihres Herrn, den sie wahrscheinlich mehr geliebt hatten und dem sie gewiß treuer gewesen waren als die meisten seiner christlichen Freunde, quer durch Apulien getragen haben. Und wir sollten uns diesen stummen, düsteren Leichenzug quer durch die Landschaften der Capitanata und der tarentinischen Murge vorzustellen versuchen, um eine Ahnung davon zu erhalten, wie groß der Schmerz, wie verzweifelt die Trauer jener war, die durch den Tod des Kaisers praktisch um ihre eigene Existenz gebracht worden waren. Denn nun, da Friedrich tot war, würden sie, die er einst aus den sonnendurchglühten Landschaften Siziliens in die bezaubernde Anmut der apulischen Hügel geholt hatte, nahezu lautlos – und ohne eine Spur zu hinterlassen – aus der Geschichte verschwinden.

Dann der uralte Hafen von Tarent, wo der Leichnam auf eine Kampfgaleere gebracht wurde, die das sizilianische Messina ansteuern würde. Und nichts wissen wir vom Spalier der Trauernden entlang des Weges, nichts von der Erschütterung oder Erleichterung auf den Gesichtern der Menschen Apuliens und Siziliens, die diesen Kaiser, dessen maßloser Ehrgeiz ihnen gewiß stets fremd und dessen übermenschliches Wollen ihnen unheimlich gewesen sein muß, manchmal vielleicht geliebt oder doch verehrt und häufiger noch gefürchtet haben werden. War er ihnen, wie die eifrigen Hofchronisten in ihren Laudationes nun schreiben würden, ein Pantokrator, dessen heiliges Amt es sein mußte, die Welt zu richten, der letzte Caesar in einer glanzvollen Reihe, der versternt und vergottet wurde ... oder war er für sie bloß ein Despot wie alle seine Vorgänger, dem das Volk stumm zu dienen und dessen unbegreifliche Launen es mit seinem Schweiß und seinem Blut zu bezahlen hatte? Haben sie, von deren aufrichtiger Trauer wir nichts wissen, von deren zorniger oder mitleidvoller Anteilnahme für das Geschlecht der Staufer weder Poeten noch Geschichtsschreiber etwas erwähnen, weil sie, die gesichtslosen Menschen dieser Landschaften, die Untertanen, Knechte, Sklaven, in den Vorstellungen der Machthaber und deren Günstlingen kaum einmal vorkommen, haben sie, während sie die letzte Reise des Kaisers mit schmalem Blick verfolgten, überhaupt begriffen, was das Wollen dieses Mannes war?

Und doch wird Trauer den Weg gesäumt haben, den Friedrich zum letztenmal nahm. Der süditalienische Mensch ist zu jeder Heftigkeit fähig; auch in der Anteilnahme für jene, die ihn beherrschen und ausbeuten. Und war der Tote nicht einer von ihnen gewesen? War nicht vieles an ihm, was den Fürsten und Bürgern und Priestern im Norden stets rätselhaft erschien, zutiefst mediterran gewesen und überhaupt erst aus dieser Abhängigkeit vom Mythos und der Realität der mittelmeerländischen Welt erklärbar?

Trauer also. Auch Bestürzung und Ratlosigkeit. Ein Achtzehnjähriger jetzt als Erbe und Statthalter. Und ein König aus dem fernen Deutschland, der von den Verhältnissen im Süden nichts wußte, nichts begriff. Und rückte der fast schon besiegte Feind jetzt nicht wieder triumphierend vor? Und war das, was Friedrich ein Leben lang leidenschaftlich gewollt, nicht schon in diesen Augenblicken, da sein Leichnam auf beschwerlichem Weg von Messina nach Palermo gebracht wurde, als Chimäre entlarvt? Das Chaos der Welt um jeden Preis zu ordnen, zu bändigen, und sei es um den Preis der persönlichen Freiheit und Würde jener, die ohne tyrannische Zucht in der Anarchie verkommen: Dies war Friedrichs ungestüm und hartnäckig angestrebtes Ziel. Und dies war auch seine politisch wichtigste Leistung, daß er seine süditalienischen Untertanen einer zentralisierten Beamtenhierarchie untergeordnet und sie auf eine Weise diszipliniert hatte, wie das nach ihm kein anderer Herrscher und kein anderes politisches System – wenn man den italienischen Faschismus unseres Jahrhunderts ausklammert – wieder erreichen sollte. Man braucht nur an das Urteil Jacob Burckhardts zu erinnern, um zu verstehen, daß Friedrichs Absichten auf die vollkommene Vernichtung des mittelalterlichen Lehnsstaates ausgerichtet waren, »auf die Verwandlung des Volkes in eine willenlose, unbewaffnete, im höchsten Grade steuerfähige Masse«, denn »er zentralisierte die ganze richterliche Gewalt und die Verwaltung in einer bisher für das Abendland unerhörten Weise«.

Aber das mußte jenen, die nun den toten Kaiser pflichtschuldig oder aufrichtig beweinten, gleichgültig sein. Für sie würde sich im Grunde nur eines ändern; daß bei unveränderter Tyrannei unter wechselnden Herrschern das Chaos zurückkehrte. Ihnen, die das waren, was in allen Geschichten, die vom Kampf um die Macht handeln, immer nur als das vorkommt, was man die anonyme Masse nennt, ihnen mochte es gleichgültig sein, daß da einer zu Grabe getragen wurde, den die Geschichtsschreiber als Immutator mirabilis mundi bezeichnen sollten, als wunderbaren Verwandler der Welt.

Für sie war er nichts weiter als ein Christenmensch, dessen Seele Gott anvertraut wurde. Ein Kreuz werden sie geschlagen haben, als der Leichnam an ihnen vorbeigetragen wurde; und dann heimgekehrt sein in ihr armseliges Leben; und das Kommende geduldig erwartet haben, das schrecklich und doch nichts anderes als eine Wiederholung dieser unaufhörlichen Geschichte sein würde, die der Menschen bitteres Schicksal ist.

NACHBEMERKUNG

Jeder Autor, der es unternimmt, das Leben eines bemerkenswerten Mannes zu beschreiben, ist seinen Vorgängern zu Dank verpflichtet. Denn aus einer Vielzahl von Meinungen entwickelt sich jene Wahrheit, von der man dann anzunehmen bereit ist, daß es eine allgemein gültige sei. Am Beispiel des Staufers Friedrich erweist sich diese Wahrheit allerdings als eine schwankende, von Jahrhundert zu Jahrhundert sich wandelnde. Ferdinand Gregorovius setzte andere Akzente als etwa Ernst Kantorowicz; Friedrich Schirrmacher oder Eduard Winkelmann sahen den Mann aus Palermo anders als Hanna Böhmer oder Herbert Nette, die wiederum eine einander entgegengesetzte Meinung vom Charakterbild und den Aufgaben dieses Kaisers vertreten haben.

Ich habe es nicht unterlassen können, mehrheitlich der Auffassung von Ernst Kantorowicz zu folgen, dessen großangelegte Biographie *Kaiser Friedrich II.* (Berlin 1927; 5. Aufl. Stuttgart 1980) mir während der Arbeit an diesem vorliegenden Buch eine unerläßliche, gelegentlich auch zum Widerspruch herausfordernde Unterstützung war. Selbstverständlich entbindet solche Lektüre nicht von der Pflicht, sich mit Friedrichs *De arte venandi cum avibus* oder mit jenem Buch zu befassen, das mir gleichfalls ein wichtiger Wegbegleiter bei meiner Arbeit war: *Staatsbriefe Kaiser Friedrichs des Zweiten* (Breslau 1923), das Wolfram von den Steinen herausgegeben und kommentiert hat.

Aber in der Hauptsache gilt mein respektvoller Dank Ernst Kantorowicz. Denn seine Darstellung des Lebens Friedrichs scheint mir so geschlossen und in vielen Details auch so überzeugend, daß man sich der Faszination, die von diesem Werk ausgeht, nicht entziehen sollte.

Maria Saal, im Sommer 1986

NAMENREGISTER

ORTSREGISTER